Dominique Méda
Patricia Vendramin
•
Réinventer
le Travail

Presses Universitaires de France

2013

Доминик Меда
Патрисия Вендрамин

•

Переосмысляя труд

Academic Studies Press

Библиороссика

Бостон / Санкт-Петербург

2022

УДК 331.1+331.5
ББК 65.011.2
М42

Перевод с французского Дарьи Демидовой

Серийное оформление и оформление обложки Ивана Граве

Меда Д., Вендрамин П.
М42   Переосмысляя труд / Доминик Меда, Патрисия Вендрамин ;
[пер. с франц. Д. Демидовой]. — Бостон / СПб.: Academic Studies
Press / Библиороссика, 2022. — 263 с. — (Серия «Современная
европеистика» = «Contemporary European Studies»).
    ISBN 979-8-887190-15-0 (Academic Studies Press)
    ISBN 978-5-907532-32-8 (Библиороссика)

Эта книга проливает свет на то, как наши общества стали «обществами, ос-
нованными на труде», и на причины этой эволюции. Авторы приводят свежие
данные о значении, которое современные европейцы уделяют работе, а также
о том месте, которое она занимает наряду с другими значимыми сферами (в частности, семьей). Эти данные указывают на противоречия между огромными ожиданиями, возлагаемыми сегодня людьми на работу, изменениями, происходящи-
ми на рынке труда, и условиями труда, становящимися причиной стресса у многих рабочих.

УДК 331.1+331.5
ББК 65.011.2

ISBN 979-8-887190-15-0
ISBN 978-5-907532-32-8

Благодарности

Авторы выражают благодарность партнерским группам исследователей в рамках европейской программы исследований SPReW.

Французская группа: М.-К. Бюро, Л. Давуан, Б. Делей, Д. Меда, М. Вонг;

Португальская группа: С. Карвальо, П. Кастро, А. Ногаль, А. Пассос, Ц. Соарес;

Итальянская группа: М. Т. Франко, С. Греко, А. Лебано, А. М. Понцеллини;

Бельгийская группа: Дж. Кюльтье, Л. Дамхойс, Ж. Валендюк, П. Вендрамин (координатор проекта);

Немецкая группа: С. Белит, Н. Грютцмахер, А. Кноп, Г. Рихтер, Р. Цоль, Э. Цоль-Груберт;

Венгерская группа: А. Филеки, О. Полячко, Ю. Вайда.

Авторы отдельно благодарят:

— Ж. Валендюка, который вместе с П. Вендрамин координировал программу исследований SPReW, выступил в качестве рецензента этой книги и предложил существенные дополнения к ней;

— Л. Давуан, обеспечившую расшифровку значительной части статистических данных по Франции и ЕС, а также реализацию существенной части программы исследований во Франции, что позволило группе использовать собственные исследования;

— Б. Делей, обеспечивавшую вместе с Л. Давуан реализацию части программы исследований во Франции, руководившую проведением большей части глубинных интервью, что также позволило нашей группе использовать собственные исследования;

— Дж. Кюльтье, который вместе с П. Вендрамин реализовал часть программы исследований во Франции и осуществил основную часть работы по сбору эпмирических данных, поделившись опытом собственных исследований;

— Э. Гарне, обеспечившей со стороны DARES поддержку и практическое использование результатов исследования, и DARES;

— М. Монако, сопровождавшую проект со стороны Агентства социального развития (Etuc), и Агентство социального развития (Etuc).

Введение

Исследуя роль разделения труда, Э. Дюркгейм в своей главной работе «О разделении общественного труда» (*De la division du travail social*, 1893) давал положительный ответ на вопрос, который он сформулировал следующим образом:

> Таким образом, мы приходим к вопросам: не играет ли ту же роль разделение труда в более обширных группах? Не имеет ли оно функции в современных обществах, где оно получило известное нам развитие, интегрировать социальное тело, обеспечивать его единство? [Дюркгейм 1996: 69].

В современном обществе труд действительно выполняет функцию морали. Только в некоторых ограниченных случаях разделение труда принимает нездоровые формы и способствует ослаблению социальной связи или изоляции индивидов, поскольку

> разделение труда предполагает, что работник не только не занят исключительно своим занятием, но что он не теряет из виду своих непосредственных сотрудников, воздействует на них и испытывает их воздействие. Он, таким образом, не машина, повторяющая движения, направление которых он не понимает. Он знает, что они направляются куда-то, к цели, которую он различает более или менее ясно. Он чувствует, что он служит чему-то [Там же: 381].

Семьдесят лет спустя, в 1963 году, Ж. Фридман в предисловии к третьему изданию работы «Куда идет человеческий труд?» (*Où va le travail humain?* — впервые опубликовано в 1950 году) писал: «К сожалению, когда сейчас выходит книга, по крайней мере такая, как эта, ее не сопровождает рекламный слоган, иначе я предложил бы своему издательству под заголовком "Куда идет человеческий труд?" добавить ответ "навстречу своей гибели"» [Friedmann 1963]. Критические замечания, которые Фридман впервые высказывает в этом произведении, получают развитие в «Расчлененном труде» (*Le travail en miettes*, 1956), где целая глава посвящена тому, что определение труда, введенное Дюркгеймом, утратило свою актуальность:

> Если бы Дюркгейм был жив, ему пришлось бы для чистоты понятия органической солидарности считать отклонениями от нормы большинство форм, которые в нашем обществе труд принял как в промышленности, так и в секторе управления, а в последнее время и в торговле [Friedmann 1956: 144].

В 1970-х критика труда и констатация потери смысла этим понятием не прекратятся. Обратимся к «Ущербу от прогресса» 1977 года [CFDT 1977], в которой Французская демократическая конфедерация труда (ФДКТ) констатирует полную потерю трудом своего смысла, или — в качестве более позднего примера — исследованиям А. Горца, который в книге «Прощай, рабочий класс» 1980 года [Gorz 1980] считает труд на современном этапе однозначно лишенным самостоятельности и, вслед за Фридманом (на которого он при этом не слишком часто ссылается), предлагает сузить границы этого понятия, оставив больше пространства для деятельности, для которой характерна самостоятельность. В Германии созвучные этим рассуждениям идеи выдвигали немного ранее К. Оффе и в тот же период Ю. Хабермас, который в 1985 году начинает размышлять о закате общества, основанного на труде.

Во Франции эта идея получит известность в середине 1990-х, в частности благодаря исследованию «Труд — это ценность под угрозой исчезновения» [Méda 1995], и вызовет бурное обсуждение, когда ее окончательно проработает Дж. Рифкин в книге «Конец работы» [Rifkin 1996]. По мнению Рифкина, время для критики труда ушло: ее заглушили экономические причины, связанные с высоким ростом безработицы в европейских странах. Автор первой из двух вышеуказанных работ придерживается нормативного подхода и выступает за то, чтобы уменьшить место, которое занимает труд, и улучшить его распределение; второй автор рекомендует обратить внимание на другие виды деятельности и области, способствующие созданию социальных связей. Тем не менее эти две работы критики и читатели интерпретировали так, как будто они описывают закат труда как положительное явление, — в ответ одни оппоненты отмечали, что под влиянием трудовой деятельности активизируется субъектность, занимающая одно из важнейших мест в формировании идентичности [Dejours 1998; Clot 2008; Vendramin 2004], другие напоминали о ключевой ценности, которую труд по-прежнему представляет для людей, и в своих работах обосновывали этот тезис.

В этой книге мы не будем возвращаться к этому спору, о котором «Труд — это ценность под угрозой исчезновения» напоминает в предисловии к последнему (карманному) изданию. Настоящая работа ставит своей целью восстановить основные исторические этапы повышения ценности труда и, на основании исследований, проведенных в современных Франции и Европе, понять, какой смысл придается труду и в чем он заключается сегодня, на основе анализа отношения к труду представителей разных поколений. Это исследование еще и возможность выяснить, почему именно сегодня так много говорят о переживаниях и расстройствах, связанных с трудом, и каковы их причины.

Открывают эту книгу результаты общеевропейского исследования под руководством П. Вендрамин, ставшей одним из координаторов проекта, целью которого было проверить часто высказываемую гипотезу, что молодое поколение сегодня — материалистичные, склонные к кочевническому образу жизни ленивые индивидуалисты — иначе относится к труду.

Эти выделяемые свойства поколения, возможно, частично объясняют, почему молодым людям сегодня так сложно найти работу и еще сложнее не потерять ее. Перед научным коллективом проекта, в который вошли исследователи-социологи из шести европейских стран (Бельгии, Франции, Германии, Италии, Португалии и Венгрии)[1], стоял вопрос: воспринимает ли молодое

---

[1] В методологическом разделе, помещенном в конце книги, описаны примененные эмпирические методы исследования.

поколение труд иначе, чем старшее? Изменилось ли что-то в отношении молодого поколения к труду? Обусловлены ли изменения возрастом или принадлежностью к определенному поколению? При постановке этих вопросов мы столкнулись с национальной спецификой. Масштабное общеевропейское исследование, посвященное теме труда, выявило, что отношение к труду варьируется от страны к стране. Можно ли в условиях различий, связанных с региональной спецификой, принадлежностью к определенной возрастной категории, поколению, социально-профессиональной группе или гендеру, найти закономерности, выявить факторы влияния? Может быть, как предположил Р. Инглхарт, мы имеем дело с кардинальным изменением, когда все родившиеся после 1968 года придерживаются постматериалистических ценностей и под их влиянием относятся к труду менее утилитарно [Inglehart 1977]? Как на отношение к труду влияет более высокий уровень образования?

К труду сегодня предъявляются очень высокие ожидания, которые радикально изменились со времен выхода в свет «Влиятельного рабочего» (*L'Ouvrier de l'abondance*) Дж. Голдторпа и соавторов (1968). В этой связи можно ли считать, что развитие в профессиональной среде, условиях труда и найма в большей степени удовлетворяет этим ожиданиям? Поиск ответа на этот вопрос обусловил ход наших размышлений и подходы к раскрытию темы в этой книге.

Книга начинается с ретроспективного обзора развития труда и придаваемого ему в различные эпохи значения (глава 1). Помимо антропологического экскурса в историю труда в этой части работы определяются рамки и инструменты анализа, применяемые для того, чтобы понять и оценить смысл труда в современном обществе. В первой главе также представлен материал, который становится предметом обсуждения в дальнейшем.

В следующей главе мы, опираясь на ряд международных исследований, рассматриваем, как значимость труда сегодня проявляется у европейцев; мы также сопоставляем место труда (работы) с другими значимыми для респондентов сферами. Одновременно мы смотрим, какое объяснение различные исследователи дают происходящим изменениям. В результате анализа данных мы получаем парадоксальную картину по Франции, причем этот парадокс указывает и на глубокие противоречия, затрагивающие трудящихся в других европейских странах. Французы придают очень высокую важность работе и при этом хотят, чтобы она занимала меньше места в их жизни. Чтобы понять это явное противоречие, нужно принять во внимание эволюцию условий труда и форм организации. Проблемы, с которыми сталкиваются многие работники во Франции и в Европе, объясняются несоответствием между проявлением высоких ожиданий по отношению к труду, которые связаны с его инструментальными и выразительными аспектами, и изменениями в профессиональной среде. Сопоставление с Квебеком подтверждает нашу интерпретацию этой динамики.

Исходя из этого вывода, в главе 3 мы предлагаем взглянуть на предмет исследования с точки зрения условий управления предприятиями и новых форм организации труда. В этом контексте мы анализируем факторы, ограничивающие ожидания работников: гибкость рынка труда и характерная для него неопределенность, индивидуализацию отношений между работодателем и трудящимся и излишнее внимание к субъективному подходу, определение способностей и признание их соответствия работе. В этой главе отмечается напряженность в отношениях между личными ожиданиями и изменениями в системе общественного производства, из-за чего возникает вопрос о политическом значении европейского проекта по обеспечению качества занятости. Далее предлагается более детально рассмотреть, как эти изменения и противоречия отражаются на различных категориях работников и в какой степени индивидуальный опыт влияет на их отношение к труду. Этим вопросам посвящены две следующие главы.

В главе 4 анализируется связь между возрастом, социально-профессиональным статусом, половой принадлежностью и формированием отношения к труду. Предлагается посмотреть на предмет исследования в перспективе смены поколений: такой подход основывается на социологической гипотезе, что формирование поколения и его отношения к труду происходит на определенной почве, в конкретных культурных, историко-экономических или политических условиях. Несмотря на различия между поколениями, с этого ракурса видно, что получение опыта в определенном контексте (характеризуемом, помимо прочего, устойчивой массовой безработицей, повышением уровня образования и расширением присутствия женщин на рынке труда), а также общая экономическая судьба приводят к тому, что у женщин и представителей молодого поколения изменяется восприятие работы. Для этого нового отношения характерны стремление к достижению равновесия между различными значимыми сферами жизни, сокращение гендерного разрыва в связи с разными моделями участия в трудовой деятельности мужчин и женщин, смещение социальных отношений из общественной сферы в частную.

На основе этих выводов в последней главе рассматривается взаимное восприятие друг друга различными поколениями, которые придают работе и труду в чем-то схожие, а в чем-то отличающиеся значения, и влияние такого восприятия в обыденной жизни на труд и на связь между поколениями. Эволюционирующие представления о труде, с одной стороны, встраиваются в социокультурные изменения, затрагивающие все европейское общество, с другой — влияют на баланс между отдельными поколениями. Так определяются и обуславливаются определенное место той или иной возрастной группы на рынке труда, различия в правах и обязанностях.

Определяя роли, права и обязанности, а также место индивида на социальной лестнице, труд всегда был и остается мощным фактором сплочения общества. При этом за долгий период времени его значение изменилось: он стал более диверсифицированным, а связанные с ним ожидания выросли. Их конфликт с развитием форм организации и управлением рынком труда приводит к дальнейшему раздроблению трудовой сферы. Переосмыслить труд — значит со всей серьезностью отнестись к ожиданиям современных европейцев, в особенности женщин и представителей молодого поколения.

Глава 1
Эволюция ценности, придаваемой труду

Идея, что труд — это вид деятельности, в ходе которой люди могут изменить свой мир и преобразовать его в соответствии со своим видением и которая представляет собой один из основных способов участия в социальной жизни и самовыражения, появилась недавно и является в высшей степени современной. Со времен античности труд постепенно приближался к тому, чтобы занять центральное положение в обществе, которое в конечном счете превратилось в «общество, основанное на труде». За последние столетия понятие труда и возлагаемые на него людьми ожидания дополнились новыми значениями. В то же время в экономических уравнениях труд одновременно фигурирует и как «фактор производства», эффективность которого должна быть, насколько это возможно, максимальной, и как возможность самореализации для индивидов, и как основа для распределения доходов, прав и средств социальной защиты. При том что выразительный аспект понятия получил развитие только на Востоке, сегодня понятие труда вбирает в себя несколько значений, которые находятся в противоречии друг с другом и приводят к конфликтам. Существуют различные подходы, позволяющие понять, что собой представляет отношение людей к труду: среди главных можно выделить использование исследований европейского масштаба с возможностью межрегионального сопоставления результатов (которое, однако, имеет ограничения) и изучение глубинных личных интервью. В любом случае отношение людей к труду понять не так просто.

История формирования ценности труда

Во все ли времена труд имел ценность? Справедливо ли утверждать, что со времен Античности люди трудились и считали труд одним из важнейших видов деятельности в жизни? Так, например, считают Фридман и П. Навиллем: один из выводов их работы «О социологии труда» (*Traité de sociologie du travail*) заключался в том, что труд можно считать отличительным свойством человеческого рода, а человек — это «социальное животное», преимущественно занятое трудом [Friedmann, Naville 1962]. У такого утверждения может быть два разных смысла. Из него, с одной стороны, следует, что люди всегда сознательно подходили к преобразованию природы, приданию ей определенной ценности и, соответственно, к развитию определенных видов деятельности, радикально отличающихся друг от друга. С другой стороны, это утверждение может означать, что человечество всегда стремилось использовать природу для удовлетворения своих потребностей, при этом эта деятельность не обязательно отделялась им от остальной жизни.

Говоря о труде как о человеческой деятельности по преобразованию природы, мы делаем допущение, что это представление, возникшее в XIX веке, существовало еще со времен Античности. Однако при этом мы забываем, что только в момент возникновения этой идеи стало возможным представить себе природу, поддающуюся преобразованию человеком, как и человека, способного преобразовать ее согласно своим представлениям. Понятия и категории тоже проходят эволюцию: важно попытаться восстановить значения, которые связывались с понятием труда в разные эпохи, и для этого проанализировать тексты, созданные в эти исторические периоды.

Таким образом, мы разделяем мнение Ж.-П. Вернана [Vernant 1965], М. Фрейссене [Freyssenet 1995: 227–244] и Меда [Méda 1995] и придерживаемся точки зрения об историческом характере понятия «труд»: основываясь на многочисленных исследованиях[1], мы считаем появление современного понятия результатом наслоения значений за последние столетия.

---

[1] Нижеприведенные выкладки частично взяты из [Méda 1995] и [Méda 2010a].

Предэкономические общественные формации

Ряд антропологических и этнологических исследований форм жизни предэкономических общественных формаций продемонстрировал невозможность найти эквивалент значения для понятия труда в различных обществах. В программной статье 1992 года[2] М.-Н. Шаму напоминает, насколько важно для понимания применимости понятия труда к предэкономическим формациям, существовавшим в другие эпохи или изолированным от внешнего мира, избегать подхода, который используют некоторые исследователи, когда к интерпретации исторической эпохи или общества, изолированного от внешнего мира, применяют понятия, появившиеся значительно позже [Chamoux 1992]. В результате племенное общество анализируется с использованием представлений, сформировавшихся под влиянием экономической мысли XVIII века, — в итоге труд воспринимается как универсальная категория.

Чтобы не поддаться искушению прибегнуть к такому подходу, автор предлагает обратиться к антропологическим данным в отношении труда, отмечая, что труд является «этноцентричным понятием»:

> Понятие труда не универсально. Представляется, что ряду обществ оно не нужно. Соответственно по отношению к тому наполнению, которое мы вкладываем в это понятие, мы склонны в его отсутствии, разделении на несколько понятий или смещения содержания видеть его отрицание [Chamoux 1992: 28].

Автор приводит примеры обществ, лишенных понятия труда в целом, цитируя то, что М. Панофф писал о племени маэнге в Океании, в котором

---

[2] Статья была впервые опубликована под заголовком «Антропологические заметки об обществах с понятием труда и с отсутствием такого занятия» в материалах междисциплинарного симпозиума «Труд: исследования и перспектива» [Chamoux 1992], затем в 1994 году она вышла в номере дополнительного выпуска «Социологии труда» [Chamoux 1994: 57–71]. Здесь мы цитируем текст материалов симпозиума, далее — второе издание.

понятие «труда» как таковое отсутствует, как нет и отдельного слова, чтобы отличать «производственную деятельность» от других видов человеческого поведения. <...> Зато есть хорошо выраженное и часто употребимое понятие, обозначающее усилия или страдания, которое, помимо прочего, возникает в контексте, связанном с садовыми работами (цит. по: [Ibid: 11]).

В качестве другого примера приводится племя ачуар в Амазонии, которому посвящены исследования Ф. Деколы:

Как и у большинства докапиталистических общественных формаций, у ачуар нет термина или понятия, в котором бы выражалась идея труда в целом, то есть идея совокупности технических действий, направленных на производство материальных средств для обеспечения существования. В [их] языке также нет обобщающих слов для обозначения труда как процесса в целом (цит. по: [Ibid: 63]).

К этим примерам Шаму добавляет:

Нужно со всей решительностью полностью отказаться от психологического эволюционизма, в отсутствии общего понятия труда усматривающего проявление предполагаемого «синкретизма в мышлении» у «примитивных» народов, неспособных к абстрактному мышлению и полагающихся исключительно на чувства [Ibid: 29].

В качестве примера дробления понятия Шаму напоминает, что у греков есть два слова, обозначающих то, что мы бы сейчас назвали «трудом», — *ergon* и *ponos*, а римлянам потребовалось по меньшей мере три слова: *opus, labor, opera*. Что касается смещения содержания, автор напоминает, что значение слова значительно шире семантического поля «производство».

У некоторых народов понимание труда очень широкое, в то время как другие обобщают под ним только непроизводственные виды деятельности. Мы не находим таких примеров, где бы в одном-единственном концепте присутствовала вся совокупность понятий и значений, к которым отсылает наш концепт труда (вбирающий, помимо прочего, такие категории, как усилие, преобразование природы, создание ценности...). В более общем контексте Шаму опирается на работы М. Салинса [Sahlins 1974]. Последний в «Экономике каменного века» пишет, что труд отделим от социального бытия и может стать предметом обмена, при этом он неотчуждаем от самого человека. Человек трудится, занимается производством, выступая в качестве социальной личности — супруга, отца, брата, члена клана или представителя деревни. Труд не является частью его существования, при этом «сам по себе труд — не категория племенной экономики, а трудящийся — не статус» (цит. по: [Chamoux 1992: 38]).

Более того, именно Салинсу мы в определенной степени обязаны открытием понимания того, что племена не живут под постоянным давлением потребностей, требующих удовлетворения. Их потребности ограничены, и жизнь поэтому не превращается в бешеную гонку за утоление неограниченных надобностей. По сравнению с нами племенные народы работают меньше и не так регулярно. Но можно ли оставить само понятие «труд» для описания деятельности этих народов? Шаму завершает свои статьи этим вопросом, ставя его максимально широко:

> Таким образом, возникает ряд сомнений. Несмотря на повторяемые как мантра утверждения о рациональности и в какой-то степени универсальности категории труда, не является ли его экономическое определение таким же, как и многие другие, локальным понятием, вычлененным фрагментом для внутреннего пользования? <...> Антропологический подход больше не позволяет уйти от ответа на вопрос, что в наивысшей степени может быть чревато теоретическими и практическими последствиями: если труд не осознается, не проживается как таковой, можно ли считать, что он существует? [Chamoux 1994: 37]

Древняя Греция

Отвечая на эти вопросы, Вернан в «Психологических аспектах труда в Древней Греции» [Vernant 1965] конструирует теоретические принципы, являющиеся основными как с методологической, так и с сущностной точки зрения. Эти же принципы являются частью обоснований, которые стали ядром программы «Труд и его репрезентации», запущенной в 1980 году М. Годелье. По итогам этой программы в 1990-х часть антропологов и социологов, с одной стороны, призывала к большей осторожности в употреблении термина «труд», а с другой — отказалась считать труд универсальной категорией.

Как Шаму, и даже с большей настойчивостью, Вернан напоминает о недопустимости применения категорий настоящего к исследованию древних цивилизаций и навешивания на предшествующие эпохи концептов, которые были придуманы или переосмыслены в более поздний период. Очевидно, что это замечание справедливо и для труда.

> По аналогии с недопустимостью применения к Древней Греции экономических категорий, характерных для современной цивилизации, также нельзя проецировать на жителя античного города психологическую функцию труда в той форме, которую она принимает сейчас. При всем своем многообразии в реальности все профессиональные задачи представляют собой специфический тип поведения: для нас всё это — одна и та же непроизвольная, упорядоченная деятельность, результат которой нацелен на производство ценностей, полезных для группы, и имеет непосредственное воздействие на окружающих. Эта унификация психологической функции сочетается с выделением того, что Маркс в экономическом анализе называл абстрактным трудом. В итоге для интеграции различных видов трудовой деятельности и формирования унифицированной психологической функции необходимо, чтобы человек в определенных конкретными задачами формах мог воспринимать свою собственную деятельность как труд в целом, что возможно только в рамках чисто рыночной экономики, где все формы труда в равной степени направлены на создание рыночного продукта [Vernant 1965: 37–38].

Таким образом, в Греции есть профессии, виды деятельности, задачи, но не труд сам по себе. В свою очередь виды деятельности подразделяются на разнообразные категории, причем из-за невозможности сократить это разнообразие труд нельзя считать единой специфической функцией. Важнейшим фактором являются различия между задачами, обозначаемыми термином *ponos* (физически тяжелыми, требующими усилий или контакта с материальным и потому унизительными), и теми, к которым применяли слово *ergon* (творение, придание формы материи).

Вернан не пишет, что в античной Греции не было труда совсем, однако нижеприведенное утверждение следует толковать в строгом смысле:

> Таким образом, в античной Греции нет труда как большой общечеловеческой функции, охватывающей все профессии; вместо этого есть множество разных профессий, каждая из которых представляет собой определенный тип деятельности, направленной на создание собственного произведения. Более того, сельскохозяйственные работы, которые, с нашей точки зрения, встроены в трудовые практики, греки не соотносили с профессиональной сферой [Ibid: 38].

Конкретная деятельность, олицетворением разных типов которой являются разные профессии ремесленников, по мнению Вернана, не имеет ничего общего с современным «производством», созданием ценности. Соответственно, она никоим образом не относится к абстрактному труду, появившемуся в XVI веке, наступление эпохи которого продемонстрировал М. Вебер, а системное описание дал А. Смит.

При грубом упрощении можно считать, что на протяжении всего периода гегемонии Римской империи и до конца Средневековья в том значении, которое ему придает Ж. Ле Гофф в работе «Другое Средневековье» (*Pour un autre Moyen Âge*, 1977 [Ле Гофф 2002]), репрезентация понятия, которое позже мы назовем трудом, претерпела серьезные изменения. Отличительные признаки, на которых строилась классификация видов деятельности у греков, будут заимствованы Цицероном и позднее — средневековой классификацией ремесел. Во избежание упрощения можно с уверенностью сказать, что вплоть до XVI века, пока философские и религиозные воззрения людей (предопределяющая роль

потустороннего мира; презрительное отношение к земному
и подвижному и преклонение перед неподвижным и вечным;
презрительное отношение к получению прибыли, накоплению
и торговле; низкая ценность человеческой деятельности и т. д.)
оставались неизменными, труд не мог получить ценность или
стать категорией, объединяющей различные виды деятельности
в рамках одного концепта. Напротив, с XVI века и затем на протяжении XVII, как отмечал Л. Февр [Февр 1991a], медленно начнет
происходить «изобретение труда», которое наконец превратит
слово «труд» в собирательное понятие и сделает эту категорию
цельной. Первое определение даст Смит в своей главной работе.

Концепция Вебера: протестантская этика и дух капитализма

Концепцию М. Вебера, несмотря на всю критику в ее адрес,
невозможно обойти стороной, потому что она важна для понимания развития трудовой этики. Вспомним об отправной точке
в рассуждениях Вебера в его работе «Протестантская этика и дух
капитализма» (*Die protestantische Ethik und der «Geist» des Kapitalismus*, 1905): «при ознакомлении с профессиональной статистикой
любой страны со смешанным вероисповедным составом населения» обнаруживается «несомненное преобладание протестантов
среди владельцев капитала и предпринимателей, а равно среди
высших квалифицированных слоев рабочих, и прежде всего
среди высшего технического и коммерческого персонала современных предприятий» [Вебер 1990: 61].

Конкретно здесь Вебер обнаруживает, что *долг* выполняется
через профессиональную реализацию, — эта идея характеризует
социальную этику капиталистической цивилизации и в определенном смысле служит ее основанием. Какие сложились предпосылки для формирования представлений, считающих этот вид
деятельности, очевидным образом направленный исключительно на получение прибыли, *призванием*, налагающим на человека
моральное обязательство? Первым важным этапом стали Реформация и в особенности работа Лютера — хотя Вебер неоднократно подчеркивает, что никоим образом не приписывает ни Лютеру, ни его последователям изобретение капитализма: итоги Ре-

формации для культуры были «непредвиденными и даже нежелательными для самих реформаторов последствиями их деятельности, часто очень далекими от того, что проносилось перед их умственным взором, или даже прямо противоположными их подлинным намерениям» [Там же: 105]. Далее Вебер подчеркивает:

> ...мы ни в коей степени не склонны защищать столь нелепый доктринерский тезис, будто «капиталистический дух» (в том смысле, в каком мы временно употребляем это понятие) мог возникнуть только в результате влияния определенных сторон Реформации, будто капитализм как хозяйственная система является продуктом Реформации [Там же: 106].

Тем не менее именно Реформация дала развитие радикально новой точке зрения, предполагающей, что «выполнение долга в рамках мирской профессии рассматривается как наивысшая задача нравственной жизни человека» [Там же: 97]. Повседневная деятельность с этого времени получает религиозное значение, а единственный способ быть угодным Богу отныне заключается не в пренебрежении мирской нравственностью с высот монашеской аскезы, а исключительно в выполнении своих мирских обязанностей так, как они определены местом, которое уготовано человеку в обществе.

Пуритане-кальвинисты развили эту идею, в частности учение о предопределении: решения Господа непостижимы и люди никогда не узнают критерии их вынесения; очевидным способом получить прощение являются дела; тем не менее только избранный может поистине добрыми делами увеличить славу Господню. У Кальвина Бог требовал «от своих избранных не отдельных "добрых дел", а святости, возведенной в систему» [Вебер 1990: 153]. Социальная деятельность кальвиниста направлена исключительно во славу Божию, а любовь к ближнему в первую очередь проявляется в реализации профессиональных задач: она «обретает своеобразный объективно безличный характер, характер деятельности, направленной на рациональное преобразование окружающего нас социального космоса» [Там же: 146]. Цель преумножить славу Божию на земле полностью предопределяет аскетическое поведение и потому получает логическое объяснение: «рационализация жизни в миру, ориентированная на потустороннее блаженство, была следствием концепции профессионального призвания аскетического протестантизма» [Там же: 183].

Пастор Бакстер, который в «Христианском руководстве» наиболее полно излагает суть учения о морали в пуританском богословии, пишет, что предписание упорно трудиться прекрасно помогает удержаться от сексуальных искушений и религиозных сомнений или от ощущения нравственной ничтожности. Вебер тем не менее подчеркивает:

> Однако труд выходит по своему значению за эти рамки, ибо он как таковой является поставленной Богом целью всей жизни человека. Слова апостола Павла: «Если кто не хочет трудиться, тот и не ешь» — становятся общезначимым и обязательным предписанием. Нежелание работать служит симптомом отсутствия благодати <...> Провидение Господне дало каждому профессию (calling), которую он должен принять и на стезе которой должен трудиться; это профессиональное призвание здесь не судьба, с которой надо примириться и которой надо покорно следовать (как в лютеранстве), а требование Бога к каждому человеку трудиться к вящей славе Его [Там же: 187–188].

Таким образом, становится понятнее, почему аскетизм позволил оправдать накопление богатства. В соответствии с Ветхим Заветом и по аналогии с этической оценкой добрых дел аскетизм считает в высшей степени достойной порицания погоню за богатством как самоцель, при этом богатство как плод профессионального труда видится знаком Божественного благословения. На этом основании Вебер заключает, что удивительная фарисейская добросовестность, сопутствующая наживе, если только нажива не выходит за допустимые правом пределы, — это главное наследие, оставленное XVII веком XVIII веку.

Февр подчеркивает [Февр 1991б], что начиная с XVI века шел динамичный процесс придания ценности труду, в особенности ручному, но дать ему полное определение стало возможным только в XVIII веке, когда произошла унификация вышеуказанных видов деятельности, ранее разделяемых на разные категории.

Три аспекта труда

Понятие труда со всеми его аспектами не только появилось не с античных времен, но и характеризуется сложной, многоуровневой структурой, наложением «слоев значений» — если использовать термин И. Мейерсона, введенный им в 1955 году [Meyerson 1955: 3–17]. Эти слои, каждый из которых соотносится с определенным историческим периодом, служат основой для индивидуальных истолкований. Можно выделить не менее трех основных моментов в определении понятия труда — три радикально разных и противоречивых значения, которые при этом сосуществуют друг с другом.

Труд как фактор производства

Своей цельностью, сформировавшейся вместе с появлением «абстрактного труда», труд как понятие обязан XVIII веку. Слово «труд» можно использовать в качестве цельного концепта с того момента, когда определенные виды деятельности, до этого неизменно подчинявшиеся различной логике, становятся достаточно однородными для обозначения одним термином. Вернан пишет:

> Такая возможность появляется только в рамках экономики, которая в полном смысле является рыночной и в которой все формы труда в равной степени направлены на производство рыночной продукции. С этого момента конкретный объект производится не для удовлетворения потребностей конкретного потребителя. Все производственные задачи, будь то сельское хозяйство или промышленность, в равной степени направлены на производство товара, предназначенного не для конкретного индивида, а для продажи и покупки. Между всеми работами, осуществляемыми в обществе в целом, рынок устанавливает отношения соединения, противопоставления, уравнения [Vernant 1965: 38].

Как осуществляется эта операция, лучше всего описано у Смита [Смит 2007], в частности в «Исследовании о природе и причинах богатства народов» (*An Inquiry into the Nature and Causes of the Wealth of Nations*, 1776). «Исследование» выглядит настоящей поэмой труду и, если быть точнее, производительности труда, при этом Смит не задается вопросом, в чем конкретно заключается трудовая деятельность. Он дает исключительно инструментальное определение труда: труд — это производственные возможности человека или машины, позволяющие создать ценность, то есть труд — это то, что создает ценность. С одной стороны, труд представляется приложением физической силы и, как следствие, предполагает работу, утомление и усилия; с другой стороны, труд — это та субстанция, которая способна к преобразованию любой вещи и обеспечивает всеобщий обмен, поскольку предметы, вовлеченные в обмен, содержат в себе весь объем труда и разложимы на приложенный труд, полученное утомление и потраченные физические силы. Смит не говорит о том, что именно есть труд; тем не менее отныне становится возможным говорить о труде как о собирательном понятии.

Труд выполняет двойную функцию, являясь деятельностью по производству национального продукта и одновременно элементом устойчивости общественного строя. В результате становится возможным точно определить вклад и вознаграждение каждого участника процесса и таким образом установить объективный порядок, который не допускает своеволия и не подвергается попыткам пересмотра. На пути к высшей цели — достижению максимального объема производства — люди держатся друг за друга подобно камням арочного свода, и их вознаграждение автоматически определяется вкладом в производство. Таким образом гарантирована устойчивость общественного порядка. Кроме того, постулируется идея, что для установления социальной связи недостаточно просто участия в ней человека — связь, основанная на обмене, сплачивает людей даже вопреки их желанию.

Таким образом, труд находится в сердце общественного механизма, существующего в определенный исторический период, и одновременно представляет собой прикладываемые человеком усилия и инструмент для измерения стоимости этих усилий. Будучи надежным средством получения богатства, ставшего новой общественной целью, и признанной мерой обмена и социальных отношений, труд занимает в них центральное место. Кроме того, труд теперь определяет цену каждой вещи и гарантирует незыблемость общественного строя — по сути, именно он заставляет людей жить в обществе. Безусловно, социум отныне регулирует себя сам, но по этой причине труд ставится в основание общественной жизни, а на общество накладывается обязательство не переставая производить, обмениваться, работать.

Но несмотря на то что труд становится основой общественного строя, нельзя сказать, что его *ценят*, *прославляют*. У Смита и его современников это понятие по-прежнему ассоциируется с усилиями, работой, жертвой (позже подход Смита будет раскритикован К. Марксом). В XVIII веке появляется представление о труде как о *средстве производства богатства* или, если использовать современные экономические термины, *фактора производства*.

Труд как человеческая сущность

На этом, первом, уровне XIX век добавляет один существенный и принципиально новый аспект. В XIX веке труд становится моделью творческой деятельности. Происходит кардинальное концептуальное изменение: именно в этот момент рождается наше современное, полное веры в человека представление о труде, которое мы проецируем на прошлое, думая, что люди всегда преобразовывали свою среду и поэтому всегда «трудились».

В начале XIX века в Германии, Франции и Англии происходит настоящая революция в мышлении. В этих трех странах труд внезапно предстает творческой свободой человека, которая позволяет осуществлять обустройство мира. Во Франции с этого времени труд проявляет себя как средство, с помощью которого человечество движется к благополучию; наряду с разработкой понятия промышленности А. де Лаборд [Laborde 1818] и К.-А. Сен-Симон [Saint-Simon 1965] привносят во французский дискурс благоговейное отношение к труду.

В Германии философское обоснование идеи труда как человеческой сущности принадлежит школе немецкого идеализма, в частности Г. Гегелю[3]. Гегель в определенной степени возводит историю к Богу. По его мнению, существует мировой дух, который становится для себя тем, чем является; углубляясь, проявляет себя; сам реализует свои возможности; совершая внешние преобразования, совершается в противопоставлении внешнему. Именно у Гегеля понятие труда впервые чрезвычайно расширяется: одно и то же слово используется, чтобы обозначить первое противостояние человека с природой, изобретение орудия как продолжения человеческого тела, приспособления, приемы и движение мирового духа. Такое расширение понятия отныне стало доминирующим.

Посредством труда человечество само создало себя. Посредством труда человек разрушает естественное и преобразовывает мир по своему усмотрению, полностью одухотворяет природу, делает так, что данность перестает существовать. Тем не менее Гегель хоть и называет трудом этот процесс отрицания, не сводит к труду всю историю человечества. Труд, а вместе с ним и чтение, изобретение политических институтов, создание произведений искусств, письменных текстов — это различные способы изменить мир к лучшему, и все эти виды деятельности нельзя свести к категории труда. Логический скачок происходит уже у Маркса, который полностью перенимает идею движения, обоснование и диалектику Гегеля и, по его собственным словам, исправляет этот аппарат, называя весь процесс в совокупности *трудом*.

Маркс по-новому концептуализирует труд и значительно расширяет содержание и объем этого понятия: его завораживает способность человека отрицать и разрушать естественное, этот бесконечный негативизм. Маркс берет существующее представление и применяет его к настоящему, реальному труду. Именно у автора «Капитала» человеческая деятельность в наибольшей степени признается эквивалентной труду. Любая чело-

---

[3] Наиболее отчетливо эти идеи выражены в «Феноменологии духа» (*Phänomenologie des Geistes*, 1807).

веческая деятельность — это труд; воспроизведение рода — труд; труд *является* человеческой деятельностью. Одновременно труд означает производство. Маркс часто прибегает к сравнению любой деятельности с работой ремесленника: труд означает выход за рамки себя и преобразование материи, ее оформление и представление перед другими. С этого момента существует только один вид деятельности, единственная легитимность, единственный способ быть человеком — это производить, трансформировать, разрушать природную данность усилиями человека.

В Германии и во Франции в середине XIX века происходит переход к решающему этапу: большая часть мыслителей не считает более труд простым средством для поддержания жизни. Теперь труд — это созидательная свобода, синоним самореализации. По этой причине Ламартин и его народные мастерские становились предметом насмешек. Возвышение из низов до уровня квалифицированного рабочего представлялось преступлением против самой природы труда [Tanghe 1991]. В 1848 году на обоих берегах Рейна происходят резкие перемены: с этого момента начинается постижение труда как самореализации и средства развития всех способностей человека.

Труд как система распределения дохода, прав и средств защиты

В конце XIX века в концепции труда появилась третья составляющая значения, которая доводит понятие до полного противоречия. Дело в том, что в конце XIX века социалисты продолжают видеть в труде созидательную ценность и освобождение, при этом не ставя его в те рамки, в которые некогда ставил Маркс. Для Маркса труд как таковой был чистой силой выражения, творческой свободой, но чтобы актуализировать эту силу, ее нужно было сперва освободить. В лучших традициях Гегеля Маркс утверждал, что чтобы труд стал *для себя* тем, чем является труд *в себе*, сначала нужно его высвободить. Для этого необходимо искоренить наемный труд. Таким образом, в конце XIX века философские течения социально-реформаторского толка (особенно школа Э. Бернштейна) не подвергали сомнению мысль, что труд является ценностью, но при этом забывали об условиях актуализации этой ценности.

Связанные с наемным трудом отношения не исчезли и, напротив, закрепили ряд прав: право на труд, право на социальную защиту, а также право потребителя. У социалистов и в особенности у марксистов обязательным условием для превращения труда в творческую свободу было устранение трудовых отношений, основанных на найме, тем не менее наемный труд оказывается в центре и, как показывает Р. Кастель, становится выражением сущности того, что представляется самым дорогим и ценным в работе [Castel 1995]. Вместо того чтобы уничтожить отношения, связанные с наемным трудом, социал-демократы в теории и на практике превратят заработную плату в канал распределения богатств и с ее помощью постепенно установят общественный порядок, отличающийся более высоким уровнем справедливости (распределение на основании труда и способностей) и имеющий действительно коллективный характер («объединения производителей»). Соответственно, отныне перед государством стоит двойная задача: гарантировать рост и способствовать полной занятости — то есть обеспечивать всеобщую возможность получить доступ к постоянно создаваемому благосостоянию.

Однако в полной мере противоречие с марксистским подходом проявляется в идее социал-демократов, что венцом труда становится самореализация, при том что первоначальная мотивация связана с увеличением заработка и возможности потребления. Таким образом, в действительности интерес к труду заключается в обеспечении приличного дохода и, соответственно, все больших возможностей потребления. Процитируем Хабермаса:

> Гражданин в роли клиента бюрократий государства всеобщего благосостояния, а также в роли потребителя товаров массового потребления, обладающего покупательной способностью, получает компенсацию за нагрузки, каковые все еще связаны со статусом полностью зависимого наемного труда. Следовательно, рычагом для умиротворения классового антагонизма остается нейтрализация конфликтного потенциала, сопряженного со статусом наемного рабочего

(«Кризис государства благосостояния и исчерпанность утопической энергии» (*Die Krise des Wohlfahrtsstaates und die Erschopfung utopischer Energien*, 1985)) [Хабермас 2005: 95].

Иными словами, социал-демократия, которая в означенном смысле продолжает нас вдохновлять, содержит в себе глубокое противоречие: считая труд основным условием для самореализации в индивидуальном и коллективном плане, она при этом больше не старается видеть в нем творение (так как труд по-прежнему лишен самостоятельности и направлен на достижение другой цели) и тем более коллективное творчество, при котором труд стал бы точкой сотрудничества. По этой причине в социал-демократической мысли происходит смешение двух концепций труда, которые она тем не менее старается развести: реального отчуждаемого труда, за снижение продолжительности которого ведется политическая борьба, и освобожденного труда, который однажды станет важнейшей жизненной потребностью. Социал-демократическая теория вступает на шаткую почву, продолжая утопически сосредотачивать энергию на сфере труда, при этом не пересматривая отношения, связанные с наймом. Эти отношения должны стать по возможности максимально комфортными за счет улучшений конкретных условий труда и гарантированного для наемных работников доступа к все более высоким компенсациям. При этом возникает необходимость в глобальном регулировании такой социальной системы, которая обеспечит постоянное увеличение создаваемого благосостояния. Поэтому требуется обязательное вмешательство государства, гарантирующего бесперебойное функционирование огромной социальной машины.

Лишь такой ценой возможно компенсировать отношения, связанные с наемным трудом, и забыть о тех трудящихся, кого труд не освободил. Государство благосостояния ставит своей целью поддержать темпы роста и распределить компенсацию. Таким образом, необходимость в освобождении труда в действительности исчезает: социальному государству удалось заменить утопическую мечту социалистов о свободном труде более простой целью — приносить трудящемуся взамен его усилий все больший достаток и давать гарантию полной занятости. Общество XX века основано на наемном труде и работе по найму. Последняя есть труд, рассматриваемый в качестве общественной структуры, то есть определенного набора областей, приносящих достаток, и шкалы дохода. При работе по найму за труд выплачивается заработная плата, которая представляет собой не только возмещение в строгом соответствии с выполненной работой, но и канал доступа наемных работников к образованию, социальной защите, общественным благам.

XX век унаследовал концепцию труда в виде категорий, сочетающих или подразумевающих несколько свойств, которые противоречат друг другу и практически несопоставимы; говоря языком Лейбница, они взаимно исключают друг друга.

От этики долга к этике самореализации

Мы используем в этой книге термин «этика» в значении, которое предлагал И. Х. Зигель:

> Для индивида (или более или менее однородной группы индивидов) мы определяем трудовую этику как ценность или убеждение (или набор ценностей или убеждений), относящиеся к месту труда в жизни, которые или (а) служат сознательным руководством к действию, или (б) просто подразумеваются в выраженных установках и поведении [Siegel 1983: 27].

Иными словами эту мысль выразил К. Лалив д'Эпине:

> Этос — это система ценностей, убеждений, норм и моделей, которые составляют систему ориентиров для личного поведения и общественной деятельности в определенном обществе. Эта система является общественно-историческим продуктом [Lalive d'Épinay 1994: 68].

На описанных нами выше трех аспектах труда основываются осмысление этой категории, присвоение значений конкретному опыту и ожидания, возлагаемые на труд. Однако, как намекает этимология французского слова «труд» (*travail*), восходящая к латинскому слову для обозначения орудия для клеймения лошадей и пыток (*tripalium*), этот концепт уже давно ассоциируется с тяжелой деятельностью, мучительным усилием, что сохранилось в экономике в виде понятия «тяжесть труда».

Идея «свершения» давно применяется только к творческой деятельности, вернее к трудовой деятельности, наиболее близкой к творчеству (ремесло), однако в отношении сельского хозяйства, промышленности или услуг труд в целом в большей степени соотносится с «инструментальным» аспектом, то есть считается средством на службе у других целей: социальной связи, производства, получения личного дохода. В середине XX века мы выделяем еще три свидетельства того, что изменения происходили медленно и преобладала этика, считающая труд долгом и средством на службе у других целей.

Труд как источник социальной связи

Все тезисы Дюркгейма построены как опровержение положений экономической теории, в частности представлений об обществе как о завершившемся объединении людей, решивших вступить в обмен, тем не менее в описанном им обществе труд играет точно такую же роль, как и у Смита: основная функция труда — это гарантия сплоченности общества, обеспечение солидарности, осуществление социальной интеграции. Разделение труда сопровождается постоянным усилением социальной интеграции, потому что чем дальше зашло это разделение, тем сильнее каждый из нас зависит непосредственно от общества [Дюркгейм 1996].

Эта зависимость одновременно проявляется в самом акте производства, где каждому индивиду для того, чтобы работать вместе с другими и сообща, необходимо развить специальную компетенцию, — и в более общем смысле в большом общественном обмене, где каждому для существования нужно согласовывать и координировать свои действия с другими. В этом контексте теоретические выкладки Дюркгейма напоминают прекрасное описание Смита, который столетием ранее рассуждал о том, что в процветающей стране за созданием предметов одежды и обихода стоят тысячи людей, вынужденных работать сообща:

...если мы рассмотрим все это, говорю я, и подумаем, какой разнообразный труд затрачен на все это, мы поймем, что без содействия и сотрудничества многих тысяч людей самый бедный обитатель цивилизованной страны не мог бы вести тот образ жизни, который он обычно ведет теперь и который мы неправильно считаем весьма простым и обыкновенным [Смит 2007: 75].

Таким образом, люди держатся вместе и проявляют солидарность как в акте производства, так и в обобщенном обмене. Жить без поддержки сограждан было бы совершенно невозможно.

У Дюркгейма важность труда (точнее, разделения труда) заключается в определении самих условий существования общества: помимо функции производства существенным аспектом труда является обеспечение социальной сплоченности. Главная функция разделения труда заключается в углублении объединяющих связей и солидарности, что позволяет избежать изоляции индивида и превращения человека в машину, как происходит только в некоторых аномальных случаях:

Разделение труда предполагает, что работник не только не занят исключительно своим занятием, но что он не теряет из виду своих непосредственных сотрудников, воздействует на них и испытывает их воздействие. Он, таким образом, не машина, повторяющая движения, направление которых он не понимает. Он знает, что они направляются куда-то, к цели, которую он различает более или менее ясно. Он чувствует, что он служит чему-то [Дюркгейм 1996: 381].

Разделение труда носит нравственный характер. Труд является долгом в том смысле, что каждый должен участвовать в производстве и повседневной деятельности общества. Также труд служит одновременно производству товаров и услуг и обеспечению солидарности.

Труд у Тэйлора: фактор производства в ущерб человеческой сущности

Мы согласны с Лалив д'Эпине, который описывал ситуацию в начале XX века следующим образом:

В оправдание подчинения человека обществу, самопожертвования ради коллектива приводились доводы, что общество гарантирует человеку его безопасность и в особенности что, став огромным заводом, общество занимается созданием обещанного благосостояния будущего. Мы идем по пути прогресса, ведущего в светлое будущее к процветанию и счастью [Lalive d'Épinay 1994: 71].

Никто не был так точен, как Ф. Тэйлор в работе «Принципы научного менеджмента» (*The Principles of Scientific Management*, 1911), зафиксировавший преимущество социального измерения труда перед индивидуальными и, если быть точнее, преобладающее понимание труда как фактора производства в начале XX века.

Тэйлор пишет, что конечная цель общества — как людей, так и предприятий — заключается в наибольшем процветании, достигаемом с помощью максимально высокой производительности, которое в свою очередь «зависит от всеобщей вовлеченности». Как известно, добиться наибольшего процветания позволяет полный пересмотр подходов к организации труда, потому что при старой системе управления «успех зависит почти исключительно от возможности добиться "инициативы" от рабочих» [Тэйлор 1991: 28], а при системе научного менеджмента

администрация должна взять на себя заботу по собиранию всей совокупности традиционных знаний и навыков, которыми обладают ее рабочие, а затем задачу классификации, табличной обработки и сведения всех этих знаний в правила, законы и формулы, оказывающие рабочим огромную помощь в выполнении их ежедневной работы [Там же].

Первоочередная задача администрации заключается в том, что «администрация берет на себя выработку научного фундамента, заменяющего собой старые традиционные и грубо-практические методы» [Там же], и подобно тому, как хирург при операции применяет те навыки, которым его учили, рабочий после технической подготовки и анализа действий и сроков должен также применять определенные методы труда.

Рабочий лишен знаний, возможности проявить инициативу и простора для маневров, к тому же на него смотрят исключительно как на инструмент для достижения высшей цели системы; по Смиту, эта конечная цель — максимально возможный объем производства, обеспечивающий всеобщий доступ к наибольшему количеству продуктов при наименьшей цене. В заключении этой дидактической работы Тэйлор поясняет, что увеличение в два раза объема производства не приводит к удвоению зарплат рабочих или дивидендов акционеров, и при том, что на первый взгляд такая ситуация кажется несправедливой, более глубокий анализ убеждает нас в обратном:

> На первый взгляд, здесь перед нами только две стороны: рабочие и предприниматели. Но мы упускаем из виду ещё третью великую сторону — всю нацию: потребителей, покупающих продукцию первых двух сторон и, в конечном счёте, выплачивающих как заработную плату рабочим, так и прибыль предпринимателям. Права нации поэтому более важны, чем права как предпринимателей, так и рабочих [Там же: 98–99].

Конечной целью, подчиняющей себе все остальное, является снижение цены продукции. Таким образом, увеличение производительности труда, как уже показывал Смит, играет ключевую роль в процессе, позволяющем в конце концов распространить богатство на самые бедные классы. Благополучие наемного работника полностью подчинено этой приоритетной цели до такой степени, что на вопрос, не рискует ли рабочий при такой системе превратиться в автомат, Тейлор отвечает следующее:

> При этом следует иметь в виду, что обучение хирурга было почти тождественным ... нашей системе научного управления. Хирург в течение целого ряда лет своего первоначального обучения находится под непрерывным наблюдением более опытных людей, которые показывают ему самым подробным образом, как лучше всего выполнять каждый отдельный элемент его работы [Там же: 91].

Как и хирург, рабочий видит не отрицание, а, напротив, утверждение своей личности, поскольку имеет возможность прикоснуться к данному ему багажу знаний, который в свою очередь он должен пополнять.

Стоит тем не менее зафиксировать, что от Смита до Тэйлора возможности, рожденные техническим прогрессом, «производительная мощь труда» и экономический рост способствовали тому, что в центре внимания в первую очередь находился продукт труда, а не на сама деятельность. Независимо от того, получает ли рабочий от труда удовольствие и самореализацию, важно обеспечить максимально возможный объем производства, чтобы удовлетворить потребности рабочего уже в роли потребителя. С точки зрения удовлетворения потребностей, индивид в роли потребителя стоит выше, чем трудящийся, и труд как инструмент на службе у всеобщего процветания превалирует над потенциальной возможностью выражения.

Большой переход

Со временем аспект, который одновременно обращен на инструментальную сторону труда и нравственную ценность вызываемого им страдания, исчезает; на его место приходит другой, связанный с деятельностью и ее последствиями для индивида. Эта перемена происходит в двух измерениях: в идеальном представлении (то есть в теории) в XIX веке, достигая наивысшей точки в работах Гегеля и Маркса, и в реальной практической плоскости начиная со второй половины XX века, как объясняет Лалив д'Эпине. По его словам, в это время появляются конкретные условия (в частности, фактически произойдет историческое повышения темпов роста), что позволяет людям в определенной степени отделиться от потребностей и увидеть в труде что-то еще помимо печального средства к существованию — деятельность, позволяющую не только изменять мир и преобразовывать его в соответствии со видением человека, делать его удобным, но и задавать приоритетный вектор для самовыражения и самореализации [Lalive d'Épinay 1994: 71 et pass.]. Как мы увидим, эта перемена стала настоящей революцией, при этом нет ничего удивительного в том, что с момента закладки теоретического обоснования до конкретной реализации этого проекта прошло больше ста лет.

В историческом плане Лалив д'Эпине выделяет два основных обстоятельства, из-за которых исчез этос долга: с одной стороны, это развитие социального государства и его идея гарантий благополучия граждан, с другой, что особенно важно, — взрывной рост темпов экономического и социального развития, благодаря которому вдруг стало осуществимым и доступным то, что до этого момента казалось утопией: превращение труда из долга в удовольствие, из орудия пытки в инструмент самореализации и самовыражения.

> В этот момент в послевоенные годы внезапно становится явью то, что всегда декларировалось индустриальным обществом, но чего в действительности никто не ждал, по крайней мере в таком масштабе: богатство и светлое будущее! <...> С того момента, когда индустриальное общество создает богатство, во имя которого оно требовало и оправдывало столько жертв, связанных с трудом, этос труда меркнет, а ценности переворачиваются с ног на голову <...>. Труд перестают считать долгом, общественной миссией <...> В новом мире — новая культура: истинное призвание человека не в труде, а в счастье, самореализации [Lalive d'Épinay 1994: 82–83].

С точки зрения социологии, эта трансформация, эффект которой сопоставим с открытием Коперника, стала принципиальным моментом: при том что раньше самореализация индивида заключалась в успешном выполнении миссии, возложенной на него обществом, теперь общество стало служить индивиду и его самореализации. Интересно, что, по мнению Лалив д'Эпине, именно в это время развивается инструментальный аспект труда: с этого момента люди трудятся для того, чтобы получить доступ ко всему, что доступно для потребления (чтобы получить доход, позволяющий любую покупку). Здесь Лалив д'Эпине соглашается с Хабермасом, в концепции которого труд, не будучи отчужденным, с этого момента в первую очередь привлекает доступом к покупательной способности, правам и средствам защиты. Однако представляется, что взрывной рост темпов развития и появление этики самореализации в равной степени отразились на ожиданиях в отношении труда, связанных не только с его инструментальной стороной (получение дохода, места в результате труда), но и с символическим значением, содержанием деятельности и отношением к ней индивида. Эта же мысль была с точностью сформулирована Марксом в Конспекте книги Джемса Милля «Основы политической экономии» (1844):

> Предположим, что мы производили бы как люди. В таком случае каждый из нас в процессе своего производства двояким образом утверждал бы и самого себя и другого: 1) Я в моем производстве опредмечивал бы мою индивидуальность, ее своеобразие, и поэтому во время деятельности я наслаждался бы индивидуальным проявлением жизни, а в созерцании от произведенного предмета испытывал бы индивидуальную радость от сознания того, что моя личность выступает как предметная, чувственно созерцаемая и потому находящаяся вне всяких сомнений сила. <...> 3) Я был бы для тебя посредником между тобою и родом и сознавался бы и воспринимался бы тобою как дополнение твоей собственной сущности, как неотъемлемая часть тебя самого, — и тем самым я сознавал бы самого себя утверждаемым в твоем мышлении и в твоей любви. 4) В моем индивидуальном проявлении жизни я непосредственно создавал бы твое жизненное проявление, и, следовательно, в моей индивидуальной деятельности я непосредственно утверждал бы и осуществлял бы мою истинную сущность, мою человеческую, мою общественную сущность. Наше производство было бы в такой же мере и зеркалом, отражающим нашу сущность [Маркс 1974: 35–36].

Здесь предельно наглядно проявляется выразительный аспект труда: в труде человек одновременно выражает свою особенность, свою индивидуальность и свою принадлежность к человеческому роду в целом. Продукт его труда является одновременно индивидуальным и коллективным творением. Трудовая деятельность приносит радость и удовольствие, позволяя ему преобразовать мир в соответствии со своим видением, экспериментировать с его способностью к преобразованию и при этом демонстрировать самому себе и окружающим, кто он есть на самом деле. По этой марксистской логике, как подробно объясняет Маркс в своей критике Смита, труд нельзя ассоциировать ни с усилием, ни с усталостью; труд, когда он не отчужден, — это просто человеческая деятельность, само осуществление которой является творческой позитивной деятельностью, состоящей в преобразовании мира в соответствии со своим видением, то есть полной реализации своей человеческой функции.

Этика самореализации, впрочем, не сводится к одной только этой идее — тем не менее в ее основе лежат и чувства индивида, и способность осуществлять деятельность, позволяющую ему развивать свои навыки, экспериментировать с ними, преобразовывать действительность. Эта этика вводит творческий аспект развиваемой деятельности, означающий, что в такой деятельности внешняя по отношению к ней цель (получение дохода или места) не имеет приоритетной или исключительной важности. Наиболее же важной является внутренняя цель, заключенная в самой деятельности и соотносящаяся с намерениями, гордостью и удовлетворением от ее осуществления, установлением отношений и, в итоге, получением опыта.

В каких категориях интерпретировать отношение к труду?

Итак, в концепции труда мы выделили различные аспекты, которые, наслоившись друг на друга в различные эпохи, сегодня так или иначе сосуществуют и в обыденной жизни людей служат опорой для жизненного опыта: труд как фактор производства, труд как человеческая сущность, труд как стержень системы распределения дохода, прав и средств защиты. Могут ли эти аспекты быть основными элементами в рамках интерпретации современного развития труда? Как было продемонстрировано, эти рамки интерпретации можно дополнить замечаниями об этике в общем смысле, в которую вписывается отношение к труду. Для наилучшего понимания отношения людей к труду применимы некоторые другие типы классификации.

Инструментальный аспект против неинструментального

Утверждение о многообразии установок по отношению к труду развивалось главным образом такими авторами, как Дж. Голдторп и его коллеги Д. Локхуд, Ф. Бекхофер и Дж. Платт, которые в 1968 году опубликовали книгу «Влиятельный рабочий» (*The Affluent Worker: Industrial Attitudes and Behaviour*). Исследователи выделили три стереотипные установки по отношению к труду: *инструментализм*, присущий в основном тем, кто считает труд средством для достижения иной цели, главным образом получения дохода; *солидаризм*, при котором, напротив, труд рассматривает труд как цель в себе, что чаще всего сопровождается прочным соотнесением его с группой и сильным чувством удовлетворения; *бюрократизм*, характеризующий труд как предоставление организации услуг в обмен на карьеру. Первый тип установки в основном формировался у рабочих, и Голдторп с коллегами в своем исследовании как раз стремились доказать, что рабочий класс не обуржуазился, потому что его главная установка по отношению к труду осталась инструментальной и не смешалась со стереотипными установками других классов [Goldthorpe et al. 1972].

В действительности рамки интерпретации, установленные Голдторпом и соавторами, не ограничиваются противопоставлением двух противоположных восприятий труда, который в одних случаях определяется как средство, а в других — как цель. В дополнение к этой первичной классификации учитываются некоторые другие характеристики: распространение ценностей, моделей поведения и отношений, сформировавшихся вокруг труда, чувства удовлетворения от труда, более или менее устойчивого его соотнесения с группой и т. д. Эти характеристики затем используются в совокупности для описания класса. Последовательно демонстрируя, что трудящиеся предпочитают работу, при которой они в меньшей степени получают удовлетворение от самой деятельности и в большей — от внешних поощрений, связанных с оплатой или гарантией занятости, слабо поддерживают отношения со своими коллегами, активно не участвуют в деятельности профсоюзов — авторы показывают, что образ жизни рабочих далек от манеры поведения и образа жизни специалистов и руководителей.

Тем не менее противопоставления «средство — цель» или «инструментальный — неинструментальный» остаются определяющими. Во всех работах Голдторп и его коллеги, порой на грани фанатизма, стараются свести всю мотивацию, связанную у рабочих с трудом, к отношениям средство — цель, иногда доходя до неоправданных преувеличений [Méda 2010b: 121–140]. В действительности в ряде случаев прослеживается неустойчивая причинно-следственная связь между фактом (рабочие переходят с более интересной работы на менее интересную, но более оплачиваемую) и его объяснением (так происходит, потому что у них инструментальная установка по отношению к труду). Это обусловлено как слабой выборкой, так и прежде всего постоянным перескакиванием от обособленных «фактов» к не до конца проясненным обстоятельствам (смена работы вызвана рядом причин), ссылкам на мнение других («ради чего работать, как не ради денег?») и обращению к более общим теориям (три типа установок). При решительном отвергании всех признаков, потенциально указывающих на связь морального удовлетворения с интересом к труду, кажутся малообоснованными умозаключения, что внимание рабочих к размеру заработной платы свидетельствует об исключительно инструментальной установке по отношению к труду.

Отметим, что Голдторп и его коллеги не используют одного специального термина, чтобы как-то обозначить аспект, противоположный инструментальному. В частности, в отличие от других авторов, они не противопоставляют инструментальному аспекту (труд направлен на достижение другой цели) выразительный или символический. Для сравнения: классифицируя другие функции труда, помимо инструментальных, Н. Морс и Р. Вайс в программной статье «Функция и значение труда и работы» (*The function and meaning of work and the job*, 1955) прибегают к понятиям интереса и достижения. Таким образом, эти авторы одними из первых пришли к выводу, что «для среднестатистического работающего представителя среднего класса работать — значит иметь цель, совершать определенное достижение, выражать себя» [Morse, Weiss 1955: 198]. В 1978 году Р. Бухгольц для характеристики отношения к работе предложит пять установок, упоминаемых в литературе, в том числе «систему гуманистических взглядов», в рамках которой

> труд является основным способом для людей реализовать себя как человека. По этой причине то, что происходит с человеком в процессе труда, важнее, чем продукт этого процесса. Следует переосмыслить труд, чтобы он приносил людям больше смысла и самореализации и в большей степени позволял раскрыть их человеческий потенциал... [Buchholz 1978: 220].

Эти теоретические рассуждения Бухгольц берет в основном у Э. Фромма и А. Маслоу.

Инструментальный аспект и постматериализм

Р. Инглхарт в книге «Тихая революция: изменения ценностей и политических стилей в западных обществах» (*The Silent Revolution*, 1977) отстаивает утверждение, что западные общества, обеспечив удовлетворение базовых физических потребностей населения, отводят теперь более значимое место потребностям нематериальным, таким как необходимость уважения, духовной и интеллектуальной жизни, желание самореализоваться. Для этого ученый апеллирует к теории А. Маслоу [Маслоу 1999] и его главной работе «Мотивация и личность» (*Motivation and Personality*, 1954). Главной идеей Инглхарта становится то, что после Второй мировой войны по мере закрытия материальных потребностей в результате экономического роста у все большего числа европейцев стали появляться ожидания постматериалистического характера.

Инглхарт заимствует некоторые концепты Д. Белла и фактически выделяет три этапа эволюции общества: в аграрном обществе люди должны бороться с природой, в индустриальном обществе с этой задачей помогают техника и организация труда, наконец, в постиндустриальном обществе вопрос о выживании оказывается решенным. Если быть точнее, в более поздних работах Инглхарт и У. Бейкер [Inglehart, Baker 2000][4] предлагают классифицировать страны по двум осям или двум измерениям: первое измерение, с которым соотносится переход общества от доиндустриального к индустриальному этапу развития, противопоставляет традиционные и религиозные ценности светским и рациональным. Во втором измерении, характеризующем переход к постиндустриальному обществу, выживание противопоставляется стремлению к индивидуальному выражению и обеспечению качества жизни.

Что касается труда, то, согласно Инглхарту, на значение, придаваемое труду, чаще всего влияли экономические изменения. Эта установка дает основание выделить три периода. В первый (традиционный) труд вписывался в систему взглядов и уважения к авторитету. На тот момент труд соотносился с «этикой долга», обязательствами перед обществом. Второй период соответствует развитию ценностей индивидуализма и рационализма: к труду, который теперь несет инструментальную ценность, побуждают соображения безопасности и получения дохода, который он потенциально может принести. С того момента, когда экономическая безопасность теряет приоритетное значение и больше всего начинают цениться качество жизни и благополучие, наиболее богатые страны вступают в третий период, характеризующийся «постматериалистическими» ценностями. В этой перспективе труд должен прежде всего обеспечивать возможность индивидуальной самореализации.

Против этого вывода высказывались по меньшей мере два критических замечания, требующих осторожности при его однозначном прочтении. С одной стороны, несмотря на то, что постматериалисты предполагают постоянство ценностей, которое они обосновывают их формированием в подростковом возрасте человека, ряд экономистов считает, что экономические трудности последних десятилетий привели к возврату материалистических ценностей. В результате этого процесса люди,

---

[4] См. [Davoine, Méda 2008].

в основном молодое поколение, столкнувшееся со сложностями при выходе на рынок труда, сегодня ставят на первое место виды деятельности, обеспечивающие доход и безопасность, и поэтому в большей степени, чем их предшественники, имеют основания считаться «материалистами». Такого мнения в частности придерживаются Р. Истерлин и Э. Кримминс [Easterlin, Crimmins 1991].

С другой стороны, капиталистическая система непрерывно создает потребность в потреблении и поддерживает ее; по этой причине влияние уровня национального богатства, в частности его воздействие на материальные ожидания, остается неопределенным [Haller 2002]. За желанием получать большую заработную плату или иметь гарантированную работу может стоять забота о личной безопасности, вопрос выживания или же стремление к демонстративному потреблению. Однако можно ли считать внутренний интерес к труду потребностью в обществе, где не до конца закрыты вопросы выживания? Наконец, влияние развития постматериалистических ценностей на важность труда в жизни может быть неоднозначным. По мере обеспечения потребности в безопасности, безусловно, становится возможным уменьшить место, отводимое работе; как итог, люди могут выбирать иные сферы для самореализации (увлечения, политика, семья). В любом случае в стремлении самореализоваться в трудовой деятельности те, кто ставит на первое место постматериалистические ценности, могут придавать большую значимость работе, которая становится не просто заработком средств к существованию. Иными словами, в уже индустриализированном обществе экономический рост может создать двойственный эффект: значимость труда снижается или же остается на прежнем уровне, но по другим причинам.

Безотносительная и относительная значимость труда:
вопрос о центральном месте и целях

Итак, у нас есть рамки интерпретации и несколько критериев для анализа отношения индивидов к труду. Мы увидели, что этика *долга* и этика *самореализации* поэтапно противопоставляются друг другу: первая подчеркивает, что труду придается значение долга, вторая в нем видит скорее средство самореализации, выражения и проявления себя. Это отличие не в полной мере снимает вопрос о целях труда или его функциях, который мы уже ставили, когда говорили о понятии инструментального аспекта. Используя концепт, который несомненно более точен, чем одно только понятие инструментальности (как мы видели, труд может служить средством для достижения нескольких целей: установления социальной связи, получения дохода, признания), Морс и Вайс [Morse, Weiss 1955] предлагают отличать *экономические* функции труда (труд — фактор производства и средство для получения дохода) от *неэкономических*. Последние можно разделить на подкатегории и выделить среди *неэкономических* функций те, которые соотносятся с символическими, выразительными и реляционными аспектами.

Ш. Николь-Дарнкур и Л. Рулло-Берже [Nicole-Drancourt, Roulleau-Berger 2001] предлагают выделять помимо инструментального также социальный и символический аспекты труда. Социальный аспект соотносится с значимостью человеческих отношений на работе. Символический аспект свидетельствует о возможности личного развития, самореализации и проявления себя в своей сфере деятельности; интерес к содержанию труда; ощущение успеха, независимости и общественной полезности. Другие авторы объединяют социальный и символический аспект в один, называя его «выразительным» [Habermas 1981; Zoll 1992].

Продолжая ход мыслей Морс и Вайсса и держась в стороне от теории постматериализма, которая тем не менее признается интересной и относительно адекватной для описания ситуации, Д. Меркюр и М. Вюльтюр [Mercure, Vultur 2010] в качестве центральной оси своего исследования предлагают использовать противопоставление целей *экономического* и *эмпирического* порядка.

> В первом случае труд имеет цель материального и экономического порядка в качестве основной: цель труда преимущественно не является референцией к сущности опыта, полученного в процессе труда, каким бы он ни был. Труд — это скорее средство для достижения цели занять внешнюю

по отношению к труду позицию: зарабатывать деньги, необходимые для существования и потребления <...> Во
втором случае в качестве основной у труда есть цель нематериального, эмпирического порядка, в сущности своей
неинструментальная [Mercure, Vultur 2010: 15].

По уточнению Меркюра и Вюльтюр, общее у целей с эмпири-
ческой доминантой заключается в том, что они не основаны на
опыте, а являются опытом по сути, «опытом, прожитым в ходе
работы и при этом не ограниченным внутренним характером
задачи, как часто происходит при применении "выразительной"
категории: он основан как на развитии или утверждении себя
в процессе работы, так и на признании» [Ibid].

В этой «выразительной» категории авторы выделяют две
подгруппы: первая соотносится с преобладающей целью индивидуального развития («работа — это полученный опыт, благодаря которому лично я самореализуюсь»), в другую объединены
цели, соотносящиеся с более выраженными аспектами коллективного характера («ходить на работу»). В этом случае опыт работы считается ценным переживанием, навыком, позволяющим
индивиду приносить пользу обществу или поддерживать связи
с другими индивидами, занятыми трудом.

Тем не менее многогранное отношение к труду, складывающееся у людей, не дает исчерпывающего ответа на вопрос о цели
труда. В подобных исследованиях широко применяется другая
перспектива, рассматривающая в более широком смысле прио-
ритетность или значимость труда. Сегодня в большинстве исследований, посвященных этой теме, ставятся вопросы о том, значим
ли труд для конкретного индивида или для группы и всегда ли
труд занимает в их жизни центральное положение; они вновь
обретают актуальность каждый раз, когда растет безработица
или когда некоторые авторы начинают высказывать сомнения об
особой значимости труда. В качестве примера таких исследований
приведем международную программу группы «Meaning of Work»,
изучавшую значение труда (MOW, 1987): было выделено девять
значимых аспектов труда, и помимо вопроса о целях труда был

сделан акцент на изучении значимости, которую ему придают респонденты.

Во Франции в 1993 году Центр политических исследований Института политических исследований провел анкетирование, спросив у респондентов, согласны ли они с утверждением, что работа — это самое важное в жизни (на тот момент безработица в стране достигала исторического максимума). В 1997 году К. Бодло и М. Голляк [Baudelot, Gollac 2003] также вернутся в своем исследовании к этому понятию, когда будут спрашивать у респондентов, что, на их взгляд, важнее всего для счастья. Но что значит «важно» [Méda 1998]? Важно по отношению к чему? Те же вопросы к тому, что понимать под «центральным местом» в жизни: что вкладывать в это понятие? Меркюр и Вюльтюр, у которых значимость труда наравне с целями является одной из двух образующих осей исследования, настаивают на том, что нужно разделять абсолютно центральное и относительно центральное место труда. Во втором случае становится возможным понять значимость труда относительно других видов человеческой деятельности. Такая постановка вопроса представляется нам более обоснованной.

Какие методы использовать для определения отношения к труду?

В большей части исследований, посвященных отношению индивидов к труду в период со второй половины XX века, в качестве основного источника информации использовались ответы самих респондентов в рамках опросов, которые проводились при различных условиях. Информация, полученная таким образом, создает ряд очевидных проблем всех исследований, опирающихся на субъективные личные суждения опрошенных. Может ли быть уверенность в том, что респонденты говорят «правду»? Какой статус придавать словам опрошенных? Как понять, действительно ли они находятся в ситуации отчуждения и способны ли давать беспристрастные ответы? Как убедиться в том, что все опрошенные (вопрос встает еще острее, когда речь идет о международных сопоставительных исследованиях) оперируют одними и теми же понятиями, значениями, системами измерения? На этом пути исследователей ожидает много подводных камней...

Как в ситуации отчуждения учесть страх респондента
потерять лицо?

Ранее мы начали говорить о том, насколько сложно относиться с доверием к понятию значимости (значимости работы в жизни). При интервьюировании респондента в очной беседе, по телефону или через опросник человеку предлагается ответить на вопрос, важна ли для него работа, или же у него на выбор есть варианты, что он полностью согласен, согласен, не совсем согласен или полностью не согласен с «распространенным утверждением, что работа — это самое важное в жизни». Какие могут быть реакции? Какие соображения может вызвать вопрос? Уже совершенно очевидно, что респондент учтет при ответе свое положение: безработный или тот, кто серьезно рискует потерять работу, ответит, что она очень важна, потому что видит в ней потребность для обеспечения своего существования, — при этом он либо уже потерял ее, либо находится на грани увольнения. Однако участником исследования может оказаться и специалист, занимающий руководящую должность, или фермер, которые проводят на работе большую часть своего времени и для которых работа и труд практически составляют всю жизнь. Или же возьмем респондента, который на работе подвергается травле, поэтому не может думать ни о чем другом. Понятие значимости не позволяет понять, связана ли важность работы для опрошенного с тем, что у него ее нет или, напротив, она есть; ассоциируется ли она у него с плохими или с хорошими моментами. Однако прежде всего такая формулировка не дает возможности оценить, относится ли вопрос к месту работы в настоящий момент, к работе в целом или к работе в идеальном смысле. Наконец, нет никаких способов установить, в какой степени респонденты стараются или не стараются при ответе соответствовать «ожиданиям», в частности вытекающими из существующей системы норм, чтобы таким образом сохранить лицо или убедить себя в своих словах. Представляя результаты своего исследования, Голдторп и коллеги отмечают:

> Сейчас социологи единогласно признали сложности при оценке степени удовлетворенности рабочих. Многочисленные исследования доказывают, что большинство, когда им задают вопрос нравится ли им то, чем они занимаются, в основном отвечают на него утвердительно; или же если им предложено определить степень удовлетворенности по какой-либо шкале, они выбирают варианты, которые можно считать положительными. Даже если есть явные основания считать, что опрошенные рабочие испытывают серьезные лишения на работе, опрос давал схожие результаты. Возможно, как предполагал Блаунер, в значительной мере этот парадокс объясняется тем, что рабочему сложно признать без ущерба для самолюбия, что ему не нравится его работа: в обществе нашего типа влияние работы на личное мнение важнее, чем какая-либо другая общественная деятельность. Таким образом, человек испытывает значительное давление, под влиянием которого он вынужден считать свою работу удовлетворительной: в противном случае пришлось бы признать, что он не может дать удовлетворительную оценку самому себе [Goldthorpe et al. 1972: 53–54].

Из-за недоверия к субъективным представлениям, в особенности к личным заявлениям, Голдторп и его коллеги предпочитали анализировать практики и для того, чтобы выяснить истинное отношение к труду, старались опираться на «объективные» факты. По их мнению, выбор в пользу того, чтобы не уходить со своего рабочего места и не искать новое, свидетельствует об удовлетворенности работой или по крайней мере о большей удовлетворенности ее качеством или объемом: «Сам выбор в пользу того, чтобы не уходить со своего рабочего места, в целом может указывать на определенную степень удовлетворения относительно других доступных вариантов на рынке труда [Ibid: 54]. Также исследователи отмечают, что необходимо избегать «прямых вопросов с привычными формулировками». Только тогда становится возможным принимать суждения во внимание: «Если вдаваться в подробности, лучше всего о высокой степени удовлетворения говорят причины, которые называют сами респонденты, когда их спрашивают, почему они предпочитают не менять то положение, в котором находятся» [Ibid: 55]. Следует понимать, что при изучении такого предмета важно заходить с другой стороны («заход издалека», как писали Голдторп и коллеги) и никогда не спрашивать в лоб. Формат интервью полезен не тогда, когда нужно понять, важен ли труд или нет, приносит ли он удовлетворение или нет, — а когда требуется установить причины, по которым одну работу предпочитают другой. Только в процессе объяснения мотивации, которая бывает как позитивной («действительно чувствуешь себя кем-то»), так и негативной («я не привязан весь день к своей машине»), может начать проступать истинная природа того, чем является работа для респондента. Истинное отношение к труду выражается имплицитно: невозможно увидеть его явное проявление, оно может быть только косвенным.

Несмотря на эти неоднократные предостережения социологов, в исследованиях последних лет широкое распространение получили опросы, в которых значительное внимание уделяется суждениям и субъективным представлениям. Своей популярностью они в частности обязаны экономистам, которые обнаружили в международных исследованиях, например, в Европейском исследовании ценностей (European Values Survey) или Всемирном исследовании ценностей (World Values Survey), оригинальные возможности для сравнений по временному или географическому параметру и способствовали тому, что использование таких методов стало нормой. Тенденция частично связана с тем, что подобные данные позволяют продемонстрировать корреляции между личными ощущениями (удовлетворение, счастье) и объективными ситуациями, целями институций или государственной политики. К. Сеник в работе «Что мы узнаем из субъективных данных?» [Senik 2002] отмечала:

> Представляется, что сдержанное отношение экономистов
> к субъективным данным все больше уходит в прошлое <...>
> Со времен первых работ Лейденской школы «субъективные»
> данные учитывались не только для анализа основополагаю-

щих факторов личного благополучия, но и для понимания причин, повлиявших на выбор государственной политики или на формирование макроэкономической ситуации. В статьях этой «новой волны» даются эксплицитные или имплицитные отсылки к методологии «естественного опыта», которая заключается в анализе влияния внешних переменных, изменяющихся во времени и пространстве, на благополучие и основывается на предположении, что индивидов эти изменения затрагивают на первый взгляд случайным образом [Senik 2002: 10].

В отношении экономистов к субъективным данным произошел прорыв, но помог ли он в действительности выйти за ограничения, о которых было сказано выше? Можно ли действительно верить утверждениям опрашиваемых, чтобы понять, чем для них является труд? А что, если они в большей или меньшей степени неосознанно лукавят и поэтому в конечном счете доверие к статистике, которую дают регулярные опросы по удовлетворенности, может быть только условным? Как писал Фридман со ссылкой на Э. Фромма, что, если числовые результаты удовлетворенности, которые обычно приводят в пример, соотносятся с осознанным проявлением неудовлетворенности, причем «если учесть еще и ее неосознанные проявления, цифры без сомнения были бы куда ниже» [Friedmann 1956: 193]? Если

> в нашем обществе соперничества и конформизма, где веселый и жизнерадостный вид часто считают признаком «благополучия», «успеха», а проявление недовольства на работе — признаком дезадаптации, многие из недовольных под давлением среды не решаются в этом признаться самим себе и тем более своему окружению [Ibid: 193–194]?

Наконец, как быть с теми, кто не только не признается в неудовлетворенности, но и убеждает себя в том, что они счастливы или довольны своей работой, хотя на самом деле это не так? Как тогда выяснить, что для них значит их теперешняя работа? Как установить, удовлетворены ли их ожидания или обмануты? С какой стороны нужно зайти исследователю, чтобы гарантированно быть уверенным, что он имеет дело не с личным или коллективным заблуждением, а со сложившимся суждением, которое в равной степени не искажено ни самоубеждением, ни отчуждением? Честно признаем: решение этой задачи выглядит крайне сложным, и, представляя далее результаты опросов независимо от формы их проведения, нам надлежит проявлять значительную сдержанность в оценке полученных данных.

Пределы масштабных количественных исследований, использование глубинного интервью

Любые исследования имеют очень много ограничений[5]. Помимо уже названных, есть те, что касаются возможности сопоставления индивидуального опыта, разницы в степени его осмысления (например, в вопросе удовлетворения работой) и в оценке собственных сил... Словом, всех тех проблемных факторов, которые очевидным образом преумножаются при переводе опросников на разные языки для проведения исследований в разных странах.

Предвзятость может возникать на различных этапах от составления опросника до сбора данных [Heath et al. 2005]. Есть много проблем с языковой и концептуальной эквивалентностью — от ошибок в переводе до нюансов в коннотациях слов [Crompton, Lyonette 2006] вкупе с более или менее выраженной ошибкой допущения в зависимости от страны [Johnson et al. 2005]. Так, П. Брешон замечает:

> При опросе общественного мнения в национальном масштабе в зависимости о социологического, экономического и политического контекста и вопросов, которые стоят на повестке дня в этой стране, формулируются определенные индикаторы. Таким образом сбор относительно точной информации зависит от мнения, формируемого и структурируемого темами общественных дискуссий. В исследованиях международного масштаба индикаторы слишком оторваны из контекста <...> Проблема оторванности индикаторов от контекста усиливается трудностями, связанны-

---

5 Об ограничениях см. [Davoine, Méda 2008].

ми с формулировками вопросов <…> На международном уровне специалисты по общественным наукам, которые должны разработать опросники, представляют разные школы с разными традициями; на них также влияют традиции их страны и исследования национального масштаба, которыми они занимаются. Некоторые пытаются на международном уровне «протолкнуть» вопросы, которые хорошо работали в их собственной стране [Bréchon 2002: 120].

Кроме того, ряд специалистов по социологии и статистике считают выборки по некоторым из этих исследований слишком слабыми и недостаточно репрезентативными для того, чтобы служить надежной основой формирования знаний о ситуации в той или иной стране и, соответственно, хорошей базой для сопоставления. Предметом критики, в частности, становились Европейское исследование ценностей (European Value Survey, EVS), в рамках которого выборка по Франции сейчас наполовину состоит из случайных данных и еще наполовину сформирована по методу количественной оценки, и Международная программа социальных исследований (ISSP)[6], в рамках которого исследователи, рассылая опросники по почте, получают очень небольшое число заполненных бланков, что может становиться причиной многочисленных погрешностей[7]. Тем не менее задания на проведение международных исследований становятся все более определенными, и несмотря на многочисленные ограничения сейчас сложились такие условия, что «рамки для дискуссии задаются пусть и слабыми, но непротиворечивыми эмпирическими данными» [Bréchon 2002: 130].

При составлении опросников исследователи проявляют все большую осмотрительность и внедряют проверенные способы

---

[6] См. разделы «Богатый материал исследований национального и международного уровня» и «Методология» в конце работы.

[7] «В том, что касается ISSP, выделенные исследовательским организациям средства не позволяют провести опрос оптимального качества. По финансовым причинам опрос проводится по почте, что не слишком хорошо, причем по первым опросам не было возможности повторного проведения» [Bréchon 2002: 114].

снизить число ошибок перевода и интерпретации. Сейчас распространение получил обратный перевод. Однако на более фундаментальном уровне следовало бы более подробно обсудить понятие языковой погрешности: результаты опросов не создают несоответствия искусственным образом, а воспроизводят различия в формах выражения и коммуникации. В момент сбора данных может также возникнуть сомнение в их сопоставимости из-за различий в подходах к выборке или охвату населения в целом при проведении исследования.

Вопрос о возможности применения общего критерия опросов относится не только к международным исследованиям, посвященным ценностям. Неопределенность, связанная с тем, как респонденты понимают вопросы, и проблемы многозначности возникают и в опросах, проводимых в рамках одной страны, — например, когда в выборку входят представители разных классов [Jowell 1998]. Если ставить более общий вопрос «как убедиться в том, что все опрошенные под одним словом, например, под словом "труд", понимают одно и то же, одни и те же ситуации?» — то здесь на ум приходят гневные комментарии Дж. Гэлбрейта, отмечавшего, что одно и то же слово можно обозначать очень разные вещи:

> И вот перед нами парадокс. Словом «труд» одновременно пользуются те, для кого он изматывающий, утомительный, связанный с дискомфортом, и те, кто явно находит в нем удовольствие и не видит никаких противоречий. Возможно, даже испытывает приятное ощущение личной важности или превосходства, которое эксплицитно признается окружением в виде подчинения. Труд — это для одних подчинение, а для других источник престижа и высокого вознаграждения, которого они усердно добиваются и которое приносит им удовольствие. Использование одного и того же слова в обеих ситуациях уже явно свидетельствует о подлоге. Но это еще не все. Вновь напомним о признанном факте, что те, кому больше нравится их труд, почти всегда больше зарабатывают [Galbraith 2004].

Итак, вышеуказанные международные исследования были ненадежными, однако в последнее время произошли улучшения по всем направлениям — от разработки опросников до сбора данных. Европейское социальное исследование, появившееся последним среди международных проектов[8], отвечает высоким требованиям к точности задания на проведение опроса (случайный отбор, личное интервью, дорогостоящие процессы согласования опросника). Кроме того, получение бо́льшего количества результатов и их сопоставление могут гарантировать более уверенные выводы. Важно все время внимательно подходить к сопоставительным результатам и не отвергать сразу ни одну гипотезу, при этом оставляя возможность для выдвижения предположений интерпретативного характера [Jowell 1998].

Несмотря на многочисленные вышеуказанные ограничения (субъективность данных, сложности, которые возникают при региональных сопоставлениях и усиливаются при выходе на международный уровень, характер вопросов, в большей или меньшей степени адаптированных для поставленной цели, разработка выборки и условия проведения самого исследования), сравнение результатов на международном уровне позволяет получить важнейшую информацию по каждой стране и привлечь внимание к явлениям, которые в первом приближении могут показаться региональной спецификой. Проведение в одной или нескольких странах исследований, основанных на больших выборках, к тому же позволяет создать «фундамент» для верификации и более тонкого анализа глубинных интервью.

Богатый материал исследований национального и международного уровня

Несмотря на все предостерегающие замечания, в этой книге представлены результаты аналитической обработки нескольких источников, сопоставление которых позволяет значительно продвинуться в исследовании вопроса отношения европейцев к труду в наши дни. В нашей работе было принято решение учитывать только те проекты, которые были подготовлены при

---

[8] Проект Европейского социального исследования (European Social Survey, сокр. ESS) стартовал в 2001 году. — *Прим. ред.*

участии исследователей или университетов и реализованы с привлечением научного сообщества с середины 1990-х годов.

За основу мы берем как корпус статей об отношении к труду, в которых анализируются специализированные исследования (например, проекты «Работа и образ жизни»[9] или «История жизни на базе выстраивания идентичностей»[10]), так и оригинальный материал, полученный в ходе анализа результатов опросов, проведенных на европейском уровне и во Франции, а также глубинных интервью в индивидуальном и групповом формате, взятых в 2007–2008 годах в рамках европейского исследовательского проекта, посвященного отношению различных поколений к труду (Social Pattern of Relation to Work)[11].

Во Франции разработка этих опросов происходила на фоне роста безработицы и соответствовала желанию исследователей, которое мы наблюдаем в ряде работ Р. Сенсолье [Sainsaulieu 1977], К. Дюбара [Dubar 1991] или Д. Шнаппера [Schnapper 1981], показать, каким образом безработица приводит к пересмотру значения, придаваемого работе, или же напротив — подчеркивает определяющий характер работы в формировании структуры общественной и личной жизни. Мы опирались на несколько исследований, охватывающих европейские страны, в частности на Европейское исследование ценностей (EVS), Международную программу социальных исследований (ISSP), Европейское социальное исследование (ESS). Мы также будем использовать данные, полученные на различных этапах Европейского исследования условий труда, проводимого Европейским фондом улучшения условий труда в Дублине, или Евробарометром. Эти исследования затрагивают все вопросы, связанные с трудом; они велись в течение нескольких лет с постоянным увеличением охвата стран и по этой причине позволяют делать сравнения в пространственном и временном измерениях. Наконец, мы используем резуль-

---

[9] См. [Baudelot, Gollac 1997; Baudelot, Gollac 2003].

[10] См. специальный выпуск Économie et statistique (Histoires de vie 2006), в частности [Garner et al. 2006], а также [De Larquier et al. 2009].

[11] См. раздел «Методология».

таты опросов, проведенных национальными статистическими организациями, и полудирективные интервью, собранные участниками европейского исследовательского проекта SPReW (163 нарративных и 18 групповых интервью в шести странах). Часть последних, в частности во Франции, для очных интервью в значительной мере заимствовала вопросы трех международных исследований. В работе мы также будем ссылаться на результаты исследования, проведенного Меркюром и Вюльтюр [Mercure, Vulture 2010] в Квебеке.

Ниже дано описание различных международных исследований. Далее по ходу работы для их обозначения мы будем использовать аббревиатуры или сокращенные наименования.

Европейское исследование ценностей (EVS)

Европейские исследования ценностей впервые провела в 1981 году группа социологов во главе с Я. Керхофом из Университета Левена и Р. де Моором из Университета Тилбурга [Bréchon 2002]. В первом опросе приняли участие представители девяти европейских стран. Затем проект под названием «Всемирный обзор ценностей» распространился на другие страны. В 1990 году был проведен второй опрос EVS, который охватывал 33 страны в Европе и 12 стран за ее пределами. Третья волна проводилась между 1999 и 2002 годами. Последний раз опрос EVS состоялся в 2008 году: проект охватывал 47 стран и регионов. В каждой стране было опрошено около 1000 человек. В опросник, который от года к году по большей части не меняется, помимо прочего включены вопросы, касающиеся «главных» ценностей, в т. ч. работы, семьи или религии, а также религиозных практик, политических убеждений и значения, которое придается каждому аспекту работы (заработная плата, безопасность, самореализация и т. д.).

Международная программа социальных исследований (ISSP)

Первый опрос в рамках этого проекта был проведен в 1985 году. Он стал результатом совместной работы исследователей из четырех стран — Германии, Великобритании, США и Австралии, — в которых к тому моменту уже имелся опыт проведения исследований ценностей. Число участников, однако, значительно увеличилось в 1990-х годах: сейчас в проекте принимают участие 48 стран. Выборка включает минимум 1000 респондентов в каждой стране. По сравнению с EVS, в ISSP больше внимания уделяется установкам и манере поведения. Опрос проводится каждый год, каждый раз он посвящен новой теме. Опрос, посвященный значению труда, проводился в 1989 (Франция в нем не участвовала), 1997 и 2005 годах. Результаты этих трех опросов, несомненно, представляют собой наиболее полную базу данных, связанных с отношением к труду.

Европейское социальное исследование (ESS)

Этот проект появился позже всех. Впервые исследование было проведено в 2002–2003 годах и уже тогда охватывало 22 страны; пятый опрос состоялся в 2010–2011 годах, и в нем приняло участие более тридцати стран. Интервью занимает всего один час. Опросник состоит из двух частей: в первой содержится постоянный набор вопросов, во второй они год от года меняются и затрагивают две темы, выбираемые из предложенных научными коллективами. В 2004 году в эту часть входили блок вопросов, посвященных здоровью и медицинскому обслуживанию, и блок о семье, работе и благосостоянии. Именно второй модуль включал вопросы, касающиеся труда.

Европейское исследование условий труда (EWCS)

Европейское исследование условий труда проводится каждые пять лет Европейской федерацией по улучшению условий труда, штаб-квартира которой находится в Дублине. Число стран-участниц увеличивается пропорционально расширению Европейского союза. В первый опросник вошло около двадцати вопросов, в последней редакции их было около ста. Анкета, строго говоря, не затрагивает предпочтения, связанные с местом работы, и посвящена условиям труда в широком смысле: потраченному на работу времени, организации, доходу, трудоемкости в физическом смысле, стрессу, возможности обращения в согласительную комиссию, сущности выполняемых задач, ощущению дискриминации. Тем не менее в анкете есть и несколько вопросов об удовлетворенности условиями труда, доходом и возможностями карьерного роста. В последний раз исследование проводилось в 2010 году.

Групповое обследование домохозяйств в рамках Европейского сообщества (ECHP)

Групповое обследование домохозяйств в рамках Европейского сообщества находится в области регулирования Евростата и проводится под его надзором. Как следует из названия, это исследование, которое состояло из восьми волн с 1994 по 2001 год, не охватило только те немногие страны, которые стали членами Европейского союза позднее. Цель указанного обследования заключается в получении сопоставимых статистических данных об уровне жизни домохозяйств и граждан, а также об их занятости. В анкете есть один вопрос об удовлетворенности работой и шесть вопросов об удовлетворенности отдельными аспектами трудовой деятельности (зарплатой, безопасностью, продолжительностью рабочего дня, типом работы, условиями труда, расстоянием от дома до работы). Анкетирование позволяет получить обширную социальную, демографическую и экономическую информацию по каждому респонденту: на уровне домохозяйств в действительности насчитывается почти 140 переменных значений, на уровне отдельных респондентов — 320. Большое количество анкетируемых (почти 10 000 человек) обеспечивает логичность формирования выборки. Последний раз обследование состоялось в 2001 году, постепенно его заменил новый механизм исследований — Европейская статистика по доходу и условиям жизни (EU-Silc).

Евробарометр

Служба Евробарометра, которая неизменно с 1974 года проводит опросы каждые шесть месяцев, с самого начала вовлекала в свою деятельность преподавателей университетов, например Инглхарта, который при разработке своей теории частично опирается на это исследование. Подчиняясь Европейской комиссии, Евробарометр должен в первую очередь отвечать на запросы со стороны генеральных директоратов. В анкете много вопросов о настроениях европейцев и оценке структуры европейских институтов, однако также есть и более конкретные пункты, касающиеся бедности, безработицы или же вынужденной непостоянной занятости, образования, удовлетворенности работой или профессиональной мобильности. Для дальнейшего анализа нами в частности были использованы результаты специального исследования Евробарометра под названием «Европейская социальная реальность», проведенного в поддержку доклада Европейского консультативного бюро по политике в 2006 году.

Глава 2
Большие ожидания, связанные с трудом

В предыдущей главе предметом нашего интереса было историческое развитие труда, категории, описывающие отношение индивидов к труду, а также инструменты и цели для доступа к нему. В этой главе мы представим общие результаты, полученные в ходе анализа баз данных. В первую очередь мы анализируем, какое место работа занимает в жизни европейцев, исследуем причины неоднородности результатов по странам и, в частности, определяем своеобразие Франции.

Сам факт, что люди придают труду особую значимость, не сообщает ничего об иерархии ценностей или о том, какую значимость имеют различные виды деятельности и сферы жизни, — именно этому вопросу посвящена настоящая глава. Можно ли сказать, что работа занимает центральное место в жизни — или же она конкурирует с другими сферами, областями самореализации и вложения эмоциональных сил, в результате чего отношение к труду, возможно, выходит на более высокий уровень, но при этом теряет исключительность? Целесообразно прояснить природу ожиданий, связанных с работой, в связи с их высоким уровнем, и таким образом пристально рассмотреть оппозицию инструментального и выразительного. Представляется, что ожидания, связанные с возможностями выражения, достигают беспрецедентного уровня, однако при этом не исчезают материальные аспекты труда — например, значимость зарплаты или стабильности работы. В европейских странах по-разному расставлены приоритеты между этими двумя типами отношений: на передний план выходит то один, то другой тип. При этом не-инструментальный аспект, который, как показывают исследования, присутствует во всех европейских странах (а также в Квебеке, где по интересующему нас вопросу было проведено подробное исследование) проявляется неоднозначно. Несколько составляющих этого аспекта связаны как с сущностным наполнением деятельности, так и с отношениями с другими ее видами, развитыми в большей или меньшей степени в зависимости от страны. В конце главы мы разберем феномен, который вслед за Л. Давуан мы называем «парадокс Франции» — неоднозначное отношение к труду, сочетающее приверженность этой ценности с отвращением. При кажущемся своеобразии французский пример также демонстрирует тенденции, характерные далеко не для одной европейской страны: в современном мире ожидания инструментального характера не исчезают, а сочетаются с усилением ожиданий, связанных с возможностями самовыражения и социальной реализации (как мы покажем далее, ожидания такого плана свойственны молодежи и в наибольшей степени самым образованным слоям населения).

Европейцы придают работе большую значимость

Вне зависимости от рассматриваемых исследований и времени проведения анкетирования, из анализа европейских опросов четко вычленимы два знаковых обстоятельства: большая часть европейцев считает работу важной или очень важной частью своей жизни, при этом среди стран, где больше всего отмечают важность работы, регулярно оказывается Франция. Для понимания причин этого мы представим те теоретические объяснения, которые представляются нам релевантными, и проанализируем различные стороны значения, придаваемого труду.[1]

---

[1] Часть анализа, приведенная ниже, разработана Давуан и Меда в статье [Davoine, Méda 2008].

Значимость работы проявляется заметно, но в различной степени

Как следует из проведенного исследования, работа занимает центральное место в жизни европейцев: лишь меньшая часть опрошенных — менее 20 % почти по всем странам в 2008 году (а также в 1990 и 1999 годах) заявила, что в их жизни работа «не очень важна» или «совсем не важна».

Тем не менее при определении степени значимости, придаваемой работе, картина по Европе неоднородна. В действительности можно выделить две группы стран: в одной группе (Ирландия, Великобритания, Дания, Нидерланды) сравнительно более высокая доля жителей, которые считают работу «не очень важной» или «совершенно не важной» (более 25 % в Северной Ирландии и Великобритании, 17 % в Германии, 13 % в Дании и Нидерландах), или же меньше респондентов (по сравнению с другими странами) выбирает вариант ответа «работа очень важна» (около 45–50 %). В другой группе, в которую входят страны Южной Европы (Греция, Испания, Италия), две страны Западной Европы (Франция и Люксембург) и многочисленные новые члены ЕС (Мальта, Кипр и т. д.), доля жителей, утверждающих, что работа «не очень важна или не важна», составляет меньше 10 %, при этом 60–70 % населения считает, что «работа очень важна».

Сопоставимая ситуация наблюдалась в 1999 году: тогда лишь 40 % датчан и британцев называли работу «очень важной», при этом в Германии, Швеции или Финляндии, а также Чехии и Эстонии такой ответ давало 50 % населения; в ряде стран Западной Европы (Бельгия, Франция, Австрия), в двух странах Южной Европы (Испания и Италия) и в некоторых новых членах ЕС (Польша, Румыния, Болгария, Словакия) этот показатель был значительно выше. Франция занимала особенное положение: она отличалась от западноевропейских и средиземноморских стран по наиболее важному показателю — доле населения, считавшей работу «самым важным». С 70 % по этому показателю Франция вставала в один ряд с самыми бедными странами Европы (в особенности с Румынией и Польшей). Разница с Великобританией и Данией составляла более 30 %.

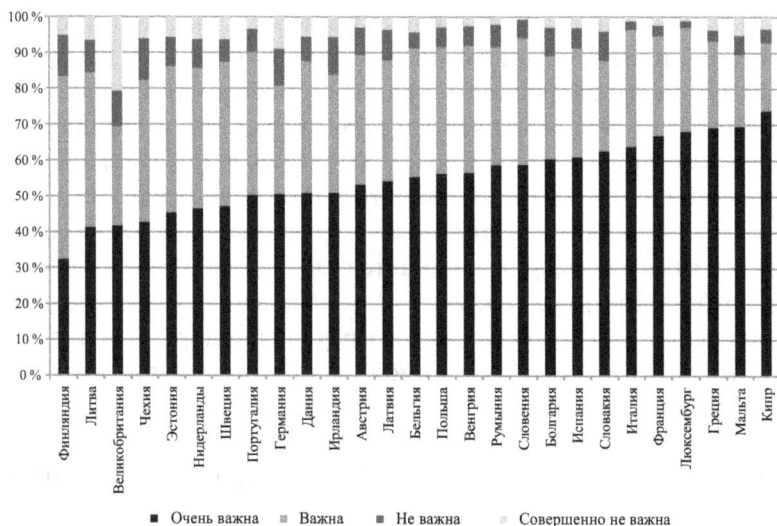

Рис. 1. Место работы в жизни европейцев, 2008 год (%)
Источник: Исследование EVS, 2008 год

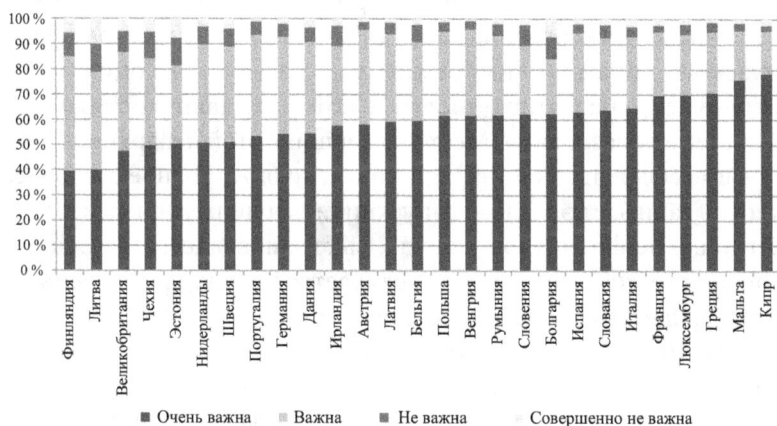

Рис 2. Значимость работы в жизни, 1999 год (%)
Источник: Исследование EVS, 1999 год

Как объяснить эти различия? Во-первых, они могли быть связаны просто с составом населения. Во-вторых, в действительности неоднородность привносят совокупно возрастной фактор, доля активных граждан, а также уровень квалификации и профессионального развития. Например, домохозяйки и выпускники вузов реже отвечают, что работа очень важна. Напротив, те респонденты, кто занимает руководящие должности, остался без работы или занимается частной практикой, придают работе большую важность. В разных европейских странах эти группы населения находятся в разной пропорции [Davoine, Erhel 2007]. Наконец, в Северной Европе также выше уровень образования, а в Южной Европе меньше работающих женщин. В любом случае, даже с учетом различных особенностей, связанных с составом населения, отклонения среди стран остаются значительными.

Культурные факторы?

Как интерпретировать в этих результатах по странам те отклонения, которые невозможно свести к различиям в составе населения? С явно культуралистической направленностью Ф. д'Ирибарн [d'Iribarne 1989] подчеркивал уникальность французской культуры или, если цитировать заголовок его работы, «французскую необычность» [d'Iribarne 2006]. Структура французского общества по-прежнему определяется социальной иерархией, «рангами», доступ к которым дают достижения в системе образования. Место на вершине этой иерархии, которое при абсолютной монархии занимало благородное сословие, теперь занимает элита — выпускники ведущих университетов. Отношение французов к труду, выстраивающееся на основе «логики чести», все еще обуславливается противопоставлением «благородного» и «неблагородного». Этой логике противостоит логика консенсуса, характерная для Нидерландов, или американская логика рынка, которую д'Ирибарн описал в 1989 году на материале исследования этих трех стран и которая предполагает «справедливый» обмен между равными. Полемизируя с научной школой университета Экс-ан-Прованс, д'Ирибарн включил в область анализа германское общество; опираясь на работы Н. Элиаса, он позволил себе утверждать, что Германия представляет собой «соединение сосуществующих обществ» [d'Iribarne 1991: 609], лишенное превосходства одних над другими по признаку «благородства». Одним из признаков такой общности является профессия. Французская логика чести и немецкое чувство общности могут стать объяснением многочисленных различий, наблюдаемых в настоящее время:

> Некоторые существенные особенности современной реальности присутствовали уже в доиндустриальный период — на этом основании можно предполагать, что как в Германии, так и во Франции эти особенности нельзя просто считать результатом особой организации «отношений между работодателем и трудящимся» в индустриальном мире; своими корнями они уходят в столетия прошлого <...> Не следует забывать о том, что их целостность отчасти вытекает из исторически сложившихся принципов, которым они обязаны своим формированием [Ibid 1991: 609, 613].

С этого ракурса отношение к труду, сложившееся у французов сегодня, объясняется свойственной им «логикой чести».

Находят ли эти культуралистские гипотезы подтверждение в результатах опросов, которые мы рассматриваем в этой книге? Различия между странами сохраняют относительную устойчивость в течение долгого времени, поэтому представляется, что их причины в значительной степени имеют культурную и институциональную природу. В действительности вне зависимости от даты исследования в Великобритании, Дании и Нидерландах труд считают менее важным, чем, например, во Франции. После проведения анализа Европейским консультативным бюро по политике Европейская комиссия в 2007 году[2] поручила Евробарометру провести исследование социальной реальности. Этот спецпроект подтвердил, что французы придают труду большее

---

[2] Commission européenne, La Réalité sociale européenne, rapport sur l'Eurobaromètre spécial 273/Vague 66.3. 2007.

значение, чем большинство их соседей: во Франции 92 % опрошенных заявили, что для них важна работа — для сравнения, доля таких ответов в среднем по ЕС, в который на тот момент входило 25 стран, составила 84 %.

Складывается впечатление, что линия раздела проходит между протестантскими и католическими странами: вопреки замечаниям Вебера, представляется, что труду придается меньшая важность во многих протестантских странах (Дания, Великобритания, Нидерланды, Германия, Финляндия) и бо́льшая — в католических (Франция, Бельгия, Испания, Италия, Австрия), за исключением Ирландии. При этом следует различать, как на отношение к труду влияют, с одной стороны, личное участие в религиозной жизни, а с другой — принадлежность страны или группы к определенной религии. На индивидуальном уровне религия действительно сказывается на отношении к труду: труд имеет большее значение для тех респондентов, которые назвались христианами или мусульманами (в рамках этой категории больше всего значения труду придают протестанты), чем для атеистов. В любом случае в возведении труда в разряд самого важного в жизни протестантские страны в целом едва ли возможно назвать примером, что еще раз подтверждает доводы Вебера:

> ...победивший капитализм не нуждается более в подобной опоре (то есть в религии. — *Прим. ред.*) с тех пор, как он покоится на механической основе. <...> В настоящее время стремление к наживе, лишённое своего религиозно-этического содержания, принимает там, где оно достигает своей наивысшей свободы, а именно в США, характер безудержной страсти, подчас близкой к спортивной [Вебер 1990: 206, 207].

Представляется, что в этом играют роль и другие феномены, о которых речь пойдет ниже: богатство и освобождение от религиозного влияния. Протестантские страны в самом деле являются самыми богатыми и меньше подвержены влиянию религиозных убеждений.

Факторы, связанные с уровнем богатства и безработицы

Чтобы понять причины неоднородности результатов по Европе, следует также учитывать и другие факторы, а именно уровень экономического развития, выражаемый в национальном ВВП или в его динамике: на такой вывод наталкивают большие расхождения во мнениях о значимости труда, отраженных в опросах разных лет, проводимых в одной и той же стране. Для анкетируемых в скандинавских странах, Великобритании и Ирландии труд имел меньшую важность в 1999 году по сравнению с 1990 годом, хотя в этот временной промежуток в этих странах значительно улучшилась экономическая конъюнктура. Таким образом, значимость труда, как предположил Инглхарт, очевидно связана с экономическими условиями и их изменением [Inglehart 1990]. При анализе исследований в целом по Европе видна негативная корреляция между уровнем дохода на душу населения и значением, придаваемым работе (чем выше ВВП на душу населения, тем меньше значения жители страны придают работе), что подтверждается примером ряда европейских государств (но не Франции). При этом во всех без исключения странах Европы наблюдается иная тенденция — связь между уровнем безработицы и значением, придаваемым работе. Эти показатели связаны напрямую: в странах с массовой безработицей работу часто считают «очень важной»; в странах с высоким уровнем безработицы риск потерять работу или не найти ее вызывает большую озабоченность у населения, поэтому работа получает приоритетный статус. Кроме того, результаты исследований ECHP и EVS позволяют установить корреляцию между неудовлетворенностью уровнем стабильности работы в стране и значением, придаваемым работе.

Таким образом, чем сложнее найти работу, тем больше значения ей придается, причем баланс между различными видами деятельности приобретает большую значимость тогда, когда у человека уже есть стабильная работа и гарантированный доход. Эти выводы созвучны результатам опроса «Труд и образ жизни» [Baudelot, Gollac 1997; Baudelot, Gollac 2003], проведенного во Франции в 1997 году на основе репрезентативной выборки населения. В ответ на вопрос «Что, по вашему мнению, важнее всего для счастья?» 46 % опрошенных назвали здоровье, 31 % — семью, 27 % — работу, 25 % — друзей, 20 % — деньги. Получается, что в своем ответе труд (или работу как рабочее место, занятость и т. д.) упомянули чуть больше четверти опрошенных; при этом необходимым условием для счастья его считают те категории респондентов, которые заняты на работе с самыми тяжелыми условиями, с наиболее низким уровнем оплаты труда или с наиболее высоким риском потери занятости. Слово «работа» или один из его синонимов фигурировал в анкетах 43 % рабочих и только в 27 % анкет руководителей предприятий, менеджеров или представителей свободных профессий. Для мужчин определяющим фактором является социальное положение, которое зависит от принадлежности к определенной категории персонала (рабочая или нерабочая профессия). Не меньшее значение имеет вид занятости: безработные (43 %) и занятые на временных проектах (45 %) значительно чаще, чем те, у кого имеется постоянная работа (31 %), включали ее в компоненты счастья. Как объясняют Бодло и Голляк, для тех, кто не имеет ничего, работа — это минимальное благо, первое достижение, к которому они стремятся. Иными словами, чтобы быть счастливым, нужно что-то иметь: работу, занятость, рабочее место. Напротив, чем шире ассортимент доступных благ (доход, семья, дети, «развивающая» работа), тем больше источников счастья. По этой причине для рабочих, наемных работников и безработных между работой и счастьем существует более сильная и более прямая связь, чем для руководящих кадров [Baudelot, Gollac 2003].

Эти результаты в значительной степени коррелируют с теми выводами, которые в 1931 году в рамках исследования последствий безработицы в небольшом австрийском городе Мариенталь смогли продемонстрировать П. Лазарсфельд и его коллеги [Lazarsfeld et al. 1933]; с замечаниями Шнаппера о реакции на безработицу [Schnapper 1981]; с работами А. Кларка [Clark 2005] в рамках исследований ISSP: в обществе, структуру и организацию которого определяет работа, безработица — это трагедия, связанная с потерей не только социальных ориентиров и условий для социальной интеграции, но и самоуважения. По этой причине «иметь» работу — это непременное условие для счастья, одна из важнейших составляющих участия в социальной жизни. Все эти результаты частично объясняют, почему во Франции складывается особая ситуация. Уровень безработицы во Франции остается высоким уже более тридцати лет; вместе с ощущением незащищенности от безработицы и от последствий неудачного выбора стратегии стабильного продвижения по карьерной лестнице[3] этот фактор может объяснить ту значимость, которую французы придают работе, даже если реальный уровень безработицы и незащищенности не в полной мере подтверждает их ответы. Исследование «Труд и образ жизни» к тому же показывает, что это объяснение применимо только к части населения Франции.

Можно ли считать место работы центральным: возвращение к вопросу

Если работу считают важной, означает ли это, что она является самой важной ценностью, видом деятельности или сферой жизни? Здесь мы возвращаемся к необходимости разграничивать безотносительную и относительную значимость, что не всегда возможно с учетом результатов анкетирования, которые есть в нашем распоряжении. Тем не менее это разграничение сегодня позволяет учитывать больше нюансов при разговоре об отношении индивидов к труду.

Относительная значимость, придаваемая труду во Франции

В 1990-х во Франции плотно обсуждался вопрос, можно ли считать место работы центральным в жизни человека. Эти споры разгорелись непосредственно после публикации двух книг:

---

3   Согласно Европейскому исследованию условий труда, почти 60 % французов отмечают, что если бы они потеряли ту работу, которая у них есть сейчас, им было бы нелегко найти новую с аналогичной зарплатой.

«Труд — это ценность под угрозой исчезновения» [Méda 1995] и «Конец работы» [Rifkin 1996]. Основываясь на критике реального труда этими авторами, ряд исследователей расценил вышеуказанные публикации как пересмотр идеи, что труд занимает центральное место в жизни, поскольку у этой «центральности» нет четкого определения. В действительности для определения места труда как «центрального» недостаточно того, что он считается в определенной культуре важным или даже очень важным[4]. Необходима прежде всего возможность сопоставить несколько видов человеческой деятельности, областей, сфер или ценностей и попросить респондентов их ранжировать, — в рамках опроса EVS, например, такой возможности нет. В анкете этого исследования последовательно без ранжирования идут вопросы о каждой важной области жизни (работа, семья, досуг, друзья и т. д.). У «семьи», например, оценка выше, чем у «работы», что, однако, не дает оснований для каких-либо существенных выводов. Аналогичная ситуация сложилась с главным французским исследованием по этому вопросу «Труд и образ жизни» [Baudelot, Gollac 2003], которое в 1997 году на базе репрезентативной национальной выборки провел Национальный институт статистики и экономических исследований Франции. В рамках его от респондентов, отвечающих на открытый вопрос «Что, по вашему мнению, важнее всего для счастья», социологи ожидали упорядочивания; однако в действительности людей не просили использовать иерархическую классификацию, и в основном на первом месте называли здоровье, затем семью и работу. Возможность решить указанную задачу представилась в рамках опроса «История жизни на базе выстраивания идентичностей»[5], проведенного в 2003 году также Национальным институтом статистики и экономических исследований Франции. Это исследование включало два вопроса, которые позволили получить крайне интересные

---

[4] См. первый обзор этих дискуссий в [Méda 1998], а также в предисловии к переизданию 2010 года [Méda 1995].

[5] См. спецвыпуск Économie et statistique, 2006, № 393–394, посвященный результатам опроса, в частности [Garner et al. 2006].

и относительно показательные результаты, касающиеся относительного места труда в жизни.

Безусловно, труд, как мы увидели, важен и даже «особенно важен», если брать конкретный случай Франции. Но когда опрашиваемых просят назвать «что их лучше всего определяет», «в чем лучше всего выражается то, кем они являются», то работа идет на втором месте, причем со значительным отставанием от семьи. Если учитывать только то, что респонденты из десяти вариантов ставили на первое место[6], 76 % выбрали «ваша семья»; вариант «ваша работа, профессия, учеба» выбрали 7 %. Семья оказалась «столпом идентичностей» [Houseaux 2003] — такую роль она играет для всех возрастных и социальных групп, независимо от статуса и работы. Наряду с этим анкетирование подсвечивает другое важное, более традиционное обстоятельство: при прочих равных те, кто относится к 10 % населения с наиболее высоким уровнем дохода, занимает руководящую должность, работает в интеллектуальной сфере труда или занимается частной практикой и при этом не имеет детей, с большей вероятностью ставят работу на первое место, утверждая, что лучше всего их определяет именно профессия или работа. Представляется, что в синтезе эти два элемента — принадлежность к высшей социально-профессиональной категории без «обременения» семьей — являются слагаемыми так называемой сильной «идентичности, выраженной через работу» [Garner et al. 2006].

Тот же опрос показывает, что, когда людям приходится давать оценку значимости каждой деятельности в сравнении с другими и таким образом определять, действительно ли работа важнее других «видов деятельности», «областей» или «сфер жизни», в особенности семейной, социальной и личной[7], 66 % трудоустро-

---

6   Респонденты могли выбрать только три варианта и расположить их в порядке важности.

7   Вопрос был сформулирован следующим образом: «По вашему мнению, в настоящее время в вашей жизни в целом работа: 1) важнее всего остального; 2) очень важна, но не больше, чем другие вещи (семейная, личная, социальная жизнь и т. д.); 3) достаточно важна, но не так, как другие вещи (семейная, личная, социальная жизнь и т. д.); 4) не очень важна».

енных отмечают, что «работа достаточно важна, но не так, как другие вещи», 25 % заявляют, что она «очень важна, но не больше, чем другие вещи», при этом 3,6 % опрошенных утверждают, что работа «важнее, чем все остальное» и 5,4 % говорят, что она «не очень важна». При наличии детей (особенно если речь идет о женщинах) или в случае принадлежности к категориям персонала «работник среднего или низшего звена или рабочий» значимость работы с большей вероятностью будет ниже. В этом случае при оценке места работы относительно других видов деятельности проявляется двойной эффект: с одной стороны, имеет значение бремя семейной жизни или сосредоточение в семье интересов, ресурсов и обязанностей, что в основном характерно для женщин, с другой — социально-профессиональная состоятельность.

При более глубоком анализе ответов, в которых работу называли более важной или очень важной, констатируем, что об относительной значимости труда лучше судить не по уровню образования или дохода, а по профессиональной деятельности. Независимо от дохода, мелкие предприниматели и бизнесмены придают работе высокую важность, при том что у тех, кто придает ей самое большое значение, необязательно самый высокий доход. После приведения к среднему логистической регрессии и перекрестной выборки получаем три «профессиональных» критерия, отвечающих за придаваемую работе значимость:

а) в подтверждение идеи П.-М. Менгера [Menger 2003] о связи творческого труда и значимости работы профессия позволяет выразить себя (те, кто работает в СМИ, сфере искусства и театра, безусловно относятся к тем, кто считает работу самым важным или очень важным в своей жизни);

б) длинный рабочий день, работа, которая занимает большую часть времени (ненормированные часы работы всегда положительно коррелируют со значимостью, придаваемой работе, особенно если речь идет об административном персонале и специалистах коммерческих отделов предприятий, бизнесменах, мелких предпринимателях, фермерах);

в) независимость от средств производства, которые зачастую находятся в собственном владении.

Это исследование приходит к двум существенным результатам. С одной стороны, работа может считаться очень важной ценностью, при этом не являясь приоритетной или не занимая центрального места, которое, собственно, занимает семья. Из этого обстоятельства следует ряд выводов, в том числе то, что труд по расходам и времени, которые требуют те виды деятельности, которые можно обозначить словом «семья», должен быть сопоставим с ними. Французы хотят уменьшить место, которое занимает работа в их жизни, что вовсе не значит, что они не заинтересованы в труде: для них работа должна занимать такое место, чтобы оставалась гарантированная возможность выделить время на другие сферы жизни, такие как семья. С другой стороны, относительная значимость, придаваемая работе и другим видам деятельности, зависит не только от социально-профессиональной категории и уровня образования — или даже скорее, как мы увидим далее, от профессиональной деятельности, — но и от семейного положения. Мы констатируем глубокое разделение по двум полюсам: на одном из них те, для кого работа очень важна и в значительной мере поддерживает идентичность (руководители, работники умственного труда, фрилансеры, мелкие предприниматели, респонденты без детей), на другом те, для кого работа имеет лишь относительную значимость и является скорее средством заработать на жизнь (наемные работники, рабочие, категории населения с низким уровнем дохода, женщины с детьми).

Результаты европейских опросов

Эти выводы подтверждаются европейскими опросами, с которыми читатель теперь знаком. В европейских странах семья стоит на вершине иерархии «сфер жизни», считающихся важными: респонденты чаще упоминают семью и их ответы более единообразны, что частично объясняется влиянием пула опрошенных, к которым относились студенты, пенсионеры, домохозяйки и т. д. Работа, однако, фигурирует в ответах чаще, чем друзья, религия или политика (за исключением нескольких стран, в частности Дании, где досуг зачастую считается более важным, чем работа). Что касается французов, которые приняли участие в исследования EVS в 2008 году, семья очень важна для 87 % опрошенных, работа — для 67 %.

В анкете ISSP есть вопрос, сколько времени респондент хотел бы уделять тому или иному виду деятельности (работа, досуг, семейные дела и т. д.): больше, меньше или столько же, сколько сейчас. На первом месте идут семейные дела: им 60 % респондентов хотели бы уделять больше времени; при этом тратить больше времени на работу хотели бы только 20 %. За то, чтобы уделять больше времени семье, особенно горячо выступают французы: среди них такого мнения придерживаются 75 %. По этому показателю Франция обгоняет Великобританию (72 %), Швецию (69 %), Восточную Германию и Данию (66 %), Ирландию (65 %) и Португалию (59 %). В целом более чем в 11 странах из 15 доля тех, кто хотел бы проводить больше времени с семьей, превышает 50 %.

Желание снизить значимость труда в жизни и меньше работать также зависит от пола и семейного положения: при наличии детей у людей со значительно большей вероятностью возникает желание минимизировать свое время на труд. В случае с женщинами проявляется такой же эффект. Представляется, что вопросы, связанные с достижением баланса между работой и другими сферами, играют важную роль в понимании установок, связанных с тем, какое время и место в жизни должна занимать работа.

Что касается макроуровня, X. Штир и Н. Левин-Эпштейн [Stier, Lewin-Epstein 2003] продемонстрировали, что в тех странах, где женщины играют более активную роль, население по большей части хочет проводить меньше времени на работе. Уровень семейной жизни достаточно высок для того, чтобы возникло желание вместо работы иметь больше свободного времени и посвятить его родным, друзьям или досугу. К тому же у жителей стран с более высокими доходами, низким уровнем неравенства и значительными социальными выплатами чаще присутствует желание тратить меньше времени на работу. Экономическая безопасность, таким образом, позволяет задуматься о том, чтобы подвинуть работу и получить больше свободного времени. Отметим, наконец, что уровень образования приобретает наиболь-

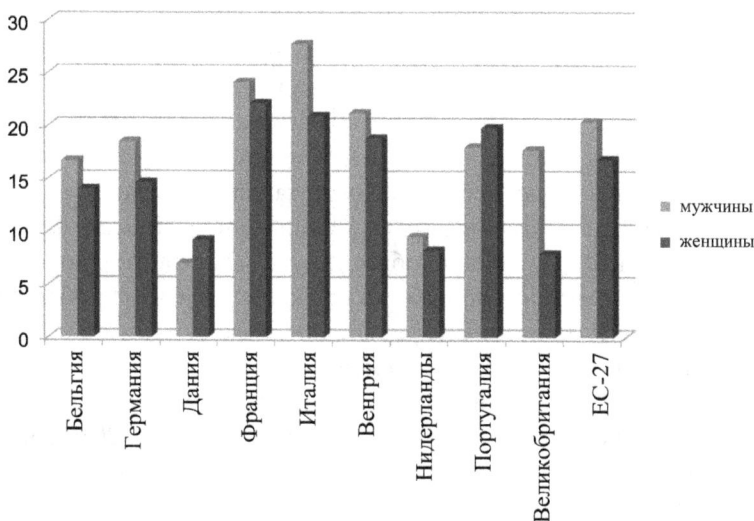

Рис. 3. Насколько хорошо соблюдается баланс между рабочим временем и личной жизнью? Ответы «не очень хорошо соблюдается» и «совершено не соблюдается», 2010 (%)
Источник: Опрос Европейского исследования условий труда, 2010 год

шее значение при высоком уровне неравенства: из-за большого разрыва в уровне жизни между теми, кто находится на нижних ступенях социальной лестницы, и их более состоятельными согражданами первые чаще говорят о том, что хотели бы больше работать.

В Германии, Франции и Великобритании четверть опрошенных признала, что работа мешает им уделять семье столько времени, сколько они бы хотели. Эти результаты обращают внимание на то, что в настоящий момент европейцы не в полной мере удовлетворены распределением времени между своими семейными и рабочими делами. Помимо желаемого баланса времени, также отмечается, что работа и проблемы на работе могут ухудшить качество жизни в остальных сферах. Сложную взаимосвязь между профессиональной и семейной сферами помогают понять по-настоящему показательные результаты исследования ESS: четверть опрошенных европейцев «часто» или «постоянно» переживают из-за проблем на работе во внерабочее время. При этом особенно много французов пожаловалось на то, что они после работы не могут наслаждаться любимыми делами дома, потому что чувствуют себя слишком уставшими. В свою очередь складывается впечатление, что европейцы и прежде всего французы не считают семейные обязанности помехой, мешающей сосредотачиваться на рабочем месте. Получается, что проблемы в совмещении различных сфер жизни и достижении баланса времени разрешаются за счет семейной сферы.

Эти результаты подтвердились в ходе проведения последней волны Европейского исследования условий труда в 2010 году, когда оказалось, что во Франции наблюдается значительный дисбаланс между профессиональной и личной жизнью.

Результаты полностью подтверждаются данными по Квебеку

Представляя результаты исследования, посвященного отношению к труду в Квебеке, Меркюр и Вюльтюр [Mercure, Vulture 2010] начинают с вопроса о том, можно ли считать место, занимаемое трудом, центральным, и говорят о необходимости различать безотносительное и относительное выражение этой «центральности». Безотносительное выражение позволяет измерить место, занимаемое трудом в жизни людей в целом, что достигается при получении ответов на следующий вопрос: «Для вас работа это: 1) самая важная ценность в вашей жизни в целом; 2) одна из самых важных ценностей; 3) более или менее важная ценность; 4) одна из наименее важных ценностей?» Относительное выражение применимо, когда место труда в жизни людей сопоставлено с другими сферами жизни. Чтобы измерить его, нужно получить ответы на вопрос: «Среди следующих сфер жизни какая, на ваш взгляд, сейчас имеет наибольшую ценность?», выбрав из предложенных вариантов: работа и профессиональная жизнь, романтические отношения и семейная жизнь, досуг и друзья, социальная, политическая, религиозная и общественная деятельность. По структуре эти два вопроса очень близки к тем двум, которые были включены во французское исследование «История жизни на базе выстраивания идентичностей», о котором мы писали выше, — тем интереснее сопоставить полученные результаты.

Результаты по Квебеку во всех отношениях похожи на ситуацию во Франции. Три четверти респондентов сразу указали, что работа относится к самым важным ценностям в их жизни в целом; этот результат соотносится с цифрами по Франции, где работу считают важной около 70 % французов. 7,4 % опрошенных в Квебеке относятся к работе как к самой важной ценности в их жизни, что близко к показателю, полученному в рамках опроса «История жизни на базе выстраивания идентичностей» во Франции (тогда 7 % респондентов поставили работу на первое место, отметив, что она лучше всего говорит о том, «кем они являются»). В случае жителей Франции значимость, придаваемую работе, снижало, во-первых, наличие детей, причем для женщин в большей степени, чем для мужчин; во-вторых, присутствие постоянной работы: как показало французское исследование «Труд и образ жизни», среди тех, для кого работа относится к самым важным ценностям, самая многочисленная группа — это безработные. Следует тем не менее отметить два различия: в отличие от опроса «Труд и образ жизни» респонденты с частичной или эпизодической занятостью в Квебеке реже, чем во Франции, указывают работу среди наиболее важных ценностей в их жизни; в Квебеке такой ответ дают чаще всего те, кто занят ручным трудом, не имеют образования и зарабатывают менее 20 000 канадских долларов в год.

По относительной «центральности» цифры по Квебеку еще ближе к французским результатам: подобно Франции и, как мы увидели, большинству европейских стран, работу жители канадской провинции ставят на второе место после романтических отношений и семейной жизни. Две трети опрошенных французов считают, что работа важна, но не настолько, как личная, социальная или семейная жизнь, причем 76 % отметило, что то, кем они являются, лучше всего определяет семья, — сопоставимым образом 77 % анкетируемых в Квебеке назвали самой важной сферой жизни романтические отношения и семейную жизнь, при этом о работе упомянули только 12,5 %. Если цитировать Меркюра и Вюльтюр, участники опроса «таким образом отказывают работе в том, чтобы она стояла на первом месте в их жизни» [Mercure, Vulture 2010: 64]. Как и во Франции, чем выше социально-профессиональный уровень, тем выше относительная центральность работы. «Директора предприятий, сотрудники на руководящих должностях и специалисты придают работе большую значимость в сопоставлении с другими сферами жизни, чем те, кто занимается ручным трудом, или офисные работники» [Ibid: 65].

Аналогичным образом этот показатель выше у специалистов с высшим образованием относительно специалистов со средним; у тех, кто зарабатывает более 40 000 канадских долларов в год, относительно тех, у кого доход меньше этой суммы; у руководителей предприятий малого и среднего бизнеса относительно респондентов с частичной занятостью; у лиц старшего возраста относительно молодежи; у мужчин относительно женщин.

Авторы канадского исследования почти теми же словами, в которых мы описывали результаты опроса во Франции, отмечают, что в целом

> дела складываются так, словно между двумя группами проходит разделительная черта: по одну сторону те, для кого работа занимает важное место в жизни благодаря условиям в профессии, которые способствуют самореализации и повышению личной ценности, с другой стороны — те, кто из-за наполнения рабочих задач или из-за неудовлетворенных ожиданий от работы отдает большее предпочтение семье, друзьям, досугу [Mercure, Vulture 2010: 65].

Тем не менее, по нашему мнению, вместо того, чтобы преподносить эту ситуацию исключительно как следствие отдаления от работы, важно в неменьшей степени интерпретировать полученные результаты с точки зрения притягательности семьи или, если быть точнее, интереса к тем сферам, которые наполнены не меньшим смыслом и требуют времени в неменьшей степени, чем работа. К ним мы вернемся позднее.

После рассмотрения безотносительной и относительной значимости работы важно перейти к ключевым аспектам, которые европейцы ценят в работе.

Доминирующие аспекты труда в Европе

Если подавляющее большинство европейцев называют работу «очень важной» или «важной», в чем заключаются ее компоненты, или аспекты, которые особенно ценны? Можно ли с их помощью объяснить значимость, придаваемую труду? Изменяются ли они со временем? Различаются ли они в зависимости от страны или принадлежности к определенной социальной группе или профессии?

Относительное ослабление этики долга

Как мы ранее увидели, если считать, что последние столетия в западных странах были отмечены значительным влиянием на общество этики долга, то в XX веке, по мнению ряда авторов, оно значительно ослабло. Труд стал в меньшей степени рассматриваться как исполнение долга и в большей — как деятельность, направленная на получение прибыли, позволяющая в определенной степени самореализоваться и обеспечивающая интеграцию в общество. Какие тенденции можно проследить в результатах опросов, которые есть в нашем распоряжении? Какая картина вырисовывается по Европе в целом? Что касается Франции, можно ли назвать ее положение особенным? Некоторые вопросы из анкеты EVS позволяют лучше понять, что представляет собой этика труда как долга.

У европейцев все еще сильно ощущение, что труд — это исполнение долга, так считает более половины респондентов (64 % в 2008 году). Это чувство проявляется неравномерно, что, однако, не связано с разделением по привычным нам критериям: в 2008 году среди на тот момент 15 стран ЕС больше всего респондентов, считающих труд выполнением долга перед обществом, оказалось в Португалии и Дании. Так, с утверждением, что труд — это долг перед обществом, были согласны или полностью согласны 85 % португальцев и 75 % датчан. Что касается Франции, то ее показатели были чуть ниже средних по Европе. Этике долга французы симпатизируют не более, чем, например, их англо-саксонские соседи: 63 % французов и 61 % британцев считают, что труд своим долгом. Впрочем, достаточно много французов также считает, что «людей нельзя заставлять работать, если они не хотят» и что «нет ничего унизительного в том, чтобы не работать и при этом получать деньги». Представляется, что для французов не особенно важно ощущение, что они помогают другим или что они приносят пользу обществу: менее 30 % опрошенных полагают, что в работе важно иметь возможность прийти на помощь другим; в это же время в Португалии этот показатель составляет 62 %, в Греции и Италии — более 50 %, а в целом по 27 странам ЕС, принявшим участие в опросе в 2008 году, — 42 %. Другими словами, восприятие труда в духе этики долга перед обществом не слишком популярно во Франции.

В любом случае достаточно большая часть французов (более 22 % в 2008 году) «полностью согласна» с тем, что получать деньги, не работая, унизительно. В большинстве остальных 15 стран ЕС (за исключением Италии), особенно в Нидерландах, Великобритании, Дании и Швеции (от 8 до 12 %), этот показатель ниже. Франция, впрочем, не кажется настолько обособленным случаем, если учесть долю респондентов, которые ответили просто «согласны». Другими словами, этика долга все еще существует, и во Франции ее придерживается пусть и меньшинство, но довольно многочисленное. Однако одного этого вывода недостаточно, чтобы объяснить значимость труда для подавляющего большинства французов.

Устойчивость инструментального аспекта

Если говорить о том, что важно в работе, чаще всего европейцы в 1999 и в 2008 году называли зарплату. Так, в исследовании EVS 2008 года 79 % анкетируемых ответило на этот вопрос: «Достойная зарплата». Но в зависимости от страны мнения разнились. В 2008 году важным элементом работы хорошую зарплату считали 74 % немцев, в Дании аналогичного мнения придерживалось 53,5 %, во Франции — 59 %, в Швеции — 62 %, в Великобритании — 71 %. В некоторых опросах, например, ISSP и ESS, можно уточнить степень важности, и тогда оказывается, что для большинства европейцев зарплата «важна», но не «очень важна» [Davoine 2007]. Согласно исследованию ESS, европейцев больше всего беспокоит стабильность работы: в 2002 году среди разных аспектов труда, считающихся наиболее значимыми, этот пункт выбирали чаще остальных, «очень важным» или «важным» его считали 90 % европейцев и ставили выше возможности получать более высокий доход, сочетать работу с семейными обязанностями или иметь перспективы карьерного роста. В 2010 году тот же опрос ESS показал, что высокую зарплату считали «очень важной» 34 % респондентов, «стабильности работы» такую оценку дало 50 % опрошенных[8].

Ощутимая неоднородность результатов по странам частично объясняется экономической ситуацией: «достойная зарплата» очень важна для венгров (87 %), испанцев (78 %), итальянцев (75 %). Если обобщить, то ситуация, когда зарплата стоит выше возможности получить работу, чаще наблюдается в более бедных европейских странах. Уровень дохода на душу населения, судя по всему, влияет на оценки в отношении зарплаты, которую в более богатых странах считают менее важной. В равной степени нужно учитывать фактор социальной политики: большие пособия по безработице придают уверенности и люди меньше волнуются за стабильность своей работы, потому что социальная политика гарантирует им постоянство дохода. Значимость зарплаты и перспектив ее увеличения также склонна снижаться при наличии хорошей социальной защиты, а также определенного перераспределения богатств. В результате в странах с высоким уровнем расходов на меры социальной поддержки (Дания, Франция,

---

8   Среди европейских стран стабильность предпочитают высокой зарплате в Бельгии, Германии, Нидерландах, Испании, Греции, Венгрии, Швеции, исключение составляют Франция и Великобритания.

Швеция) работники реже говорят о важности зарплаты (соответственно 53,5 %, 59 %, 62 %).

Разнообразие оценок по Европе, таким образом, частично отражает неоднородность экономических и институциональных условий. Когда зарплату ставят на последнее место в числе приоритетов, может показаться, что эта особенность обусловлена культурным фактором, но в действительности она может быть связана со сравнительным уровнем богатства и социальной поддержкой.

Это наблюдение применимо и к стабильности, которая в целом считается частью «инструментального» аспекта работы. Ее считают важной составляющей работы 65 % опрошенных из 47 стран, при этом результаты сильно разнятся в зависимости от региона: в Бельгии, Дании, Франции, Нидерландах, Швеции так считают от 40 до 50 %, в Германии, Ирландии, Португалии и Испании — более 60 % опрошенных. Из 47 стран, участвовавших в опросе, на последнем месте оказалась Франция: только 39 % респондентов указали, что гарантия работы является для них важной.

Эти результаты сходятся с данными исследования ISSP, в рамках которого за оценку инструментальной ценности работы отвечали два пункта. Меньше всех с утверждением, что работа — «исключительно способ заработка», согласились шведы (менее 20 %) и датчане (25 %). Вслед за ними идут французы: только для 30 % работа — «исключительно способ заработка». Кроме того, на традиционный вопрос «Продолжили бы вы работать, если бы не нуждались в деньгах», который Морс и Вайс задавали еще в 1955 году [Morse, Weiss 1955], в среднем положительно отвечает около 60 % европейцев.

Значимость, связанная с каждой составляющей, значительно варьируется от страны к стране. В северных странах меньше значения придают аспектам, которые можно назвать внешними или инструментальными (доход, гарантии занятости, перспективы роста), и больше — тем, которые можно назвать внутренними. Для большинства жителей северных стран, за исключением Финляндии, работа — это не только «исключительно способ заработка». Согласно исследованиям ESS и ISSP, внешние аспекты намного больше ценят в Испании, Португалии, Греции и Ирландии.

Отметим в дополнение один элемент, который ярко проявляется при проведении интервью: в традиционных классификациях есть тенденция противопоставлять внешние и внутренние аспекты и считать зарплату и гарантию занятости внешними атрибутами работы. В то же время в представлении многих респондентов зарплата, в особенности потенциал для ее увеличения, а также перспективы карьерного роста, соотносятся одновременно и с внутренними и с внешними аспектами работы. В действительности зарплата и перспективы карьерного роста напрямую связаны с признанием (или непризнанием) заслуг человека и таким образом представляют собой важный символический аспект.

Рост ожиданий, связанных с самореализацией

Ряд исследователей на основе результатов исследований EVS [Riffault, Tchernia 2003; Witte et al. 2004; Ester et al. 2006] или WVS [Huang, Vliert 2003] пробовали проверить предположение о снижении значимости ценностей, «внешних» по отношению к работе, и укреплении тех, что связаны с профессиональной самореализацией [Davoine, Méda 2008]. Теоретическая основа, разработанная Маслоу и используемая Инглхартом для сопоставительного анализа [Inglehart, Baker 2000], задает, как мы увидели в главе 1, основные рамки методологического подхода, разделяющие внешние по отношению к работе (материалистические или инструментальные) «установки» (для работников важнее зарплата, престиж или гарантия занятости) и внутренние (постматериалистические) «установки» (для работников важнее самореализация на работе и т. д.).

Согласно результатам опроса WVS, который охватывал 50 стран на всех континентах, внутренние характеристики работы оказались важнее в странах с более сильной культурой индивидуализма, более высоким уровнем экономического развития и, соответственно, социальной защиты [Huang, Vliert 2003]. Результаты по Европе часто не подтверждают положения теории

Инглхарта, согласно которой в более богатых странах общество больше ценит личную самореализацию. В работе П. Эстера и его коллег показано, что за последние два десятилетия значимость внешних аспектов выросла в Великобритании и Италии и снизилась в северных странах [Ester et al. 2006]. Однако в целом в конце XX века в большинстве европейских стран, в частности во Франции, Бельгии, Италии и Нидерландах, внутренние аспекты работы приобрели значимость, которая продолжает расти.

Аспект интереса самой работы среди европейцев особенно выделяют французы: по данным опроса ISSP, около 65 % в 1997 и 2005 годах называли этот аспект «очень важным». В большинстве европейских стран доля респондентов, которая дала такой ответ, гораздо меньше.

Аналогичным образом среди французов доля тех, кто ответил, что работа развивает внутренний потенциал, намного выше, чем среди шведов и британцев. Почти половина французов «полностью согласна» с тем, что работа необходима для полного раскрытия своего потенциала, причем у Франции самый высокий показатель среди участвовавших в опросе 15 членов ЕС. В Великобритании, Швеции и Финляндии с этим утверждением согласно менее 20 %. Во Франции также более 25 % опрошенных «полностью согласны» с утверждением, что «те, кто не работает, становятся ленивыми». В Великобритании и Швеции такой ответ дало менее 15 %; в аналогичных пропорциях находятся доли тех, кто в ответ на этот вопрос указал «согласен». Представляется, что работа очень важна для французов, то есть она необходима им для нормальной жизни, развития и самореализации. Этот результат подтверждает мысль, что работа занимает совершенно особенное положение во Франции и что в англо-саксонских и скандинавских странах на нее не возлагают таких надежд.

Чем можно объяснить этот феномен? Прежде всего еще раз вспомним о значении, которое имеет состав населения. Интерес к содержанию работы представляет значимость для опрошенных из самой молодой возрастной группы. Независимо от возраста те, кто стоит на нижних ступенях социальной лестницы, склонны в меньшей степени, чем высшие классы, считать работу вектором

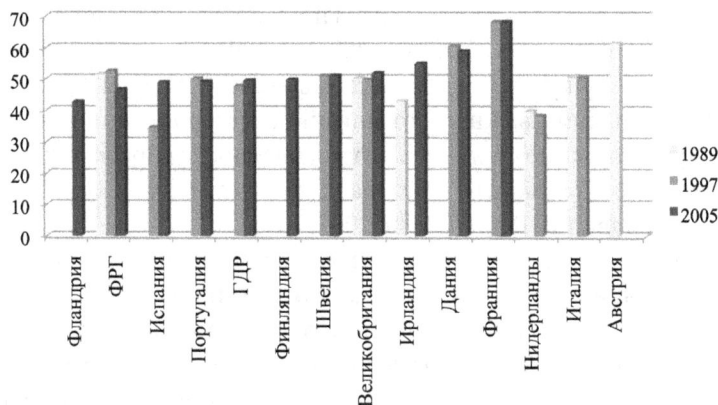

Рис. 4. Значимость содержания работы согласно исследованию ISSP, 1989, 1997 и 2005 года (%)
Источник: ISSP 1989–2005

личностной реализации. В равной степени интерес к сущности работы важнее для респондентов с более высоким доходом и уровнем образования. Лучше образованные также придают большее значение автономности, возможности быть полезными обществу и помогать другим. Их меньше волнуют зарплата и гарантии занятости. Эти результаты полностью согласуются с идеей, что высшее образование защищает от риска получить плохую работу и способствует развитию амбиций, обращенных на содержание и суть работы. Оценки также разнятся в зависимости от профессии. Для работников интеллектуального труда важнее интерес к сути работы, автономность, возможность помогать другим и быть полезным обществу. Для рабочих эти аспекты менее важны.

Эта неоднородность на уровне индивидов могла бы объяснить различие представленных ниже результатов по странам. Например, в Дании значимость интереса к содержанию работы можно объяснить составом населения, где доля лиц с высшим образованием больше, чем в остальных европейских странах. Этот фактор, однако, не объясняет неоднородность результатов по Европе в целом. Если следовать нашим результатам, на оценки в значительной мере влияет страна проживания. В нашей модели в большей части случаев проявляются значительные «страновые эффекты». При учете «страновых эффектов» или доли опрошенных, считающих важным то или иное утверждение, разница между странами сохраняется, что в особенности справедливо для интереса к сути работы. Здесь наш результат близок к тому, который получил Д. Галли [Gallie 2007].

Значимость внутренних аспектов намного меньше коррелирует с уровнем национального благосостояния по сравнению со значимостью заработной платы. Этот вывод проливает свет на вводящие в заблуждение результаты, которые содержатся в работах, подвергавших проверке положения теории Инглхарта. До настоящего времени исследования не нашли подтверждения значительной корреляции национального благосостояния со значимостью, придаваемой гражданами страны внутренним или внешним аспектам труда [Witte et al. 2004]. Таким образом, с помощью составного показателя сложнее измерить влияние уровня национального благосостояния на оценки зарплаты. Таким образом, теория Инглхарта подтверждается лишь частично. Наши результаты подчеркивают, что желание самореализоваться в работе относительно развито в Европе и никак не связано с уровнем благосостояния. Полученные выводы подкрепляют критику идей Маслоу, которая распространилась с 1960-х годов, к примеру, в области промышленной технологии, и обращают внимание на то, что потребности в реализации и в ощущении смысла деятельности наличествуют даже тогда, когда потребность в безопасности обеспечивается не полностью.

Для того чтобы прокомментировать согласие с утверждением «работа необходима для полного раскрытия своего потенциала», нужно учитывать также состав населения. В большей степени с этим утверждением согласны респонденты старшего возраста, мужчины, руководители предприятий, занятые частной практикой, члены профсоюзов и люди с низким уровнем дохода. Однако Франция, даже с учетом состава населения, значительно выделяется в общей картине. Ее результаты не пересекаются с действующей классификацией национального благосостояния.

Отметим также несистематичный характер объединений по традиционным признакам, например, в условиях государств всеобщего благосостояния [Esping Andersen 1990]. Одинаково много датчан и итальянцев согласны с утверждением, что работа необходима для полного раскрытия своего потенциала. Аналогичным образом британцы и датчане не в меньшей степени, чем испанцы, считают, что получать деньги, не работая, унизительно.

В результате следует признать, что французы придают особую значимость интересу к труду, который невозможно объяснить ни характеристиками населения, занятого экономической деятельностью, ни влиянием условий, ни языковыми особенностями. Однако если говорить о значимости внутренних аспектов трудовой деятельности, то все встает на свои места. Во Франции работа все чаще связывается с вложением душевных сил, что подтверждается результатами опросов Ipsos и TNS Sofres [Solom 2006; TNS Sofres 2007]. Например, 42 % французов считают, что они «зачастую самореализуются на работе», при том что такого мнения в среднем придерживается лишь 30 % европейцев [Solom 2006]. По сравнению со средним значением по Европе французам в большинстве своем близки понятия «достижение» и «гордость». Здесь стоит вспомнить об идеях, которые получили развитие у д'Ирибарна [d'Iribarne 1989]: во французской системе ценностей противопоставляются «низкая» и «благородная» работа, это разделение не поддается объяснению с помощью логики рынка и основывается на внутренней логике чести профессии.

Напротив, по результатам опроса, проведенного TNS Sofres, создается впечатление, что отношение британцев к своей работе можно описать в понятиях «рыночного», «утилитаристского» мировоззрения, расчетливости [TNS Sofres 2007]. С этого момента у нас есть набор показателей, с помощью которых мы можем скорректировать интерпретацию отношения британцев к труду. Безусловно, британцы немного чаще высказывают согласие с утверждением, что работа «это исключительно способ заработка». При этом, если верить результатам ESS и ISSP, они редко заявляют, что зарплата «очень важна», в чем близки к северным странам. Наше исследование фиксирует эту особенность: с учетом состава населения Великобритания отличается тем, что зарплате там придается минимальная значимость. Чтобы понять этот результат, вспомним о месте работы среди других сфер жизни: британцы наравне с датчанами работе отводят меньше всего места в своей повседневности. Иными словами, мы наблюдаем равнодушие к сфере работы, которое невозможно объяснить «рыночным» или «утилитаристским» мировоззрением: оно свидетельствует о большей отстраненности, большем прагматизме и менее эмоциональном отношении к работе, наблюдаемым у англичан. Эта идея подтверждается опросом Ipsos в Европе: на вопрос «с чем у вас ассоциируется работа» около 40 % британцев ответило «рутина», при том что у французов больше фигурировали понятия достижения и гордости [Solom 2006].

Определенно, анализ отношения к работе не позволяет описать реальность в полной мере, т. к. не учитывает место, занимаемое работой в жизни и в системе ценностей, в которую встраивается отношение к ней. Региональные особенности, как мы увидели, можно объяснить культурными (в том числе религиозными) факторами. Они могут также быть связаны с институциональной спецификой, которая мало меняется во временной перспективе и которую мы не можем зафиксировать теми показателями, которые использовали для описания контекста в целом, — единственными показателями, которые применимы к большому числу стран в течение долгого периода времени. Может, например, оказаться, что у скандинавов потенциальный интерес к своей работе мог усилиться политикой повышения качества условий труда, которая была разработана в 1970-х годах в странах Северной Европы [Gallie 2007]. Это объяснение представляется неприменимым для Франции, для которой в значительной мере был характерен тейлоризм и где определенным успехом пользовалась система производства «точно в срок» [Lorenz, Valeyre 2005].

Предварительные выводы

В первой части мы анализировали данные о значимости работы для общества и то, какой смысл в нее вкладывают жители разных стран (работа как способ заработка, как долг перед обществом, как источник самореализации), стараясь объяснить неоднородность полученных результатов по Европе. В результате этого анализа мы установили, что существенное влияние оказывают состав населения, воздействие со стороны экономических и институциональных условий, а также сохраняющаяся страновая специфика. Также мы продемонстрировали, что разнообразие оценок в Европе частично связано не только с культурой отдельно взятой страны, но и со структурными различиями (например, уровень образования), экономическими и социальными особенностями жизни государств и их регулированием (экономический рост, социальная защита). Таким образом, подтверждается тезис, что оценки моделируются под воздействием экономических и институциональных условий. Следуя предположениям Инглхарта, мы смогли показать, что в более богатых странах материальные потребности (в данном случае зарплата) имеют меньший вес в глазах общества. В свою очередь, представляется, что с учетом уровня образования, который играет важную роль, постматериалистические потребности (в данном случае — интерес к самой сущности работы) в неменьшей степени развиты в менее богатых странах. Помимо уровня экономического развития, основной переменной для теории Инглхарта, вторым важным измерением при анализе ценностей и оценок являются институциональные условия [Haller 2002]. Система социальной защиты тоже может давать уверенность: если она достаточно развита, люди меньше беспокоятся о гарантиях стабильности своих рабочих мест.

На карте ценностей Франция, как мы уже отмечали, занимает особое положение. Франция — одна из стран, где труду придают самую высокую значимость. Из трех выдвинутых гипотез для объяснения этого феномена самыми обоснованными представляются две. Представляется, что французы по большей части не разделяют «этику долга». Для них в работе продолжает иметь значение покупательная способность и стабильность. Воздействие на материальные интересы французов оказывает беспокойство из-за безработицы. Очень высокие значения по этому показателю, сохраняющиеся уже более тридцати лет, становятся первой серьезной причиной, объясняющей картину по Франции. Тем не менее создается впечатление, что в той значимости, которую французы придают интересу к работе, и глубокой убежденности в том, что работа является источником самореализации, заключается национальное своеобразие — хотя эти особенности отражают общую для жителей всех стран Европы (и Запада в целом) тенденцию к самовыражению.

Ожидания, связанные с возможностями выражения в рамках работы: повсеместная распространенность, дискретный характер

На материале интервью, проведенных в шести европейских странах с 2007 по 2008 год[9], а также результатов анализа основных национальных и международных социологических исследований становится видно, что во всех странах (кроме тех, которые не так давно стали демократиями) очень сильны ожидания в отношении сути работы, связанных с ней социальных аспектов и возможностей выражения. При этом проявление таких ожиданий нельзя назвать исключительным случаем. Результаты, полученные в Европе, полностью соответствуют исследованиям по Квебеку, проведенным Меркюром и Вюльтюр [Mercure, Vultur 2010]. Тем не менее необходимо уточнить, что собой представляют возможности выражения в работе, воспринимаемые как ценность.

Рабочая обстановка — аспект, который ценят все

Как мы увидели, масштабные количественные исследования, посвященные отношению к труду в Европе, обнаруживают, что люди склонны ожидать от работы возможности самовыражения, а также предъявляют к своей деятельности требования, связан-

---

[9] См. европейское исследование SPReW. FP6, о котором подробнее сказано в разделах «Богатый материал исследований национального и международного уровня» (Глава 1) и «Методология».

ные с символическим ресурсом, субъективными моментами, самопознанием и социальными аспектами. В европейских исследованиях из этих аспектов неинструментального и неэкономического характера можно выделить три ключевых элемента (или три компонента неинструментальных аспектов). Первый элемент соотносится с *индивидом*: работа рассматривается как тип деятельности, позволяющий индивидам сравнивать себя с другими, преодолевать себя, оценивать и улучшать свой потенциал. Работа также представляется площадкой для свободной реализации индивидуальных возможностей и выражения уникальности. Второй элемент касается *общественных отношений* и рабочей обстановки: работа воспринимается как один из типов деятельности, позволяющий общаться, сотрудничать, формировать коллектив, реализовывать совместные проекты. Третий элемент связан с возможностью говорить о работе как о *карьерном пути,* дающем возможность развития и накопления достижений во временной перспективе.

Рассматриваемые нами европейские опросы в той степени, в которой они углубляются в изучение отдельных важных граней трудового процесса, демонстрируют эти три измерения. В анкете EVS для ответа на вопрос «Что в работе кажется лично вам самыми важным?» предлагается 15 вариантов. В 2008 году вслед за аспектами инструментального характера самым популярным вариантом ответа оказалась обстановка на рабочем месте: «хорошая обстановка на рабочем месте» (выбрали свыше 72 % опрошенных в 47 странах) и «интерес к делу» (65 % респондентов). Большая часть опрошенных выбирает рабочую обстановку в качестве первого варианта ответа (Нидерланды — 90 %, Швеция — 85 %, Португалия — 78 %, Дания — 77 %, Германия — 70 %, Великобритания и Венгрия — 70 %, Бельгия — 67 %). Во Франции рабочая обстановка уступает интересу к работе (59,5 % против 58 %).

На материале исследования EVS становится очевидным, что для жителей некоторых стран (Нидерланды, Швеция и Дания) в приоритете неинструментальные аспекты, то есть для большего количества респондентов обстановка на работе важнее хоро-

Степень важности (%)	Бельгия	Дания	Франция	Греция	Венгрия	Италия	Нидерланды	Португалия	Испания	Швеция	Великобритания	Итого
Хорошая зарплата	67,2	53,5	59,2	74	87	75	68	83	78	62	71	79
Хорошая обстановка на работе	67,4	77	58,6	70	69	57,5	90	78	62	85	70	72

Табл. 1. Что является самым важным в работе, EVS 2008 (%)
Источник: Исследование EVS, 2008 год

шего заработка. За этой группой стран с небольшим отрывом следуют Франция, Бельгия и Великобритания: там почти одинаково ценят инструментальные и неинструментальные аспекты. В Германии и Португалии разница между инструментальными и неинструментальными аспектами незначительна и составляет несколько пунктов, при этом в средиземноморских странах и Венгрии очевиден выбор в пользу зарплаты.

Обстановка на работе стоит на первом месте среди неэкономических или неинструментальных аспектов работы. Это обращает внимание на качество работы, которое, как представляется, в меньшей степени связано с индивидами и их личными достижениями и в большей — с рабочим коллективом и, если обобщить, с эффектами, которые следуют из процесса выполнения работы в определенном коллективе на определенном предприятии с определенной организацией труда. Эти результаты, как мы увидели, подтверждаются исследованием ISSP, в рамках которого респондентов просили охарактеризовать по четырехзначной шкале («очень важно», «важно», «достаточно важно», «неважно») восемь аспектов работы. В 2005 году сразу вслед за стабильностью работы, занимающей первое место (ее выбрало 60 % опрошенных), идет ответ «интересная работа», который выбрали 55 % участников исследования.

Обстановку на работе и интерес к работе много упоминают в интервью. Представляется, что понятие «интерес к работе» должно быть одновременно связано и с содержанием деятельности, и со способностями индивида. Интересная работа — это такая работа, которая позволяет индивиду все время узнавать новое, полностью раскрывать свой потенциал, справляться с задачами и принимать решения в меру своих технических, интеллектуальных, организаторских компетенций; которая бросает вызов и одновременно дает возможность человеку проявить свои способности и показать их в деле. Такая работа не превращается в рутину, держит в тонусе, не становится монотонной, позволяет продолжать развиваться. Это творческая работа, дающая возможность проявить себя и помериться силами с другими. Очевидным образом, как следует из интервью, интерес к работе напрямую коррелирует с сильной потребностью видеть в ней смысл. При этом интерес к работе не ограничивается удачным соответствием способностей индивида природе поставленных задач: он в значительной степени зависит от конкретных условий и формы выполнения этой деятельности и от рабочего коллектива, той небольшой группы, которая обычно занята совместным выполнением работы. Этот социальный аспект также включается в понятие обстановки на работе.

Потребность видеть смысл и поддерживать отношения

Когда мы проводили интервью в шести европейских странах, одной из выявленных межнациональных черт является внимание к социальному аспекту работы — к возможностям устанавливать отношения. В психологии этот аспект называется «реляционными мотивами», и он, как мы выяснили в ходе исследований, включает две отличительные характеристики: с одной стороны, он является одним из элементов экспрессивного начала в отношении к работе, с другой — выражает потребность индивида быть частью коллектива. Это второе обстоятельство соотносится с идеей социальной идентичности, чувством принадлежности к профессиональной группе, специальности, профессии или, как мы часто слышали, к небольшому коллективу коллег, которые пересекаются каждый день в рамках выполнения рабочих обязанностей. Во всех странах, где проводились интервью, обнаружилась существенная значимость межличностных отношений, которые устанавливаются на работе в повседневном общении и связывают индивида с теми, с кем он пересекается каждый день. Представляется, что работники явно ставят выше не принадлежность к коллективу в целом («общество»), а принадлежность к узкому кругу лиц, с которыми их связывают повседневные практики и которые являются центральной составляющей «места работы» и определяющим элементом обстановки на рабочем месте.

Для всех, чей жизненный путь был извилистым или для кого социальные или межличностные отношения составляют важную часть повседневности, отношение к работе глубоко связано с реляционным мотивом. Семейные связи постепенно изживают себя, и в этой связи работа приобретает особенную значимость. Среди стран, где проводилось наше исследование, выделяется Португалия. Ее жители явно отдают приоритет реляционному аспекту, оценивая работу: общение, контакты, социальные связи считаются необходимыми для личного внутреннего равновесия. Значимость аспектов, связанных с отношениями, также очень сильно проявляется в Италии и Бельгии: ряд изученных случаев в этих странах указывает на то, что качество социальных отношений, связанных с работой, играет важную роль при ее общей оценке, о чем также свидетельствует повышенное внимание к обстановке на работе, которое отметили участники опроса.

Работа предоставляет людям возможность реализовать свои способности, проверить себя через сопоставление с другими; она позволяет также найти интересных знакомых за пределами семейного и соседского круга. Помимо этого, работа также служит основой для двух других ожиданий. Первое традиционно: работа позволяет людям почувствовать себя нужными, и этот аспект все еще хорошо развит в Европе. В 1999 году и в меньшей степени в 2008 году испанцы, ирландцы и португальцы продолжали придавать большую значимость социальной ценности своей работы: по сравнению с другими европейцами среди них было намного больше тех, кто считал, что важно иметь возможность помогать другим и быть полезным обществу. Напротив, в северных странах в широком смысле и во Франции такой ответ в 1999 году дало достаточно скромное количество респондентов (от 12 до 20 %), тем не менее в 2008 году их доля увеличилась (около 25 %, при том что среднее значение по 47 странам составляло 42 %).

Помимо желания видеть смысл в работе и выражать свою уникальность, реализовывать свои способности и компетенции или иметь хорошую возможность устанавливать отношения с другими, среди неинструментальных в строгом смысле слова аспектов труда появляется еще один: интерес к карьерному росту и профессиональному развитию, заслуживающему поощрение. Особенно этот мотив проявился у португальцев:

> При том, что понятие работы соотносится с самим наполнением работы, рассматриваемой в синхронической перспективе, карьера — это тот же предмет в ракурсе развития в будущем: она, как отмечают координаторы проекта в Португалии со ссылкой на Паттона и Макмагона [Patton, McMahon 2006], соотносится с видением будущего и включает аспекты, связанные с активным определением и выбором между несколькими альтернативами, а также с прогрессом и трансформацией во времени [Passos et al. 2010].

Из материалов интервью, проведенных в Португалии, видно, что понятие карьеры служит основой для упорядочивания разных типов отношения к труду. Некоторые интервьюируемые, например, проявили большую склонность к планированию своего пути развития, включающему выбор направлений и этапов, формирование ожиданий, вложение времени и сил в повышение уровня знаний и компетенций. Этот тип поведения особенно был характерен для молодых людей с высоким уровнем квалификации. В некоторых случаях карьера стоит выше, чем сама сущность работы. Престиж и доход, связанные с выполняемой в будущем функцией, становятся конечными целями труда. Во Франции во многих интервью также была отмечена значимость личного выбора при выстраивании карьеры, в результате чего отношение к работе становится очень индивидуализированным.

Цели экономического характера и получение опыта:
пример Квебека

Эти предварительные результаты подтверждаются исследованием Меркюра и Вюльтюр [Mercure, Vultur 2010] в Квебеке, которые анализировали оппозицию экономических целей и восприятия работы как жизненного опыта. Последнее, как показало исследование, ярко проявляется, но при этом совершенно не вытесняет экономический аспект: в ответ на вопрос о том, что лучше всего отражает цели работы для респондента в настоящее время, около 42 % из нескольких предложенных вариантов выбрало «деньги». Далее шла личностная реализация, которую выбрали 31 % опрошенных, а затем прочие цели, в основном связанные с пониманием работы как определенного жизненного опыта, причем с большим акцентом на его проживание в коллективе: поддержка связей с другими (10 %), польза для общества (9 %), престиж и признание заслуг на рабочем месте и за его пределами. На этом основании Меркюр и Вюльтюр приходят к выводу, что альтруистические побуждения служить обществу вместе с этосом долга по большей части уходят в прошлое. Это заключение подтверждается рядом предшествующих исследований (см. главу 1). «У двух наиболее значимых целей профессиональной деятельности есть общая черта — переход от "долга" к "обществу" в восприятии работы», — пишут авторы [Ibid: 69].

Распределение ответов сильно зависит от социопрофессиональных характеристик респондента, его семейного положения и жизненного этапа. Аналогично положению дел в Европе, жители Квебека с более высоким уровнем профессионального развития, образования или дохода скорее ассоциируют работу с личностной реализацией, а не с материальной. У работников на руководящих должностях и специалистов, лиц с высшим образованием, руководителей малых и средних предприятий личностная реализации стоит на вершине иерархии целей работы. В свою очередь опрошенные, относящиеся к более низким категориям персонала, те, кто получает менее 40 000 канадских долларов в год или работает на временных работах или по временному контракту, чаще упоминают в качестве основной цели работы деньги. Аналогичная связь прослеживается между приоритетностью экономических целей и семейным положением (особенно с наличием детей).

В собранных представлениях об идеальной работе мы обнаруживаем схожую картину: на первом месте идут цели, связанные с получением определенного жизненного опыта, т. к. участники исследования в Квебеке в первую очередь выбирают обстановку на работе (72 %), затем хорошие отношения с коллегами по работе (71 %), интерес к выполняемому делу (67 %) и обеспечение самореализации, и только потом идут ответы, связанные с материальными условиями. В частности, почти половина экономически активного населения Квебека, говоря о своих ожиданиях в профессиональной сфере, не называет среди них гарантию занятости. В этом авторы видят признак появления новых ожиданий в отношении работы: по аналогии с тем, что мы увидели в Европе, они в значительной степени связаны с социальными отношениями на рабочем месте и характером рабочих задач. Так же, как и в Европе, материальным условиям большее внимание уделяют работники с самым низким уровнем образования, в то время как директора предприятий, работники на руководящих должностях, профессионалы высокого уровня, лица с высшим образованием больше интересуются сутью работы.

Парадокс Франции как объяснение общеевропейских противоречий

Остановимся более подробно на картине, которая была получена по Франции, потому что она проливает свет на развитие ситуации в Европе в целом. Во Франции действительно наиболее заметно (по сравнению с другими странами) выражен интерес к работе, однако — и здесь возникает парадокс, который мы хотим проанализировать — именно в этой стране респонденты чаще всего выражали желание придать работе меньшую значимость в жизни. Остановимся на этом парадоксе, чтобы показать, что мешает конкретизировать «идеал работы» в понимании населения, а также провести различие между идеальной работой и реальностью.

Французы больше говорят о том, что хотели бы уменьшить роль работы в жизни

Опрошенные во Франции чаще, чем в остальных странах, заявляли, что работа важна или очень важна, при этом по сравнению с аналогичным показателем в других странах здесь также самая высокая доля тех, кто хочет, чтобы работа занимала меньше места в их жизни. Почти половина британцев, бельгийцев и шведов хотела бы, чтобы работа занимала меньше места в их жизни. Во Франции этот показатель составляет 65 %. В ЕС, на тот момент включавшем 15 стран-членов, именно французы придают больше всего значимости работе, но при этом они также больше остальных хотят, чтобы она занимала меньше места в повседневности. Об этой французской особенности писал еще Г. Хофстеде [Hofstede 2001]. Особое положение занимает и Великобритания: британцы реже всех говорят, что «в их жизни работа очень важна», но в большинстве своем они также хотят снизить ее значимость в жизни. Эти две противоположные ситуации показывают, что мы имеем дело со сложными феноменами.

За последние два десятилетия XX века во многих странах — в особенности в Ирландии, Нидерландах, Бельгии, Швеции и Великобритании — стало больше тех, кто хотел бы отводить работе минимальную роль в своей жизни. В 1981 и в 1999 годах, как следует из исследования EVS, выше всего доля тех, кто хотел уменьшить значимость работы, наблюдалась во Франции. В 1990 году такое желание высказывал меньший процент респондентов. Этот результат можно объяснить временем проведения опросов: в 1981 и в 1999 годах снижение продолжительности рабочего времени значилось целью в повестках политических партий, которые получали большинство голосов избирателей; затем проблема перешла в плоскость общественных дискуссий. Напротив, в 1990 году, как мы видим, в очень большом количестве анкет этот вопрос был оставлен без ответа, что также может ставить под сомнение качество результатов.

Как объяснить эти результаты и в частности французский парадокс? Можно предложить несколько объяснений. Прежде всего отметим еще раз, что мы, вероятно, имеем дело не с парадоксом, а скорее с усилением эффекта от общественных дискуссий, которые шли в то время. В 1999 году, когда были получены результаты, во Франции вовсю обсуждали снижение продолжительности рабочего времени. Результаты анкетирования отражают сильное желание большинства французов уменьшить время, отводимое работе. Опросы, проведенные позднее, например, исследование труда ISSP 2005 года, все же показывают, что, несмотря на прошедшее время и «тенденции» в отношении продолжительности рабочего времени, значительная часть французов по-прежнему хочет уменьшить время, посвящаемое труду (37 %), хотя небольшая доля респондентов также высказалась за его увеличение (17 %). Согласно результатам исследования EWCS 2010 года, эти показатели составляли 27 % и 17 % соответственно. Когда в 2005 году вопрос о балансе между работой (и, соответственно, доходом) и свободным временем был сформулирован в более развернутой форме, респонденты, которые высказались за то, чтобы «больше работать и больше зарабатывать», снова остались в меньшинстве. Однако по сравнению с 1997 годом их доля увеличилась: в 2005 году такого мнения придерживались 32 % французов, а в 1997 году — 20 % (данные ISSP 2005 года).

Таким образом, Франция представляет парадоксальный случай: респонденты придают больше всего важности работе и хотят в ней самореализоваться, однако они же хотят отводить ей меньше времени, при этом для части французов работа не определяет их идентичность. С нашей точки зрения, для этого парадокса подходят четыре возможных объяснения. Первые два связаны с нарушениями функций самой сферы труда: люди столкнулись с тем, что их высокие ожидания, связанные с трудом, не оправдались, потому что сфера труда оказалась неспособна им соответствовать.

Первую точку зрения иллюстрирует Т. Филиппон [Philippon 2007]: во Франции наблюдается не кризис рынка труда, а мощно выражается общее чувство беспокойства из-за работы. Социальные отношения во Франции становятся настолько плохими, что работники разочаровываются в своей деятельности и в каком-то смысле идут в отступление. Желание сделать так, чтобы работа занимала меньше места в жизни, возникает из-за невозможности сменить работу и свидетельствует о больших трудностях в этой сфере.

Недалека от этого объяснения и вторая теория: если люди хотят, чтобы работа занимала меньше места в их жизни, это желание можно объяснить тем, что работа фактически представляет собой не только средство самовыражения и самореализации. Для многих эта деятельность также ассоциируется с дискомфортом и стрессом, вызванными тем, что труд становится более напряженным, новые формы организации работы сказываются на здоровье, ухудшаются условия труда, возникает чувство тревоги из-за перспектив сохранения рабочего места и т. д. Материальные блага (доход, гарантия занятости и т. п.) не могут быть достаточным противовесом этому дискомфорту, в результате чего развивается общее чувство неудовлетворенности.

Два следующих объяснения пересекаются с другими сферами самореализации и самовыражения и другими источниками идентичности. Разрешение возникшего парадокса в меньшей (или равной) степени связано с неудовлетворенностью, возникающей в сфере труда; в большей — с гегемонией работы и ее посягательством на другие сферы, считающиеся важными, а также с неустойчивым балансом времени и плохими условиями для установления взаимосвязи между разными сферами жизни. Этот аспект рассматривался в разделе II этой главы («Можно ли считать место работы центральным: возвращение к вопросу»). Здесь остановимся на первых двух объяснениях, связанных с низким качеством рабочих отношений, условий труда и работы.

Низкое качество социальных отношений и условий труда

В большинстве из 15 старейших стран — членов ЕС наблюдается удовлетворенность отношениями с руководством и коллегами, при этом доля респондентов, которые дали такой ответ, сильно варьируется в зависимости от страны. По итогам трех волн исследований ISSP выявлено, что во Франции самые плохие отношения с руководством, что сходится с наблюдениями Филиппона [Philippon 2007]: 52 % французов оценивает свои отношения с руководством как «хорошие»; в других 15 странах, участвовавших в опросе, этот показатель превышает 60 %; в Германии, Ирландии и Португалии приближается к 80 %. Эту недоверчивость Филиппон связывает с ситуацией, когда основные полномочия сконцентрированы у высшего руководства и решения принимаются без консультаций с основными заинтересованными сторонами. Как подтверждает Европейское исследование условий труда 2010 года, только 51 % французов считает, что руководство при проведении организационных изменений на работе советуется с ними; эта цифра значительно меньше, чем в Нидерландах (65 %), Ирландии (64 %) или Дании (62 %). Аналогичным образом в 1995 году менее половины французов ответило, что на работе у них есть свобода самостоятельных действий, подтверждая таким образом, что руководство не в полной мере уверено в подчиненных[10]. Это наблюдение сходится с результатами опросов по организации труда, которые демонстрируют большую популярность идей Тейлора на юге Европы и во Франции по сравнению с Нидерландами и Северной Европой в особенности [Lorenz, Valeyre 2005] — там респонденты чаще отмечали самостоятельность и работу в команде.

Представляется, что интересу французов к труду сопутствуют определенные минусы, связанные со стрессом и чрезмерной

---

[10] В 2010 году результаты предполагают, что свободы действовать самостоятельно у французов стало больше, поскольку такой ответ дали 63 % респондентов. Этот показатель немногим уступает показателю по Германии (64 %) и среднему значению по Европе (27 стран-членов) в целом (65 %) и значительно проигрывает Бельгии (71 %), Нидерландам (76 %), Швеции (78 %), Финляндии (86 %) и Дании (89 %).

нагрузкой. Согласно исследованию EWCS 2010 года, многие французы (27 %) указывали, что испытывают стресс на работе; по этому показателю Франция значительно обходила Нидерланды (10 %), Данию (12 %) или Финляндию (15 %). Франция также оказалась одной из тех стран, где больше всего жалуются на усталость в целом (54 % против 35 % в среднем по Европе); только эстонцы (60 %) чувствуют себя более усталыми от работы, чем французы.

Кроме того, повышение напряженности труда, затронувшее большинство европейских стран, не обошло стороной и Францию [Green 2006]. Согласно исследованию EWCS 2010 года, 59 % французов считают, что работают в напряженном режиме, 62 % отметили, что по меньшей мере четверть времени они работают в режиме цейтнота. Повышение интенсивности труда вызывает дискомфорт и приводит многих трудящихся в Европе к неудовлетворенности работой [Ibid]. То же исследование EWCS 2010 года демонстрирует, что доля респондентов, которые недовольны условиями работы в целом, увеличилась с 19 % в 1995 году до 21 % в 2010 году. Это обстоятельство может быть источником чувства опустошения: интересная работа организована таким образом, что становится утомительной, тяжелой, слишком напряженной.

Помимо этого, сегодня к моменту начала трудовой деятельности самое молодое поколение французов еще до выхода на рынок труда вложило немало сил в образование и профессиональную подготовку, и они надеются, что работа, которую они найдут, будет интересной. Возникает ощущение, что их ожидания сегодня не оправдываются. Согласно исследованию EWCS 2010 года, 31 % французов отмечали, что со своим уровнем квалификации они могли бы выполнять более сложные задачи. Меньше всего на несоответствие между занимаемой должностью и компетенциями жалуются финны, датчане, немцы, итальянцы и бельгийцы.

Из-за ухудшения условий труда, на которое накладываются напряженные отношения с руководством, французам в итоге приходится делать шаг назад, отводя работе меньше места в своей жизни, при этом для них по-прежнему очень важно сохранять интерес к работе. Отметим также, что ситуация во Франции не выглядит такой уж своеобразной, если принять во внимание условия труда и уровень квалификации: те, для кого работа сопряжена со стрессом и утомлением, не хотят работать больше и предпочли бы уменьшить продолжительность труда. Таким образом, своеобразие ситуации во Франции частично объясняется оценками условий труда, которые приводятся в этой книге.

Условия работы не могут значительно повысить связанную с ней удовлетворенность

Согласно исследованию ISSP, французы жалуются не только на стресс и низкое качество социальных отношений, но и на уровень зарплаты: лишь 15 % считают свой доход высоким; по этому показателю Франция занимает предпоследнее место перед Португалией. По сравнению с другими странами с таким же уровнем развития, как и Франция, французы намного меньше удовлетворены уровнем своей зарплаты. По этому показателю они сопоставимы с поляками и португальцами (76 %), при том что в странах Северной Европы или англо-саксонском мире этот показатель составляет более 90 %[11]. Безнадежность положения усугубляется тем, что французы не слишком верят в перспективы карьерного роста: своим шансам получить повышение по службе они дают самую низкую субъективную оценку.

Что касается гарантий занятости, то здесь мы наблюдаем существенный раскол между севером Европы, с одной стороны, и континентальными и средиземноморскими странами, включая Францию, — с другой. Во второй группе трудящиеся меньше удовлетворены гарантиями занятости. Они боятся, что могут лишиться работы. Около 60 % также считает, что в случае потери рабочего места им будет сложно найти новое с сопоставимой заработной платой у другого работодателя. В этих вопросах Франция занимает позицию посередине, при этом по уровню опасений обгоняя Данию или Нидерланды.

---

[11] См. данные, приведенные в: Commission européenne, La Réalité sociale européenne, rapport sur l'Eurobaromètre spécial 273/Vague 66.3, 2007. P. 9.

В 2007 году описанный выше раскол подтвердили результаты специального исследования Евробарометра по «социальной реальности». В исследовании подчеркивалось, что Франция оказалась среди стран, в которых наблюдался самый высокий уровень беспокойства в 2007 году: наряду с поляками, литовцами, венграми и словаками французы выражали меньше всего «уверенности в своей способности сохранить рабочее место в ближайшие несколько месяцев», при этом Франция делила в Венгрией первое место по доле респондентов, ответивших «совсем не уверены». Аналогичным образом выглядели ответы на вопрос «В случае сокращения насколько вы оцениваете свой шанс найти работу, требующую таких же компетенций и опыта, как за последние шесть месяцев?»: Франция оказалась в лагере пессимистов с результатом гораздо ниже среднего, значительно уступая скандинавским (Дания, Финляндия, Швеция) и либеральным странам (Великобритания, Ирландия).

Неудовлетворенность французов гарантиями занятости и доходом частично подпитывается уровнем безработицы и страхом потерять рабочее место. Чем меньше гарантий от потери работы, тем большее значение ей придается [Baudelot, Gollac 2003; Davoine 2007; Davoine, Méda 2008]. М. Эрлингхаген подтвердил, что чувство безопасности на рабочем месте совершенно определенным образом зависит от долгосрочного уровня безработицы, при этом другие макросоциальные переменные не оказывают на него никакого влияния [Erlinghagen 2007].

Согласно большинству исследований (EVS, ECHP, ISSP, Евробарометр, ESS), европейцы в целом выражают удовлетворенность работой, тем не менее между странами проявляются значительные различия: около 55 % датчан говорят, что «очень довольны» или «полностью довольны» своей трудовой деятельностью; в 2005 году, согласно исследованию ISSP, такой ответ давало менее 30 % французов. С учетом этого синтетического показателя складывается впечатление, что ситуация во Франции ухудшилась: результаты опроса ISSP показывают меньшую удовлетворенность работой в 2005 году по сравнению с 1997 годом. Несмотря на возможные расхождения в исследованиях, вне всяких сомнений северные страны с высоким уровнем удовлетворенности контрастируют с населением континентальной и средиземноморской Европы, которое в меньшей степени чувствует себя удовлетворенным. В исследованиях EVS, ECHP и специальном исследовании Евробарометра по «социальной реальности» Франция стоит в одном ряду с южными странами. Когда исследование ISSP проводилось на материале 15 стран ЕС, французы более явно, чем жители других стран, проявляли свое недовольство работой. Согласно исследованию ESS 2010 года, во Франции уровень удовлетворенности в целом ниже, чем в скандинавских странах, Нидерландах, Германии и Бельгии.

Исследования также продемонстрировали, что удовлетворенность трудом определяется хорошими отношениями на рабочем месте и интересной работой: А. Кларк показал, что начиная с исследования ISSP 1997 года, согласно коэффициенту набольшей важности и значимости, хорошие социальные отношения на рабочем месте занимали первую позицию и обгоняли другие составляющие труда, как то: рабочие обязанности, возможность повышения, доход, стабильность работы и разумная продолжительность рабочего времени [Clark 2005]. На основании той же базы данных Альфонсо и Андрес Суза-Поза также продемонстрировали, что двумя основными источниками удовлетворенности работой являются хорошие отношения и интересные задачи, причем хорошие отношения с руководством в действительности важнее хороших отношений с коллегами [Sousa-Poza, Sousa-Poza 2000]. С этой точки зрения, плохие социальные отношения на рабочем месте, ухудшение условий труда и отсутствие надежд на повышение могут служить объяснением тому, что большое число работников во Франции постоянно испытывают фрустрацию.

Франция — это, однако, не единичный случай. Мы привели цифры, показывающие, что во Франции ситуация хуже, чем в ряде других стран Европы, тем не менее во многих европейских государствах проявляются те же тенденции: повышение интенсивности труда, рост давления на работников, более гибкий рынок вакансий, высокий риск потерять работу и оказаться на обочине жизни. С учетом реальной динамики развития рынка труда в большинстве европейских стран можно оценить, насколько трудно удовлетворить весьма высокие ожидания европейцев в отношении работы. Этим изменениям на рынке труда будет посвящена следующая глава.

В этой главе мы увидели, что европейцы придают большую значимость труду, при этом по странам результаты достаточно неоднородны, причем «очень важной» работу больше всего считают французы. В качестве объяснения этой ситуации мы выделили уровень безработицы а во Франции — высокий интерес к существу рабочих задач.

В то же время мы показали, что результаты последних опросов по Франции, равно как и по остальным странам Европы, а также Квебеку, сходятся в том, что работа, относясь к числу важных ценностей, все же уступает приоритет романтическим отношениям и семейной жизни. Если говорить о целях, связываемых с трудом, и месте, которое занимает работа в формировании идентичности, экономически активное население распределяется по этим параметрам строго на две группы: в одной — руководители, работники интеллектуального труда, те, кто занимается частной практикой, холостые и незамужние, для которых работа является главной ценностью и синонимом самореализации; в другой — рабочие и наемные работники с низким уровнем доходов, семейные с детьми, для которых работа скорее ассоциируется с экономической ценностью и явно уступает по значимости семье.

Мы также продемонстрировали, что внутренние аспекты работы, равно как и неэкономические (влияние которых стало наиболее ощутимым в Европе с конца XX века), включают в себя ожидания самореализации и самовыражения, а также инстинктивную потребность в установлении отношений в рамках работы. При этом экономические (или инструментальные) аспекты труда никуда не исчезают, и в зависимости от возраста, семейного положения и особенно профессиональной деятельности оценки распределяются по двум полюсам. Исследование, проведенное в Квебеке в начале 2000-х годов, показало такие же результаты.

Наконец, мы предложили ряд объяснений «парадоксу Франции», которая среди европейских стран оказывается на первом месте одновременно и по числу респондентов, считающих работу очень важной, и по числу тех, кто хотел бы, чтобы работа занимала меньше места в их жизни. В основном эти объяснения сводятся к тому, что желание видеть больше смысла в работе, лучше совмещать ее с другими сферами жизни и иметь больше самостоятельности в принятии решений — и реальность условий труда и занятости находятся в противоречии друг с другом. Франция далека от того, чтобы быть исключением: далее мы увидим, что она будет показательным примером тех расхождений, которые существуют в Европе между принципиально новыми, высокими ожиданиями в отношении работы и изменениями в организации труда.

Глава 3

Ожидания сталкиваются с радикальными изменениями в сфере труда

Отношение к труду и значение, придаваемое работе, обуславливаются уникальным опытом, связанным с рынком труда и с характером самой трудовой деятельности: каким образом люди получили или не получили работу, насколько они уверены в ее стабильности, какое место человек занимает на работе, какую роль играет служебная иерархия, как выстроен рабочий процесс и как он оценивается, каким знаниям и качествам придается наибольшее значение, насколько возможен пересмотр условий труда и т. д. Этот опыт неотделим от личных характеристик, в частности от пола и социопрофессиональной категории; он также сильно зависит от возраста, поскольку этим фактором определяются различия в столкновении с трудовой реальностью. Смысл, который вкладывается в работу, и отдаваемые ей силы по своей природе непосредственно связаны с имеющимся у индивидов опытом в трудовой сфере — которая сама за последние три десятка лет претерпела глубокие изменения. Из основных принципов управления предприятиями по модели Г. Форда, характерных для послевоенного времени, мало что сохранило свою актуальность. В том, что касается способов организации производства, представлений о роли индивида в трудовом процессе и соотношения сил между наемным работником и работодателем, произошли революционные изменения.

В Европе послевоенное «славное тридцатилетие» подготовило условия для организации труда на основе стандартизации продукции и способов производства, а также рационализации рабочего процесса (максимально возможный объем производства при минимальных затратах). Целью послевоенной экономики на пути к восстановлению рынка стало развитие массового производства. В этот период крупные отрасли промышленности вдохновлялись философией Тейлора и Форда, идеями конвейерного производства и крупных управляющих структур. Индивиду на работе в основном предписывалась «неосмысленная» роль в том значении, что работники в основном воспринимались как часть коллектива, мотивация которого была связана с инструментальным аспектом труда — обеспечением потребностей при относительной стабильности. Управление человеческими ресурсами сводилось к управлению персоналом, т. е. юридическим и договорным вопросам. В сфере труда наблюдалась четкая расстановка сил: влиятельные профсоюзы, опирающиеся на сплоченные однородные коллективы преимущественно мужчин, ведут переговоры с представителями руководства предприятия на местах, наделенными полномочиями принимать решения, над всем этим механизмом стоит государство. В результате происходит упрочнение государства всеобщего благосостояния.

В 1990-х годах все перевернулось с ног на голову. Изменения, которые в предыдущее десятилетие обретали форму, в итоге затронули большинство сфер деятельности, а также государственный сектор[1]. Специалисты по организации производства, социологи, менеджеры, управленцы больше не ссылаются на идеи Тейлора и Форда даже в форме посттейлоризма и неофордизма; вместо этого дискурс становится более умеренным, и в нем фигурирует понятие новых форм организации труда, что предполагает наступление ни больше ни меньше как новой эры труда. Сегодня представители разных поколений работают вместе, при этом имея резко отличающийся опыт трудовой деятельности.

---

[1] О новой форме государственного управления см. [Cultiaux 2012; Cultiaux 2011].

В последующем развитии мы видим определенные глубинные изменения, которые наложили отпечаток на сферу труда: они непосредственно затрагивают отношение индивидов к труду и в конечном счете то значение, которое те ему придают.

Новые формы организации труда

На смену стандартизации производства пришли гибкие формы организации. Сегодня крупные компании состоят из мелких предприятий с различными формами аффилированности, аутсорсинг стал нормальной практикой на многих предприятиях. Дробная структура организации выходит за пределы национальных границ: в таких секторах, как автомобилестроение, текстильное производство, агропродовольственный комплекс и даже информационные технологии, отделения предприятий работают в самых разных уголках планеты [Berger 2006]. С появлением новых информационных технологий и средств коммуникации модель сетевой компании привела к переосмыслению труда [Vendramin, Valenduc 2002]. Теперь приоритетными становятся цели сократить расходы (в особенности на персонал), добиться гибкости во всем (включая численность и состав персонала, продолжительность работы и т. д.), установить индивидуальные задачи, выражающиеся в обеспечении качества и удовлетворении запроса каждого заказчика. Гибкость в значительной степени способствовала развитию индивидуального подхода к определению условий труда и карьерного развития, но вместе с тем привела к снижению стабильности и отчуждению труда от его производителя [Vendramin 2004]. Примерно за последние тридцать лет на смену индустриальной модели, фордовской философии в построении предприятия и бюрократизму пришли новые виды организации труда, которые считаются более соответствующими вызовам глобализированной экономики в стремительно меняющихся условиях. Под влиянием этих новых видов организации, в ДНК которых заложены подвижность, сетевой характер, технологичность, система «точно в срок», клиентоориентированность, акцент на качестве, диверсификация и персонализация, формы занятости стали более разнообразными. Произошедшие изменения, изначально обусловленные желанием обеспечить конкурентное преимущество и получить максимальную прибыль, на глубинном уровне трансформировали сам образ действий и критерии определения качественного труда. Стали появляться возможности обеспечить такой труд, который одновременно характеризуется экономической эффективностью и способностью к интеграции с другими интересами человека. Тем не менее на многих предприятиях работники с их растущими ожиданиями, связанными с возможностями самовыражения на работе, столкнулись с нестабильностью, стрессом, перегрузками и стремлением работодателей снять с себя любые обязательства.

Гибкость и раскол рынка труда

Стремление сделать труд и занятость гибкими задает вектор организационных трансформаций [Barbier, Nadel 2000; Maggi 2006; Mercure 2001], затрагивающий все аспекты работы [Vendramin, Valenduc 2000]: договорные отношения, место и время работы, служебную иерархию, квалификацию, — и это же стремление ложится в основу раздробленности рынка труда. *Гибкий рабочий график* обозначает все виды адаптации и возможности изменения рабочего времени и его продолжительности; чаще всего такой график внедряется по инициативе работодателя в соответствии со стратегией компании по работе с рынками и заказчиками, но иногда в нем заинтересованы сами работники, чтобы лучше совмещать профессиональную деятельность и личную жизнь. *Гибкое место работы* соотносится с различными формами удаленной работы, дистанционным доступом к рынку труда или рынку потребителей, делокализацией и, если говорить в более общих чертах, — со всеми формами географии предприятий, которые стали возможными благодаря информационным технологиям и средствам коммуникации, позволяющим работать из любой точки мира. *Гибкие договорные условия* означают две вещи: *гибкую численность*, т. е. адаптацию численности персонала и форм занятости к изменениям спроса, что в основном выражается в заключении срочных контрактов и других нестандартных форм договорных отношений, и *гибкую оплату труда*, подразумевающую использование подвижных систем оплаты труда в зависимости от производственных показателей предприятия и работников. *Гибкость иерархической связи* связана с развитием аутсорсинга и заменой трудовых договоров коммерческими контрактами, равно как и с использованием возможностей временного привлечения персонала через кадровые агентства или заключения договоров субподряда. Сюда же входят нестандартные формы подчинения, в т. ч. выполнение работ для нескольких работодателей или привлечение персонала из сторонних организаций. *Функциональная гибкость* подразумевает ротацию задач, многофункциональность, мобильность с точки зрения перехода из одной сферы в другую и адаптацию работников к расширению их функций, что особенно зависит от отношений с заказчиками и динамики производства продукции и оказания услуг.

Стремление к гибкости во всем, в особенности в договорных условиях и продолжительности рабочего времени, находит отражение в статистических данных по динамике труда и занятости. Согласно исследованию экономически активного населения[2], в 2011 году в Европе 14 % от всех трудящихся работали по временным договорам (14 % мужчин и 15 % женщин) против 12 % в 2000 году. Чуть менее чем в 60 % случаев работник шел на временную работу, потому что не мог найти место с бессрочным договором. Представители молодого поколения, которые выходят на рынок труда, обычно тоже работают на нестандартных условиях. Согласно исследованию EWCS 2010 года, 60 % работающих европейцев младше 30 лет были заняты по бессрочным договорам, остальные 40 % работали или по срочным договорам, или временно исполняли обязанности другого сотрудника. То же исследование показало, что на проектных или временных работах были задействованы 13 % офисных работников («белых воротничков») и 25 % рабочих («синих воротничков»); во Франции разрыв был еще значительнее (6 % и 22 % соответственно). Более

---

[2] Eurostat. Enquête sur les forces de travail, 2011.

того, во всех странах на временных работах чаще занята низко-квалифицированная рабочая сила, в среднем каждый четвертый (без разделения на возрастные группы).

Исследование, проведенное в шести европейских странах [Vendramin 2008], продемонстрировало, что для молодых людей в определенной степени «нормально» в начале карьерного пути работать по временным договорам и переходить от одного работодателя к другому, но этот этап не должен выходить за определенные пределы (слишком большая продолжительность или слишком частая смена работы), чтобы человек в итоге не остался без стабильной работы. Опрос среди франкоговорящего работающего населения Бельгии младше 30 лет позволил сделать аналогичные выводы о подходах молодого поколения к выстраиванию карьеры [Vendramin 2007]: представляется, что смена трех работодателей и/или договоров в начале карьерного пути — это критический порог, после которого часть остается на обочине, а другая часть обустраивается на стабильных рабочих местах. Опрос SPReW [Vendramin 2008] также показывает, что если человек продолжает все время работать по временным договорам, встает вопрос о признании его компетенций, и в определенных случаях даже могут возникать конфликты между возрастными группами. По той же причине возникают сложности при переходе между поколениями: в результате те, кто считается новоприбывшими, испытывают усталость и досаду.

В 2011 году 19 % трудящихся европейцев (8,5 % мужчин и 32 % женщин) работают на неполной ставке; в 2000 году этот показатель составлял 16 %. Чуть более 26 % тех, кто работает на неполной ставке, объясняют это тем, что не смогли найти работу с полной занятостью (36,5 % мужчин и 23 % женщин). В 2003 году отсутствие рабочего места с постоянной занятостью было причиной работы на неполной ставке лишь в 18 % случаев. По большей части работа на неполную ставку связана с заботой о детях или других лицах, находящихся на иждивении, в связи с чем возникает вопрос о частичной занятости «добровольного характера». То же исследование в шести европейских странах показало, что у молодых женщин, среди которых все больше университетских преподавателей, весьма высокие ожидания в отношении карьеры и личностного роста. Возникают сомнения, что частичный уход с рынка труда согласуется с их стремлением чего-то достичь на работе и остаться в профессии.

Сегодня с появлением новых форм организации труда фиксированное стандартное рабочее время все больше уступает место гибким часам работы, ненормированному графику (поздний вечер, раннее утро, выходные) в тех сферах деятельности, где в этом нет необходимости, как, например, в сфере здравоохранения или в секторах с непрерывным производством. В 2011 году по субботам регулярно работали 26 % опрошенных, по воскресеньям — 12 %, вечерами — 19 %, по ночам — 8 %. Согласно данным EWCS 2010 года[3], примерно у четырех европейцев из десяти (38 %) были ненормированные часы работы, варьирующиеся в зависимости от страны. В шести странах, где проводилось сопоставительное исследование SPReW, были получены следующие данные: по ненормированному графику работали 34,5 % французов, 40,5 % бельгийцев, 41 % немцев, 32 % венгров, 28 % португальцев и 37 % итальянцев. В этом случае мы также видим, что размывание четкого времени работы может вступать в конфликт с высокими ожиданиями, связанными с достижением компромисса между рабочими задачами и реализацией в семейной или личной жизни. Пары, в которых работают оба партнера, начинают по-другому определять для себя время, в течение которого они готовы работать. С другой стороны, складывается впечатление, что молодые отцы, особенно наиболее образованные мужчины, больше не готовы жертвовать личной жизнью ради работы.

С появлением новых форм организации труда постоянным явлением стали изменения, требующие адаптации и мобильности. Сегодня технологические инновации, реструктуризация и реорганизационные сдвиги в процессе труда не являются исключением, а, скорее, составляют часть рабочей повседневности. Примерно один из трех опрошенных за последние три года

---

[3] Eurofound, European Working Conditions Surveys, Vague 2010 (EWCS 2010).

сталкивался на своем рабочем месте с существенной реструктуризацией или реорганизацией: если быть точнее, 31 % по ЕС (27 стран-членов), 33 % по ЕС (15 стран членов), 35 % во Франции, 31 % в Бельгии, 31 % в Германии, 28 % в Венгрии, 30 % в Португалии и 23,5 % в Италии. В 2007–2010 годах во Франции 36 % опрошенных (как тех, кто занимается частной практикой, так и работающих по договору найма) столкнулись на своем рабочем месте с внедрением новых процессов или новых технологий. Этот показатель составляет 43 % в Бельгии, 39 % в Германии, 35 % в Венгрии, 36 % в Португалии и 28,5 % в Италии. По 27 странам — членам ЕС и по 15 странам — членам ЕС среднее значение составляло соответственно 40 % и 42 %. У сотрудников в возрасте, которые не успевают за этими постоянными трансформациями, проявляется отстраненность от работы, и в итоге они ожидаемо начинают задумываться о том, чтобы уйти с рынка [Vendramin et al. 2012]. Обобщив результаты нескольких исследований, проведенных в Европе, Европейский институт профсоюзов объясняет, какие переживания возникают у всех тех, кто столкнулся с реструктуризацией: это опасение, что придется перебиваться временными подработками, чувство беспомощности, отсутствие признания и уважения к тому, что они делают, страх потерять квалификацию [Vogel 2011].

Повышение гибкости труда не на всех сказывается одинаково [Nanteuil-Miribel, Akremi 2005; Barbier, Nadel 2000; Kalleberg 2009]: сегодня традиционные проявления неравенства накладываются на новые, связанные одновременно как со статусом занятости, так и с условиями самореализации на работе. Исследования в течение многих лет [Piore, Doeringer 1971; Atkinson, Storey 1994] фиксировали двойственную тенденцию на рынке труда: с одной стороны, его *централизацию*, с другой — *укрепление периферии*. Возможно, чересчур категорично называть тенденцию двойственной, тем не менее стоит обратить внимание на конфликт между несколькими аспектами труда. Дж. Аткинсон и Д. Стори выделяют центральное ядро, имея в виду первичный рынок труда, который в большей степени подвержен разного рода изменениям. Затем идет первый круг периферии — вторичный рынок труда, на этом этапе гибкой становится численность (работа с неполной занятостью, краткосрочные договоры, субсидированные рабочие места). Далее следует второй круг периферии, который еще больше удален от центрального ядра, сюда входят самозанятость, договоры субподряда, работа в обособленных подразделениях третьей стороны, временное привлечение персонала через кадровые агентства, аутсорсинг. Ситуация зависит от места, которое работник занимает на этой схеме рынка труда. Что касается эффектов, связанных с гибкостью труда, вероятность реализации оптимистичного или пессимистичного сценария зависит в большой степени от позиции на этой дуалистичной модели. При этом следует сделать некоторые уточнения, касающиеся отдельных профессий: самозанятый ИТ-специалист, работающий по договору субподряда, должен находиться на периферии этой схемы рынка труда, но фактически он оказывается в лучшем положении, чем пожилой рабочий со стандартными условиями работы на предприятии, переживающем не лучшие времена.

Все эти трансформации приводят к конфликтам между моделями занятости и неравномерной чувствительностью разных категорий работников к рискам и опасности скатиться на временные подработки. По большей части им подвержены те, кто находится на периферии, женщины, низкоквалифицированный персонал или представители вымирающих профессий, пожилые, молодое поколение, экспаты и те, кто по личным обстоятельствам вынужден довольствоваться временными работами. С. Погам [Paugam 2000] проанализировал все последствия этой дифференциации для профессиональной интеграции — от статуса работника до отношения к работе. В рамках дуалистичного подхода этот анализ ограничивается статусом работника и объективными условиями работы, т. е. инструментальными составляющими. Погам разбирает субъективные аспекты, связанные с условиями самореализации на работе, выделяя четыре типа интеграции: *гарантированная* интеграция, связанная с позитивным отношением к работе вообще и к конкретному рабочему месту; *трудоемкая* интеграция, предполагающая позитивное отношение к конкретной работе и негативное — к работе вообще; *неопреде-*

ленная интеграция, отмеченная негативным отношением к конкретному рабочему месту и позитивным к работе вообще; *дисквалифицирующая* интеграция, при которой и к тому и к другому отношение негативное. Затем Погам, изучая связь между уровнем интеграции и коллективными действиями, исследует причины разобщенности коллективов при слабой интеграции: уменьшая потенциал пересмотра условий труда, слабая интеграция приводит к их ухудшению и к конфликту между реальностью и повышенными ожиданиями работников в отношении занятости и самореализации. Согласно исследованию SPReW, пожилые сотрудники считают молодых индивидуалистами, в результате исчезает традиционное чувство солидарности и принадлежности к коллективу, характерное для прежнего поколения, — об этом свидетельствует снижение количества членов профсоюзов [Visser 2006; Ebbinghaus, Visser 2000], особенно среди молодежи. Эта интерпретация основана на радикальном различии в опыте трудовой деятельности: в противоположность большинству пожилых сотрудников, которые работали на крупных предприятиях, стоящих на фундаменте мощных принципов коллективизма, молодые кадры начинали свой путь на рынке труда в условиях гибкости организационных форм по временным трудовым контрактам.

Неопределенные перспективы работы

В 2010 году с реальностью нестабильной занятости сталкивались 16 % европейцев, которые, по собственному заявлению, последние шесть месяцев жили с опасением потерять работу; при этом дифференциация в зависимости от уровня квалификации была следующая: 22,5 % «синих воротничков» низкой квалификации, 18,5 % «синих воротничков» высокой квалификации, 16 % «белых воротничков» низкой квалификации, 11 % «белых воротничков» высокой квалификации. С 2005 до 2010 года средний по Европе показатель увеличился с 14 % до 16 %, причем за этой цифрой скрывается очень неоднородная ситуация. В ряде стран, например, в Германии, значения по всем группам остались достаточно стабильными, при этом в других странах резко усилилось чувство неуверенности в стабильности работы: так, в Испании этот показатель взлетел с 15 % в 2005 году до 24,5 % в 2010 году. Среди европейцев меньше всего уверенности в перспективах работы оказалось у «синих воротничков» низкой квалификации в Чехии, среди них почти каждый второй (52 %) чувствует, что может потерять работу.

На фоне отказа от стандартных условий в трудовых договорах и низких зарплат в 2000-х годах возникла проблема обеднения трудящихся [Castel 2007; Cingolani 2005; Béroud, Bouffartigue 2009]. Более широко на проблему смотрит Р. Кастель [Castel 2007], который констатирует, что наряду с работой по найму возникает новая категория работников — занятые на временных подработках, которые больше не являются исключением или временным явлением. Снижение уровня оплаты вплоть до обеднения стало важным феноменом, который приобретает все большую распространенность: есть вероятность, что эта тенденция связана со снижением численности членов профсоюзов и новой политикой на европейских рынках труда. При такой политике со стороны предложения происходит стимулирование работы с низкой квалификацией [Lohmann 2008; Andress, Lohmann 2008]. Что касается спроса, за последние десять лет произошло расширение программ профессиональной переподготовки, и одновременно все больше ужесточались критерии для получения социальной защиты — в результате получатели социальных пособий были отправлены на низкооплачиваемые работы[4]. В 2000-х годах при финансовой поддержке Фонда Рассела Сейджа была реализована серьезная программа сравнительных исследований, посвященных этой теме: целью проекта было понять, как институциональные условия влияют на стратегии предприятий в отношении низкоквалифицированных работников и/или тех, чей труд оплачивается по низкой ставке. В результате, как следует из выводов программы, при наличии продуманных экономических стратегий

---

[4] Низкий уровень оплаты труда определяется как суточная оплата, составляющая две трети от медианного размера суточной оплаты труда. См. [Handler 2004].

отсутствуют продуманные кадровых стратегии, и для оформления последних требуется институциональное регулирование. Сегодня мы наблюдаем такую ситуацию в Германии, где при выдающихся экономических результатах увеличивается число бедных среди занятого населения[5]. Исследование также показало, что различные аспекты качества самой работы и ее условий, такие как стабильность, высокий уровень оплаты, возможности повышения квалификации, хорошие условия труда и т. д., не всегда взаимосвязаны. Французские исследователи, принимавшие участие в проекте, показали в качестве примера, что во Франции во многих секторах проявляется нездоровое сочетание высоких зарплат с большими нагрузками и плохими условиями труда[6]. Исследователи, занимающиеся вопросами профессиональной переподготовки, также интересуются вопросом обеднения трудящихся. В краткосрочной перспективе необходимо понять, каким образом различия в уровне дохода могут привести к бедности или вывести из этого состояния, в долгосрочной — каким образом процесс обеднения переходит от одного поколения другому [Anxo, Erhel 2008; Pollak, Gazier 2008; Schmid, Gazier 2002].

В 2009 году в состоянии бедности при наличии работы находились 8 % трудящихся европейцев [Ponthieux 2010]. В соответствии с определением, принятым в ЕС, порог бедности соответствует 60 % медианного дохода в стране. По странам наблюдаются отличия: так в Финляндии среди занятого населения в бедности живет 4 % трудящихся, в Румынии 18 %, во Франции 7 %, в Бельгии 5 %, в Германии 7 %, в Италии 10 %, в Венгрии 6 %, в Португалии 10 %. Среди европейских трудящихся, находящихся в состоянии бедности, наибольшая доля приходится на категорию с самым низким уровнем образования: 16 % не окончила первую ступень среднего образования, при этом с высшим образованием 3,5%. Бедных также больше среди трудящихся моложе 25 лет (11 %, при том что в возрастных категориях 25–54 года и 55–64 года этот показатель составляет соответственно по 8 %),

---

[5] О слабых сторонах немецкой модели см. [Lehndorff 2011; Duval 2013].
[6] По Франции см. [Caroli, Gautié 2008].

	Мужчины, 2011	Женщины, 2011	Итого, 2011	Изм. в % по сравнению с 2000 годом
ЕС-27	9,7	9,8	9,7	+ 0,3
ЕС-15	9,7	9,8	9,7	+ 1,2
Бельгия	7,2	7,2	7,2	+ 0,6
Германия	6,3	5,7	6,0	– 2
Франция	8,8	9,7	9,3	– 1
Италия	7,7	9,7	8,5	– 2,5
Венгрия	11	11	11	+ 4,4
Португалия	13,2	13,5	13,4	+ 9,4

Табл. 2. Уровень безработицы, возрастная группа 15–64 года (%)
Источник: Евростат, Исследование рабочей силы (Enquête sur les forces de travail)

	Низкая квалификация, Isced 1–2		Средняя квалификация, Isced 3–4		Высокая квалификация, Isced 5–6	
	2011	Изм. в % по сравнению с 2000 годом	2011	Изм. в % по сравнению с 2000 годом	2011	Изм. в % по сравнению с 2000 годом
ЕС-27	16,7	+ 4,5	9,0	– 0,6	5,6	+ 0,7
ЕС-15	16,5	+ 4,9	8,5	+ 0,6	5,7	+ 0,8
Бельгия	14,1	+ 3,7	6,8	0	3,8	+ 1,1
Германия	13,3	+ 0,6	5,8	– 2,1	2,5	– 1,8
Франция	15,2	– 0,2	8,9	– 0,2	5,4	– 0,2
Италия	10,8	– 1,4	7,9	– 2,8	5,5	– 0,7
Венгрия	24,9	+ 13,3	10,6	+ 4,1	4,5	+ 3,1
Португалия	14,6	+ 10,5	13,4	+ 8,6	9,3	+ 6,5

Табл. 3. Уровень безработицы, возрастная группа 15–64 года, по уровню образования, 2011 год
Источник: Евростат, Исследование рабочей силы (Enquête sur les forces de travail)

а также среди тех, кто работает по временным договорам (13 % против 5 % среди работников с бессрочным договором).

Такая работа не обеспечивает доход, который позволяет жить выше порога бедности, в краткосрочной и среднесрочной перспективе есть риск потерять такую работу и потом больше ее не найти. В Европе с безработицей сталкивается каждый десятый. Уровень безработицы вырос с 9,4 % в 2000 году до 9,7 % в 2011, причем по странам наблюдается неравномерная динамика (Табл. 2), кроме того, больше всего росту безработицы подвержен низкоквалифицированный персонал (Табл. 3).

Если мы вернемся к исследованию, охватывавшему шесть стран с разбивкой на три поколения, то его данные по уровню безработицы демонстрируют, что независимо от страны уровень безработицы всегда выше среди молодежи (Рис. 5), особенно во Франции, Италии и Бельгии, исключение представляет собой Германия, где до 2008 года больше всего безработных приходилось на старшую возрастную группу. Сопоставление по странам также показывает изменение уровня безработицы среди молодежи под влиянием экономической конъюнктуры. По всем странам, кроме Германии, цифры демонстрируют неблагоприятное влияние экономической конъюнктуры начиная с 2008 года, которое проявляется в масштабном увеличении показателя по молодому поколению.

В 2012 году во Франции и Бельгии среди молодых людей в возрасте 25–29 лет довольно близкие показатели по безработице у мужчин и у женщин; показатель выше у мужчин в Германии и Бельгии, у женщин — в Португалии и Италии (там он достигает 20 %, при том что в среднем в этой возрастной группе у женщин уровень образования в среднем выше, чем у мужчин. См. раздел «Изменение квалификации» этой главы).

Проведенное в 2007 году исследование с участием около 1000 франкоговорящих бельгийцев младше 30 лет [Vendramin 2008] демонстрирует высокие ожидания в отношении всех аспектов труда, связанных с инструментальными, социальными возможностями, а также возможностями самовыражения. В целом они все считаются важными в работе, что указывает на высокие

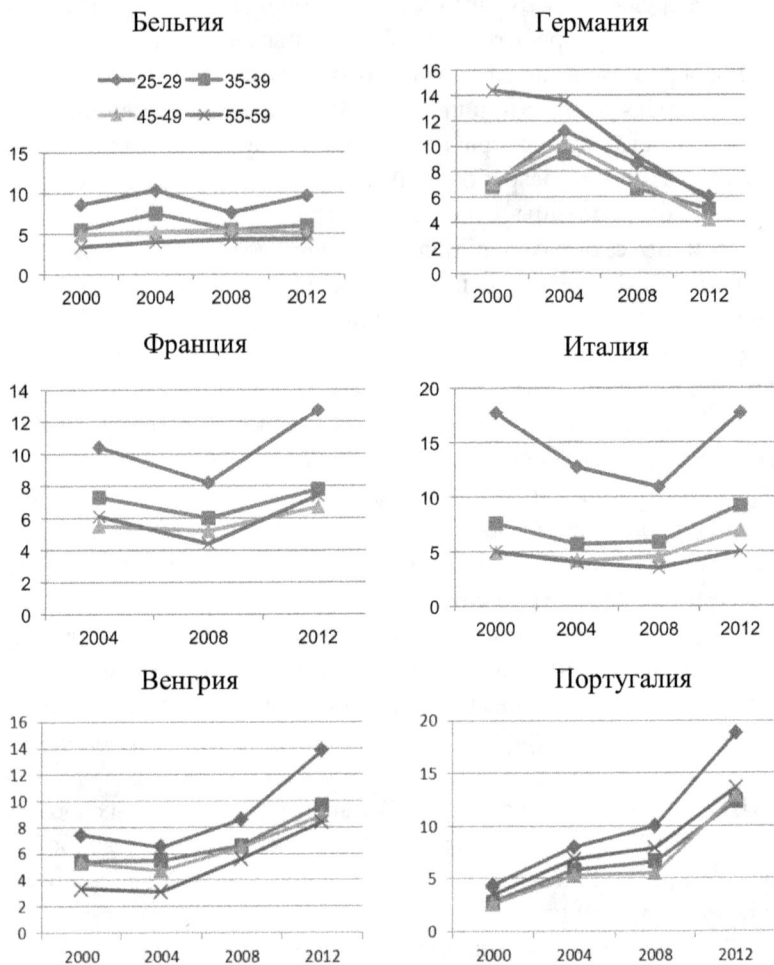

Рис. 3. Изменение уровня безработицы по возрастным группам, 2000–2012 годы (Q2)
Источник: Евростат, Исследование рабочей силы (Enquête sur les forces de travail)

	Мужчины	Женщины	Разница
Бельгия	9,7	9,4	– 0,3
Германия	6,4	5,4	– 1
Франция	12,5	12,9	+ 0,4
Италия	16,2	19,6	+ 3,4
Венгрия	14,8	12,6	– 2,2
Португалия	17,8	19,9	+ 2,1

Табл. 4. Уровень безработицы, возрастная группа 25–29 лет, мужчины и женщины, 2012 год (Q2)
Источник: Евростат, Исследование рабочей силы (Enquête sur les forces de travail)

ожидания в отношении к ней в целом; однако разочарование может быть пропорциональным их масштабу. На материале исследования также интересно отметить, что опыт безработицы не изменяет ожиданий в отношении работы, все ее аспекты сохраняют свою значимость — тем существеннее фрустрация, которую испытывают разочаровавшиеся молодые люди, которым не удается найти свое место в сфере трудовой деятельности.

Неравенство и незащищенность в совокупности со сложностями — вернее, неспособностью регулировать гибкость в трудовой сфере коллективными силами — привели в 2000-х к публичному обсуждению политического проекта, сформулированного как концепция «гибкой защищенности». Его целью было обеспечить гипотетически оптимальное сочетание гарантий занятости и гибкости рынка труда. В 2007 году Европейская комиссия опубликовала документ «На пути к общим принципам обеспечения гибкой защищенности: сочетание гибкости и защиты для увеличения числа рабочих мест и улучшения их качества»[7], в рамках которого концепция «гибкой защищенности» определялась как «интегрированная стратегия по одновременному повышению гибкости и улучшению защищенности на рынке

---

[7] Commission européenne. Vers des principes communs de flexicurité. COM (2007) 359 final, 27 juin 2007.

труда». Таким образом, концепция представлялась как поистине универсальное средство для снятия всех противоречий в трудовой сфере [Barbier 2007; Serrano Pascual 2008], которое бы учитывало специфику и традиции каждой из стран — членов ЕС (предусматривалась возможность национальных подходов к «гибкой защищенности», адаптируемой к региональной специфике рынка труда). Концепция искусным образом приспосабливала традиционные рекомендации ОЭСР по снижению мер защиты занятости, применяя к ним фильтры северных «моделей» [Méda 2009], однако по сути она оставалась политическим слоганом [Bevort et al. 2006; Serrano Pascual 2012], за которым скрывалось отставание мер защиты труда от растущей гибкости этой сферы [Keune, Jepsen 2007; Bonvin, Vielle 2009; Méda 2011; Méda 2012].

В итоге высоким ожиданиям в отношении работы (в особенности у тех, кто оказался на периферии рынка труда) противопоставлено растущее давление на экономическую безопасность со стороны гибкости и новых форм организации трудовой деятельности, а также ухудшение качества условий работы; в результате для самореализации остается мало возможностей, особенно в долгосрочной перспективе.

Индивидуализация отношений между работодателем и трудящимся и внимание к субъективному подходу

Если считать, что новые формы организации рабочей деятельности привели к ослаблению и расколу сферы труда, то нужно признать, что они также сыграли важную роль в том, чтобы снова поставить на центральное место человека. Индивид отныне перестает выполнять неосмысленную функцию, сбрасывает маску анонимности и, рискуя проявить свои слабые стороны, выступает из коллектива на передний план; индивидуальность признается и даже поощряется. Управление кадровыми ресурсами больше не сводится только к администрированию и становится ключевой функцией на предприятиях, сближаясь с управляющими комитетами и ставя целью построить систему стратегического управления человеческим капиталом. Менеджмент наконец осознает, что для работников труд — это не только средство удовлетворения своих потребностей, но и мощный социальный ресурс и возможность самовыражения: все больше значения придается ожиданиям, связанным с личностным развитием, признанием и наличием смысла в выполняемой работе.

Начиная с 1990-х годов менеджмент предлагает концепцию работы, которая, как кажется, освобождает человека [Boltanski, Chiapello 1999][8]: эта работа предусматривает широкое применение знаний и коммуникативных навыков, предлагает большие возможности для проявления самостоятельности, действий в команде, творческого подхода, большей ответственности — но для человека такая модель часто оказывается ловушкой. Часто возможность принятия самостоятельных решений и ответственность приводят к повышенной нагрузке и самоэксплуатации. Все заметнее размывается понятие рабочего времени, все сложнее становится его измерить. Увеличивается профессиональная ответственность. Контроль никуда не исчез, просто принял другие формы, помимо иерархической. Когда говорят о самоконтроле работников, следует понимать, что одновременно контролируются выполнение ими рабочих задач, показатели удовлетворенности клиентов и все параметры, внедренные посредством информационных технологий. Наконец, новые формы организации труда не только не избавили от трудовых тягот, но и способствовали их перераспределению [Askenazy 2004; Lallement et al. 2011]: друг на друга накладываются физические и психологические нагрузки, связанные с повышением интенсивности труда, постоянными изменениями в его процессе, высокой срочностью и незащищенностью рабочих мест. Рост случаев самоубийств на рабочем месте, характерный не только для Франции, однозначно является наиболее наглядным, вопиющим доказательством этих тягот.

---

[8] См. также статьи и работы по модели индивидуальных предпринимателей или самозанятости [Aubrey 1996; Bridges 1995] и т. д.

Несдержанные обещания самореализации

Проводя сопоставительный анализ документации отделов менеджмента в 1960-х и в 1990-х годах, Л. Болтански и Э. Чиапелло [Boltanski, Chiapello 1999] скрупулезно изучают, когда происходят переломные моменты в изменении подходов к управлению человеческими ресурсами. Из общей массы инновационных решений менеджмента, относящихся к 1990-м годам, исследователи выделяют несколько ключевых идей, которые в сжатом виде иллюстрирует следующее высказывание: «Слабые предприятия в связке с многочисленными посредниками, организация труда в коллективах или в проектных командах с ориентацией на удовлетворение клиента и общая мобилизация персонала на основе стратегии их лидеров» [Boltanski, Chiapello 1999: 115].

Мы видим критику иерархии — характерной для бюрократии формы координации, которая основана на доминировании и не приспосабливается к современным сетевым предприятиям. Повышение уровня квалификации в целом, неудовлетворенность руководящим составом и отказ от отношений доминирования частично объясняют, почему иерархическая форма организации стала уходить в прошлое. Взамен приходит организационная модель без иерархии — гибкая, инновационная, в высшей степени основанная на индивидуальных компетенциях. От отношений доминирования освобождается не только руководство, но и весь персонал. Работа групп на производстве регулируется за счет самоорганизации, направляющую функцию выполняют руководители-визионеры, стратегия которых, основанная на неприменении силы, обеспечивает всеобщую вовлеченность и придает смысл задачам, выполняемым каждым работником, давая ему возможность для самореализации, высвобождения творческого духа и проявления своих компетенций.

На материале ранее проведенных исследований в секторе информационно-коммуникационных технологий[9] мы изучили

---

[9] WWW-ICT (Widening Women's Work in ICT) — европейское исследование по семи странам, реализованное по программе «Information Society Technologies» в рамках пятой рамочной программы по науке и исследованиям

конфликт между новыми формами организации труда с точки зрения управления и работниками — в среднем довольно молодыми людьми с хорошей квалификацией, для которых типичен этос труда с ориентацией на самореализацию. Для этих молодых людей было характерно незначительное дистанцирование от компании, где они работали, представление о труде как об источнике удовольствия и личностного развития, отход властных отношений на второй план и их экстернализация, зависимость круга общения от текущего проекта. Суженный круг общения и важность отношений с теми коллегами, с которыми в повседневности происходит больше всего общения, также отмечались в исследовании SPReW.

Присутствие власти не очень заметно в компаниях ИТ-сектора в связи с небольшим количеством уровней иерархии и удаленностью от центров, где действительно принимаются решения; однако прежде всего причина этого коренится в модели функционирования таких компаний, построенной на самостоятельном принятии работниками многих решений и взятии большей ответственности. Также ограничительная функция и контроль перенесены на клиента и рынок; возможности для связи с непосредственным руководством и обсуждения открыты; принята форма общения на «ты», и взаимодействие часто выходит за рамки исключительно профессионального. Наличие связи между начальством и подчиненными является в ИТ-компаниях частью более общей политики по обеспечению качества социальных связей: новые организационные формы уделяют большое внимание открытости общения, сходству в образе мышления (в отличие от бюрократического формализма). Значение коммуникации связано с логикой обмена информацией. Отлаженное сотрудничество становится залогом успешной реализации проектов; общение, выходящее за пределы профессиональных тем, в действительности институционализировано и заходит на террито-

---

в ЕС (2003–2004), и МéTIC (Métiers des TIC) — исследование в франкоговорящей части Бельгии по поручению Европейского социального фонда и регионального Министерства труда и образования (2002–2004).

рию частной жизни, приводя к смешению профессиональных и дружеских связей.

При новых формах организации труда самостоятельное принятие решений также стало ответом на критику крупных бюрократических организаций, отличающихся высокой степенью регулированности и контроля. Эту новую самостоятельность дополняют постановка индивидуальных целей, индивидуальная оценка, индивидуализированные формы мотивации и новые способы прямого участия в деятельности компаний. Самостоятельность в принятии решений была необходима для гибких предприятий, связанных с инновациями и креативными процессами: такое предприятие ожидает, что каждый сотрудник будет вкладывать в свой труд все свои компетенции, в свою очередь она обязуется помогать ему в развитии этих компетенций и знаний. Тем временем технологии взяли на себя выполнение всех рутинных операций, отвлекающих ресурсы, и мы наблюдаем расширение пространства, открытого для интеллекта и самореализации.

Во всех исследованиях, проводимых в ИТ-секторе ([Vendramin 2004], WWW-ICT, MéTIC), который поистине можно считать лабораторией новых форм организации труда, интервью продемонстрировали стремление респондентов к личностному развитию, что также соответствовало данным исследования SPReW. Работа больше не рассматривается исключительно как средство удовлетворения потребностей и/или как инвестиция, которая в более или менее ближайшем будущем себя окупит. Она должна приносить удовольствие, учить новому, предлагать новые знакомства, обеспечивать возможности дальнейшего развития. Важное место в работе уделяется креативности. Получается, что отныне речь идет не о карьере в традиционном представлении (с переходом от одной ступени или функции к другой), а о более размытой и одновременно более цельной потребности в том, чтобы существовать как личность в сфере труда, которая в свою очередь теперь управляет не рабочей силой, а людьми, компетенциями, личностями непосредственно в момент. Эта модель мало ориентирована на будущее — в ней все совершается в настоящем. На своем уровне каждый сотрудник непосредственно сейчас хочет получить признание как личность, хочет, чтобы принимались во внимание его личная ценность и вклад в общие цели. На первый взгляд выражение этого желания кажется спонтанным проявлением индивидуальности — однако на деле оно отражает социальную норму, устанавливающую и обуславливающую определенные конвенциональные рамки на работе. Стремление к получению удовольствия и самореализации на работе находит положительный отклик у предприятий, которым более не нужно учитывать долгосрочную перспективу; оно также идет рука об руку с риском вложить в работу больше ресурсов, чем нужно, и подспудной эксплуатацией. Между вложением профессиональных ресурсов из личного интереса и перенапряжением, возведенным в норму, проходит тонкая грань. В ходе интервью вновь и вновь поднимался вопрос «В какой момент все это (то есть ненормированная работа) остановится?». Участники интервью отвечали на него следующее: «У меня складывается ощущение, что я не могу сойти с поезда, а если сойду, то не смогу потом снова двинуться в путь» [Vendramin 2005].

Считается, что новые формы организации труда очень эффективны, дают возможности для развития, создают радушную и творческую атмосферу, обеспечивают высокий доход. Предприятия, которые соответствуют этому описанию, действительно встречаются, но в большинстве случаев реальность часто выглядит по-другому и заставляет внести некоторые серьезные уточнения в эту идеализированную картину. В контексте эволюции труда сложилось еще одна представление, в соответствии с которым самостоятельный труд или труд в коллективе является гарантией качества условий работы и возможности личной самореализации. Действительно, по умолчанию логично предположить, что организовывать свой труд с определенной степенью свободы, иметь возможность осмысленно выполнять свои обязанности и проявлять инициативу, вместе с коллегами работать над общей целью, — лучше, чем действовать строго по инструкции, под строгим контролем, без какого-либо пространства для личного или коллективного творческого подхода. В любом случае было установлено, что и работа в коллективе, и самостоятельная деятельность могут быть источником стресса, соперничества и самоэксплуатации. В противовес или в дополнение к приобретенной самостоятельности сегодня существует самостоятельность «сдержанная», «контролируемая» [Appay 2005], «организованная» [Terssac 2012].

В ряде работ, включая исследования Дублинского фонда[10], показано, что давление со стороны коллектива может быть даже сильнее, чем давление со стороны руководства, и что пространство для маневров в пределах коллектива может быть относительно ограничено. В 1996 году исследование, проведенное этим фондом[11], установило, что у коллективов мало полномочий для принятия решений; этот результат подтвердился при проведении опроса EWCS[12] в 2010 году. Тот же фонд провел расчет индекса, описывающего возможность принятия самостоятельных решений рабочими коллективами[13], в результате оказалось, что 22 % трудящихся (работающих как по договору найма, так и на фрилансе) располагают бо́льшим пространством для самостоятельных решений, 36 % могут лишь в определенной степени проявлять самостоятельность при принятии решений, уровень самостоятельности 42 % можно назвать низким.

Исследования по новым формам организации труда в ИТ-секторе также показывает, что в рамках этой отрасли деятельность редко ведется в одиночку, потому что в силу различных причин ключевая часть работы по разработке ПО и оказанию интернет-услуг организована в рамках проекта или проектной команды. Настоящий повод для общения и социального взаимодействия внутри этой сферы заключается в выполнении проекта, задания

[10] Eurofound. Dix ans de conditions de travail dans l'Union européenne. EF/00/128/FR, 2001.

[11] Epoc, Useful but Unused: Group Work in Europe. Findings from the European Survey, SX-21–99–408-EN-C, 1996.

[12] Eurofound. EWCS 2010.

[13] Индекс рассчитывается по степени свободы внутри коллектива в распределении задач и исходя из возможности назначения руководителя коллектива.

или задачи. Сотрудничество вменяется в обязанность по умолчанию, и стать частью хорошего коллектива — это важный и ценный опыт. Работники ценят открытость при сотрудничестве, что также обеспечивает взаимную поддержку, способствующую личностному развитию. Однако работа над проектом в рамках группы предполагает также высокую степень мобилизации отдельных ее членов и вызывает столкновение интересов [Vendramin 2004; Cihuelo 2005].

Работники все чаще оказываются в противоречивых с профессиональной точки зрения ситуациях [Gaulejac 2005; Aubert, Gaulejac 1991; Linhart 2008; Dujarier 2006]: когда, с одной стороны, повышается самостоятельность их действий, а с другой — снижается их собственный контроль над работой и жизнью. Во многих направлениях предполагается больше самостоятельности в выполнении работы, при этом на уровне постановки целей гайки закручиваются — соответственно, контроль над уровнем нагрузки и временем работы теряется, а ответственность в случае неудачи становится личной [Gaulejac 2011]. Кто решается выйти на совещание по оценке годовых результатов, не имея личного профессионального проекта? В таком поступке непременно увидели бы проявление пассивности, отставание от духа перемен.

Все чаще в работу человек вкладывает слишком много сил, что связано со старанием получить положительную оценку, профессионально развиваться, а также со страхом показаться отстающим, слабым звеном, не вовлеченным в свою работу. В действительности самостоятельная работа контролируется теперь не по времени, а по результатам и, если быть точнее, по способности достигать целей и установленных показателей в соответствии с новыми представлениями руководства об их параметрах. Возникает проблема пропорциональности нагрузки и в более широком смысле определения и роли «времени работы». Время работы становится все более размытым, и его все сложнее оценить. Оно включает не только время присутствия на рабочем месте, но подразумевает и более широкие временные интервалы, когда сотрудник находится на связи, учащающиеся поездки, выполнение задач вместе с заказчиками или из дома, более гибкий график.

Средства коммуникации позволяют установить прямую и в конечном счете постоянную связь между работником и компанией. Проблема нагрузки и измерения времени работы отныне касается не только руководящего состава, она потенциально относится к персоналу всех уровней квалификации. Согласно отчету Дублинского фонда 2010 года[14], 16 % европейцев по меньшей мере раз в неделю по служебной необходимости работают в свободное время, причем этот процент сильно зависит от профессиональной сферы. Среди «белых воротничков» высокой квалификации 31 % жертвует своим свободным временем как минимум раз в неделю ради решения рабочих задач (34 % во Франции, 38 % в Германии, 33 % в Бельгии, 29 % в Венгрии, 24 % в Португалии). С развитием неформализованной (т. е. без отдельного соглашения между работодателем и компанией) работы в удаленном формате, время, уделяемое ей, часто увеличивается; удаленная работа по большей части из дома не заменяет или редко заменяет офисную и чаще всего выполняется в дополнение к ней [Taskin, Vendramin 2004].

Также руководство ожидает от работников, что, помимо времени, те будут вкладывать в работу все свои ресурсы, в том числе личные, использовать не только технические компетенции, но и творческий подход, проявлять дружескую поддержку, эмоциональный интеллект и т. д. Тем не менее нет гарантий того, что такую принципиальность оценят по достоинству и вознаградят пропорционально вложению ресурсов. П. Вельтц [Veltz 2001] видел в современном управлении «искусство вменять субъективные качества в обязанность», что в итоге создает чрезвычайно высокий риск незащищенности индивида. Даниэль Линар пишет по этому поводу, что незнание объективных критериев оценивания рабочих задач ведет к тому, что те вовсе перестают влиять на оценку результатов: «при оценке результатов начинают оценивать личность, что приводит к ненормированному вложению собственных ресурсов отдельными работниками, особенно теми, что занимают руководящие должности» [Linhart 2008].

---

[14] Eurofound. EWCS 2010.

Что касается контроля, он хотя и принял формы, отличающиеся от иерархического подчинения, но не исчез совсем. К самоконтролю добавился контроль на основе целевых показателей, индексов удовлетворения клиентов, матриц количественных и качественных индикаторов, которые обеспечивают информационные технологии [Vendramin 2006]. Работников контролируют и оценивают, заставляя вступать в соперничество, как личное, так и между подразделениями, и избавляются в результате от тех, кто показывает самые низкие результаты: «Кому-то новые формы организации труда позволяют заметно самосовершенствоваться и повышать свою ценность, при этом они также практически неизбежно приводят к социальной дисквалификации тех, кто хуже всего справляется с этими вызовами» [Paugam 2000: 26].

В условиях растущей конкуренции все работники оказываются чрезвычайно зависимыми от признания результатов их труда и компетенций коллегами и руководством, ведь на кону стоит их положение в компании и, если мыслить более общими понятиями, на рынке труда вообще. Согласно исследованию SPReW, потребность в признании является важной ценностью для всех возрастных групп трудящихся, в особенности для самых молодых, которые чувствуют, что их недооценивают, несмотря на более высокий средний уровень квалификации, и для самых старых, которые понимают, что их опыт теряет свою актуальность.

Рост психосоциальных рисков

Вместе с эволюцией технологий исчезли многочисленные физические тяготы, связанные с работой, а новые формы организации труда создали новые условия, благоприятные для личной самореализации. Тем не менее эти факторы также стали почвой для новых проблем. Стресс, выгорание, различные проблемы со здоровьем, самоубийства — все это является проявлением трудностей, приобретающих повышенное значение в сфере труда.

Вопрос психосоциальных проблем поднимался уже в первых работах, посвященных стрессу и выгоранию. В любом случае в 1970–1990-х годах к исследованию этих феноменов подходят преимущественно с точки зрения психологии и индивидуального подхода: реализованные стратегии якобы должны дать работникам средства самопознания, чтобы они могли взять под контроль стрессовые ситуации. Так, медперсонал учат держать дистанцию при виде страданий больных; руководящий состав тренируют и учат не перерабатывать. Эти первые подходы и объяснения не придают большого значения организационным и коллективным аспектам; в равной степени профилактические стратегии в основном индивидуализированы. В конце 1970-х годов Р. Карасек отмечает поворотный момент, когда при анализе влияния на здоровье стресса, испытанного на работе, стали учитывать организационные особенности работы [Karasek 1979]. В своей знаменитой типологии он описывает различные ситуации в рабочей деятельности: от недостатка возможностей принятия самостоятельных решений, с одной стороны, до постановки слишком сложных задач и перегрузки — с другой. Самые тяжелые ситуации — это ограниченные возможности для принятия самостоятельных решений в сочетании с повышенной и сложной нагрузкой. Позже вместе со своим коллегой Т. Теореллом Карасек предложил при анализе учитывать позитивную роль социальной поддержки (со стороны коллег, руководства) в снижении влияния стресса на здоровье [Karasek, Theorell 1990]. Установлено, что поддержка со стороны коллектива и социальные контакты положительно влияют на способность переносить сложные ситуации. Впоследствии в других работах отмечались неравенство возможностей противостоять стрессу у представителей рабочих профессий и руководящего состава и необходимость выработки организационного подхода для снижения негативных эффектов. Отказ от сугубо медицинского индивидуализированного подхода позволил сместить акцент на факторы, связанные с коллективом и организационными особенностями [Loriol 2012], в т. ч. повышение интенсивности работы, соперничество между сотрудниками, эмоциональную нагрузку, потерю ощущения смысла в работе, постоянную внешнюю оценку, сложный ритм организационных и технологических изменений, учет субъективных факторов, возникновение трудностей в личной жизни, конфликт ценностей [Buscatto et al. 2008; Loriol 2011].

В рамках исследований Дублинского фонда по условиям труда в Европе[15] выделяется ряд индикаторов, позволяющих учитывать одновременное преобладание определенных симптомов, в т. ч. нарушения сна, общую усталость, тревожность, стресс, и связать их с характеристиками, относящимися к организационной или профессиональной специфике. Согласно исследованию 2010 года, чуть более 35 % европейцев за последние 12 месяцев, предшествующие опросу, страдали от общей усталости, 18 % — от бессонницы и нарушений сна, 8,5 % — от депрессии и тревожности. Женщины в большей степени, чем мужчины, оказались подвержены общей усталости (39 % против 32 %), бессоннице и нарушениям сна (21 % против 16 %). Значительная часть европейцев также отметила стресс, который испытывает на работе: 10 % опрошенных ответили, что испытывают его «всегда», 17 % «большую часть времени», 40,5 % «иногда», чуть более 18 % «редко» и 15 % никогда. Таким образом, чаще чем в одном случае из четырех работник регулярно подвергается стрессу на работе. Уровень стресса разнится в зависимости от профессии. Чаще всего от стресса страдают управленцы (36 %), однако он также характерен для специалистов высшей квалификации и преподавателей[16] (30 %), операторов промышленного оборудования и рабочих на конвейерной сборке (30 %), технического персонала в сервисных компаниях и на производстве, а также ассистентов[17] (29 %).

---

[15] Eurofound. EWCS 2010.

[16] Эта категория включает специалистов по следующим направлениям: проектирование и инжиниринг, архитектура, исследования, управление, маркетинг, ИТ, юридические услуги, социальные науки, культура, СМИ, искусство, медицина, сестринское дело, фармацевтика, стоматология, парамедицина, преподавание на всех ступенях, в том числе в учреждениях дошкольного образования.

[17] Эта категория включает технических специалистов по отчетности, финансам, недвижимости, коммерческим услугам, персональных ассистентов, социальных работников, таможенных, налоговых и полицейских инспекторов, работников спортивной сферы, сферы искусства и досуга, технических работников на производстве, в лабораториях, на транспорте, контролеров, технических специалистов в ИТ и СМИ, технических специалистов и ассистентов в медицинской сфере и парамедицине, средний медицинский персонал и акушерок, работников сферы здравоохранения, инспекторов.

Различия между странами могут оказаться важными; по Франции самые высокие показатели по всем трем симптомам (депрессия или тревожность, общая усталость и бессонница или нарушения сна). В Бельгии, Германии и Италии достаточно близкие результаты, а Венгрию и Португалию отличает повышенная общая тревожность, хотя она все равно ниже, чем во Франции. Что касается постоянного стресса на работе, то согласно данным, полученным в шести странах, участвовавших в исследовании, самый низкий показатель в Германии (12 %), самый высокий в Венгрии (40,5 %). По четырем остальным странам показатель варьируется от 26 % до 28 %.

Это исследование[18] наглядно показывает, что одним из основных факторов стресса является недостаток времени на выполнение работы: 57 % европейцев, которые заявили, что у них «никогда нет» нужного на выполнение их работы времени или оно есть, но «редко», также отметили, что регулярно испытывают стресс на работе; это значение среди тех, у кого достаточно времени на выполнение работы, составляет 20 %. Постоянный стресс также чаще испытывали те работники, которые за последние три года, предшествующие опросу, сталкивались с существенными реорганизационными изменениями или реструктуризацией. Аналогичная тенденция наблюдается и у тех, кто недавно столкнулся с внедрением новых процедур или технологий, а также тех, что не уверен в стабильности своей работы. Те, кто указал, что в последние шесть месяцев сталкивался с рисками потерять работу, чаще остальных фиксировали стресс.

Индивидуальные случаи объясняются не только спецификой работы, однако многочисленные эмпирические факты, установленные в рамках исследований по различным научным дисциплинам, демонстрируют сильную корреляцию между профессией и различной выраженностью физических и психических проблем.

Конфликт между новыми формами организации труда и личными ожиданиями, предъявляемыми к работе, также привел

---

[18] Eurofound. EWCS 2010.

к появлению нового концепта «страдания на работе», который в 1980-х годах популяризировал К. Дежур [Dejours 1980]. Страдание не стресс, это более общее понятие, обозначающее выражение чувства неприятия по отношению к работе, проявление аффекта [Molinier 2011; Molinier 2009; Gollac 2011]. Страдание — это неспособность выполнить задачу, уверенность в последующей неудаче, несмотря на мобилизацию всех имеющихся ресурсов. Эта неспособность может быть связана с личными ограничениями или условиями работы, мешающими работать «хорошо» или лишающими удовольствия от хорошо сделанной работы. И. Клот пишет о том, что такая работа — это деятельность «с преодолением или предотвращением препятствий», незавершенная или непризнанная, захватывающая мысли во внерабочее время [Clot 2008][19]. Абсолютное страдание приводит даже к самоубийству. С середины 1990-х годов в прессе время от времени возникала дискуссия о связи самоубийств и работы на фоне трагических событий на определенном предприятии («Renault», «France Telecom») или в определенном секторе (полиция). Постановка вопроса об этой связи прямо ведет к вопросу об ответственности [Périlleux, Cultiaux 2009; Barlet, Marichalar 2012].

Анализируя связь между гибкостью, обеднением и здоровьем работников, А. Тебо-Мони привлекала внимание к той цене, в которую всем обходятся новые формы организации труда:

> Во имя производительности предприятия получили легитимное право на управление человеческими ресурсами, заключающееся в том, чтобы заставлять мужчин и женщин работать на пределе своих физических и психических возможностей, выбирать работников с хорошим здоровьем, снимать с себя ответственность за последствия такого способа управления в том, что касается безработицы и зарплаты, а также ответственности за здоровье и материальное состояние тех, кто стал нетрудоспособным из-за получения увечья на работе [Thébaud-Mony 2001: 21].

---

[19] См. также интервью И. Клота и К. Дежура в журнале: Sciences humaines. 2012. № 242. Ноябрь.

Изменения квалификации

Глубокие изменения затронули не только способ организации труда и роль работника в организации, но и природу выполняемой работы и необходимые для этого навыки [Reynaud 2001; Vendramin, Valenduc 2000]. За последние двадцать лет характер квалификации стал более индивидуализированным, большее значение стало придаваться социальной компетенции. Эти перемены ставят под вопрос отношение полученного опыта работы и его статуса к знаниям, приобретенным в рамках образования, — на эту тему в рамках интервью много говорили участники исследования SPReW в шести странах.

Вопросы к квалификации

В недавнем прошлом профессиональная квалификация связывалась со способностью выполнять операций в рамках ручного или интеллектуального труда. В описании квалификации, о какой бы профессии ни шла речь (электрик, бухгалтер, слесарь, машинистка и т. д.), часто подробно расписывались операционные задачи. Таким образом, речь шла о профессиях, а не о позициях. Квалификация также на глубоком уровне связана с классификацией должностей, нацеленной на определение иерархии между работниками [Alaluf 1986; Tallard 2004]. Возникла новая тенденция, связанная с тем, что сфера труда, в которой существует большая часть работников и рабочих, оказалась под влиянием информационных технологий. Постепенно понятие квалификации сдвинулось с операционных задач в сторону большей абстракции; теперь оно связано с обработкой абстрактной информации (коды, сигналы, процедуры), способностью анализировать сложные ситуации и управлять ими, коммуникационными навыками. Постепенно происходит отказ от понятия «профессия» в пользу понятия «место работы», которое в свою очередь постепенно заменяется понятием «функция». Изменения затрагивают не только семантику понятия, но и на глубинном уровне — способ определения и оценки знаний и навыков, требуемых на рабочем месте [Vendramin, Valenduc 2006; Zarifian 1999; Zarifian 2005].

Эта тенденция получила широкое распространение благодаря техническому прогрессу [Vendramin, Valenduc 2006], позволившему автоматизировать большую часть задач, материальных по своей сути и носящих операционный характер: производство, сборка, контроль, кодировка, расчет, заверка. Информационно-коммуникационные технологии сейчас распространяются и на те операции нематериального характера, к которым сводится участие человека в производственном процессе: реакция, интерпретация, оценка, коммуникация, планирование, принятие решений и т. д. Сегодня работа по специальности все больше соотносится с нематериальной составляющей профессиональной квалификации: абстрактным мышлением, оперативным реагированием на происходящие события, проведением диагностики и управлением в ситуациях неопределенности, способностью к коммуникации с помощью технологических средств. Понятие компетенции внедрилось на предприятия только ближе к середине 1980-х годов [Vendramin, Valenduc 2006]. Прежде всего речь идет о «модели управления кадровыми ресурсами»: она переходит с оценки операций ручного труда на основе физических данных и способностей (сноровка, скорость выполнения) на оценку, основанную на «интеллектуальном подходе». Например, в административной работе организаторские способности, умение принимать самостоятельные решения, устанавливать связи оказываются гораздо важнее, чем скорость кодировки или скорость печати.

Это изменение также отражает стремление отойти от жесткого подхода к условиям труда, в соответствии с которым каждая профессиональная группа рассматривается как однородная в социальном плане. По этой логике жесткий подход к условиям труда оставляет слишком мало места для гибкости, способности к приспособлению и применению интеллектуальных ресурсов и частной инициативы. Конкретные формы, в которых проявляется это изменение в управлении человеческими ресурсами, заключаются в нововведениях в области найма, новых требованиях внутренней мобильности, новых мероприятиях, переносе фокуса внимания на зоны ответственности работников и пересмотр систем классификации должностей [Vendramin, Valenduc 2006; Moulier-Boutang 2007]. Новый подход также кардинально пересматривает роль стажа работы в построении карьеры — в этой связи тем более важное значение приобретает вопрос о признании личных компетенций. Исследование SPReW на материале шести стран показывает, что указанные аспекты могут лежать в основе противоречий между поколениями, когда одна возрастная группа (старшая) чувствует, что ее достижения не признаются, а квалификации недостаточно, и возлагает ответственность за это на другую группу (младшую), чьи формальные знания, полученные в рамках системы образования, получают более высокую оценку и больше признания.

Эти метаморфозы сочетаются с существенным ростом «образовательного капитала», носителем которого является молодое поколение. В Европе значительно увеличивается количество молодых людей с высшим образованием, а процент специалистов, его не имеющих, от поколения к поколению неуклонно снижается (Табл. 5 и 6).

Уровень образования также оказывается выше не у юношей, а у девушек — в большинстве стран именно последние значительно чаще получают диплом о высшем образовании (Табл. 7). В то же время данные по безработице и нестандартным формам занятости показывают сохранение негативной для женщин тенденции, причем неизменной в большей части стран. Сложившаяся ситуация идет вразрез с ожиданиями выпускниц вузов, участвовавших в интервью в рамках исследования: девушки многого ждут от работы, и свою жизнь они представляют себе таким образом, чтобы одновременно заниматься семьей или личной жизнью и строить карьеру.

В целом в том, что касается образования, мы переживаем исторический момент, когда у молодого поколения уровень образования значительно выше, чем у предшествующих. Однако это преимущество не помогло им занять более высокую ступень на социальной лестнице и получить более высокую оценку на рынке труда, как в случае с предшествующими поколениями.

	Низкая квалификация, Isced 1–2		Средняя квалификация, Isced 3–4		Высокая квалификация, Isced 5–6	
	2011	Изм. в % по сравнению с 2000 годом	2011	Изм. в % по сравнению с 2000 годом	2011	Изм. в % по сравнению с 2000 годом
ЕС-27	18,4	– 5,7	47,7	– 5	33,8	+ 10,6
ЕС-15	20	– 6,8	45,4	– 1,2	33,8	+ 7,9
Бельгия	17,9	– 1,9	39,8	– 2,7	42,4	+ 4,7
Германия	13,1	– 3,20	62,2	– 3,5	24,7	+ 6,7
Франция	16,7	– 4,4	40,6	– 2,8	42,7	+ 7,2
Италия	25,8	– 10,9	52,4	– 1,6	21,8	+ 12,6
Венгрия	12,6	– 6,5	59,2	– 7,6	28,1	+ 14
Португалия	39,7	– 22,2	32,4	+ 9	27,9	+ 13,2

Табл. 5. Изменение уровня образования, возрастная группа 25–29 лет, с 2000 по 2011 год (%)
Источник: Евростат, Исследование рабочей силы (Enquête sur les forces de travail)

	45–64 года	25–34 года	Перевес в % в пользу молодого поколения
ЕС-27	21,7	34,2	+ 12,5
ЕС-15	23,3	35	+ 11,7
Бельгия	28,5	42,5	+ 14
Германия	26,9	27,7	+ 0,8
Франция	20,6	43	+ 22,4
Италия	11,2	21	+ 9,8
Венгрия	17,1	28,1	+ 11
Португалия	11,2	26,9	+ 15,7

Табл. 6. Доля лиц с высшим образованием (Isced 5–6), 2011 год (%)
Источник: Евростат, Исследование рабочей силы (Enquête sur les forces de travail)

	Женщины	Мужчины	Перевес в % в пользу женщин
ЕС-27	39	28,8	+ 10,2
ЕС-15	38,3	29,5	+ 8,8
Бельгия	48,8	35,9	+ 12,9
Германия	27,9	21,6	+ 6,3
Франция	46,9	38,3	+ 8,6
Италия	26,6	17	+ 9,6
Венгрия	34,8	21,7	+ 13
Португалия	34,6	21,4	+ 13,2

Табл. 7. Доля лиц с высшим образованием (Isced 5–6), возрастная группа 25–29 лет, 2011 год (%)
Источник: Евростат, Исследование рабочей силы (Enquête sur les forces de travail)

Увеличение количества выпускников вузов и среднего уровня образования параллельно с изменениями, затронувшими понятие квалификации, способствовали появлению нового подхода к определению, оценке и признанию «профессиональных качеств» — подхода на основе компетенций. Квалификация уступает место компетенциям, и таким образом фокус внимания смещается на человека [Paradeise, Lichtenberger 2001; Lallement 2007; Rose 2004; Rose 2012]. Следует дать несколько уточнений по поводу различия между квалификацией и компетенцией [Lichtenberger 1997]. Квалификация обычно определяется местом работы. Будучи процессом, при котором работодатель признает и вознаграждает достижения работника, квалификация является частью так называемых «договорных отношений» между работодателем и работником, при этом она не ограничивается этим аспектом. Квалификация зависит одновременно от технологических особенностей, коллективных трудовых отношений, постановки задач и управления кадровыми ресурсами. Чем более высокие или широкие компетенции требуются от работника, тем более квалифицированной можно считать ту работу, которую он выполняет.

Компетенция не определяется местом работы — это понятие применимо только к людям. Компетенции связаны с образованием и опытом работников, а также с их личными качествами. Несмотря на несомненно личный характер таких параметров, как образование, опыт и способности, их также можно считать характеристиками коллектива, поскольку на них строится работа в команде, сотрудничество и взаимодействие. Исследование SPReW показало, что на профессиональное развитие молодых специалистов может благотворно влиять качество отношений с их более опытными старшими товарищами, которые в свою очередь видят в коммуникации с молодыми сотрудниками признание своего опыта. Этот обмен дает полезные знания и информацию в дополнение к той, что можно получить в ходе стажировки; по сути, это приобретение личного опыта методом проб и ошибок. В любом случае такой обмен не состоится без соответствующей организационной поддержки, которая поощряет его или делает возможным с помощью формализованных процессов (наставничество, шефство, специально отведенное время) [Delay et al. 2010]. Компетенции всегда предполагают сочетание формализованных знаний, которые можно описать более или менее объективным образом, и неформализованных знаний, которые являются продуктом сложного взаимодействия индивидуальных знаний, опыта и способностей.

Представляется, что компетенция постепенно вытесняет квалификацию; причина этого процесса кроется в том, что развитие информационных технологий и новых моделей организации пошатнуло основы понятия квалификации. С расширением удаленного и мобильного форматов работы под вопросом оказывается само понятие рабочего места. Пока это понятие еще существует (например, оно применимо к рабочему компьютеру), но для работы в целом определяющими являются уже не материальные, а прежде всего «нематериальные» характеристики: программное обеспечение, сети и т. д. Понятие места работы трансформируется, что меняет понятие квалификации, и в этой ситуации работодатели все чаще прибегают к понятию компетенций, что в определенной степени гарантирует возможность адаптации сотрудников к трансформирующимся рабочим местам.

При поиске сотрудников, равно как и в документах политики кадрового развития получают распространение такие концепты, как навыки общения, социальные компетенции или коммуникативный интеллект. Коммуникативный интеллект и раньше занимал важное место в сфере труда, но преимущественно на руководящих должностях и в управлении — чаще всего эти способности объединялись в рамках понятия «навыки общения». Сегодня коммуникативный интеллект и навыки общения являются частью требований, которые предъявляются ко всем работникам на всех уровнях квалификации.

Компетенции и востребованность на рынке труда

Параллельно с понятием компетенции в сфере труда становится все более популярным и понятие востребованности [Gazier 1999], которое незаметно заменяет понятие гарантии занятости. Если раньше уверенная квалификация служила гарантией занятости, сегодня гарантии востребованности требуют целого набора разных компетенций; причем этот смысловой сдвиг внес путаницу в то, как происходит признание и оценка знаний. В частности, исследование SPReW демонстрирует, что опыт старших сотрудников получает положительную оценку лишь на словах, тогда как на деле он оказывается менее актуальным, чем компетенции в оптимизации и креатив, в чем, как предполагается, более сильна молодежь [Passos et al. 2010].

Востребованность — это собирательный концепт [Gazier 2003; Périlleux 2005], который пришел из США в годы высокой безработицы и укрепился в управлении в сфере труда в государственном и частном секторах. На своеобразной «ярмарке востребованности» вырабатываются умение постоянно подстраивать свои компетенции к меняющимся реалиям, а также способность к развитию и переопределению своего статуса на протяжении всей карьеры. Считается, что предприятие дает определенную форму защиты, когда, предоставляя возможности развития карьеры и не прибегая к увольнениям, оно не разрушает, а, напротив, развивает востребованность своих сотрудников. Тем не менее все еще нет никаких инструментов, чтобы оценить востребованность или проверить, увеличивается она или уменьшается.

Чтобы сохранять востребованность, каждый работник должен быть гибким и соглашаться с тем, что для адаптации к новым требованиям организации труда необходимо развиваться и актуализировать свою квалификацию. Чтобы пройти через волны и водовороты в океане растущей конкуренции и стремительного развития, нужно учиться и «учиться тому, как учиться». В случае с гарантией востребованности, а не занятости, работодатель больше не должен гарантировать занятость своим работникам. Он должен лишь сделать так, чтобы они продолжали быть востребованными, то есть обеспечить возможности для их образования и профессиональной переподготовки, помочь им при трудоустройстве в случае увольнения (вернее, направить их в сторону частной практики). Согласно данным исследования EWCS 2010 года, 37 % европейцев отметили, что за последние 12 месяцев, предшествовавшие опросу, проходили программу обучения, оплаченную их работодателем. Из шести стран, принявших участие в опросе, этот показатель выше среднего в Бельгии и Германии и ниже всего во Франции, где только 27 % опрошенных дали положительный ответ; в Венгрии и Италии цифры чуть выше, чем во Франции (около 28 %), в Португалии — 33 %. Между различными профессиями наблюдаются большие различия, при этом по возрастным группам ситуация более однородна.

Нередко востребованность определяют через ее антоним — невостребованность, которая по сути обозначает безработицу. В соответствии с этой концепцией работники, у которых нет рабочего места, становятся безработными, потому что из-за недостатка образования, неактуальности их квалификации или же недостаточной гибкости с их стороны они больше не востребованы. С точки зрения работодателя, востребованность связана с гибкостью: работодатель хочет видеть работника с хорошим уровнем образования, которого можно использовать в разных ролях. С точки зрения работника, востребованность предполагает определенную защиту в условиях незащищенности — возможность получить другую работу или обучение, результаты которого он сможет применить к выполнению других функций.

Образовательные и профсоюзные организации относятся к этому подходу скептически. Критике подвергается тот факт, что востребованности невозможно дать объективное определение — она всегда зависит от контекста и всего лишь выражает соотношение между индивидуальной квалификацией в определенный момент и конкретной ситуацией на рынке труда в тот же момент [Lichtenberger 1997]. Компульсивное повышение квалификации само по себе еще не является гарантией занятости. Востребованность — это то, что неподконтрольно работнику, поскольку в большом количестве случаев закрытие предприятий, массовые увольнения, перемещение производства обусловлены финансовыми, а не экономическими решениями. Реструктуризация делает невостребованными работников, которые до этого считались компетентными, в результате возникает феномен, который Даниэль Линар называет «запрограммированным отчуждением» [Linhart 2003].

В ходе такой эволюции подхода к профессиональным качествам акцент смещается с коллектива на индивида, который в результате больше мобилизует свои способности. В результате становится возможным учитывать «человеческий компонент» в работе, что является серьезным сдвигом. Однако учет субъективных факторов может повысить незащищенность, когда приобретенные компетенции и знания внезапно признаются неактуальными; когда неупорядоченность механизмов интеграции не позволяет аккумулировать опыт, повышающий профессионализм; или, как в случае некоторых молодых респондентов в рамках опроса SPReW, когда компетенция молодого работника не признается соответствующей требованиям исключительно в силу его возраста [Delay et al. 2010]. Переход от квалификации к компетенции приводит к тому, что в индивидуальном трудовом опыте также увеличивается доля нематериальных знаний, которые приобретаются на рабочем месте. Для развития компетенций нужны формальные и неформальные средства передачи знаний, но для того, чтобы эти средства эффективно функционировали, нужна организационная поддержка и такие условия, в которых действительно ценится опыт; об этих аспектах также много говорилось в интервью, проведенных в рамках вышеуказанного исследования.

Выводы: качество условий работы и придаваемый ей смысл

Трансформации, которые претерпело понятие работы за последние тридцать лет, значительно изменили условия и структуру рынка труда. Развитие новых форм организации труда сопровождалось внедрением механизмов, связанных с трансформацией ожиданий по отношению к работе, в основном рост ожиданий в отношении возможностей самовыражения. Эти механизмы, однако, лишь отчасти позволили удовлетворять потребность в самореализации, которая из-за роста уровня образования, а также массового выхода женщин на рынок труда не теряла своей актуальности. С появлением новых форм организации труда произошел раскол как в том, что касается статуса работы, так и в возможностях самореализации. Надолго закрепившаяся экономическая незащищенность особенно сказалась на отдельных группах, в т. ч. молодом поколении и наименее квалифицированных сотрудниках; на неудовлетворенность сложившейся ситуацией указывает снижение благополучия.

Работа более не дает долгосрочных экономических гарантий, не приносит удовольствия и порождает различные негативные эффекты для физического и ментального здоровья — в этой ситуации повышение качеств условий труда в большей чем когда бы то ни было степени становится политической целью. Но насколько актуальные подходы к изменению условий работы позволяют учесть значение труда в современном мире? Гарантирует ли качество условий работы высокий доход и удовлетворение инструментальных (материальных) ожиданий? Или качество условий работы должно также в большей степени учитывать возможности самореализации на рабочем месте и, следовательно, включать в себя субъективные параметры? Как бы то ни было, любое определение качества условий работы зависит от выбора значения, с которым связывается труд.

За последние десять лет в научном изучении качества труда произошли важные изменения, в особенности в экономике и изучении производственных отношений. С начала 2000-х годов эта тема также получила экономико-политическое измерение на международном уровне, оформившись в повестку Международной организации труда (МОТ), занятой обеспечением достойных условий труда, и Лиссабонскую стратегию ЕС. С конца 1990-х годов до 2003 года ЕС при помощи различных директив и Европейской стратегии в области занятости амбициозно реализовывал политику занятости и социальную повестку. В 2001 году качество занятости стало одной из целей, которой был посвящен целый раздел в этой стратегии. Однако препятствием для реализации политических инициатив стали экономические убеждения, которые продвигали ОЭСР, а вслед за ней и Европейская комиссия, выдвигая свободную конкуренцию как основу европейского экономического проекта, а также обращаясь к новым течениям в философии менеджмента. После отчетов Кока 2003 и 2004 года вопрос обеспечения качества условий работы в итоге отошел на второй план, уступив место концепции гибкой защищенности. С 2008 года ЕС все больше вынужден бороться с экономической рецессией; в этом контексте пришлось отказаться не только от общеевропейского социального проекта, но и от цели повысить качество труда. Однако вопрос об уровне квалификации все еще сохраняет ключевое для Европы значение [Méda 2011]: непонятно, как без постоянного серьезного финансирования программ по повышению квалификации кадров тот или иной регион может дальше претендовать на одно из первых мест в мире по показателю конкурентоспособности. Вместо внимания к качеству условий труда европейская стратегия роста в 2010-х годах «Европа-2020» смещает акцент скорее на вопрос бедности, рискуя свести разговор о качественных условиях работы к проблематике обеднения трудящихся [Bothfeld, Leschke 2012] и выдвинуть на первый план инструментальное значение труда.

Европа сталкивается с парадоксальной ситуацией, когда, с одной стороны, растет интерес к эффективному менеджменту, нацеленному на получение высокой доходности (с акцентом на развитие компетенций, работу в команде, мотивацию, инновации), а с другой — в результате появления новых форм организации труда и новой модели управления обществом проявляются негативные эффекты для мотивации работников, их здоровья и благополучия.

Качество условий работы имеет ключевое значение для будущего экономики европейских стран, однако оно с трудом поддается определению, поскольку между участниками социального взаимодействия нет согласия относительно многочисленных компонентов этого понятия, даже само определение которого завязано на концепции труда.

Большая часть авторов исследований, посвященных оценке качества условий работы, придерживается мнения о многогранности этого концепта. Грин [Green 2006], равно как и Браун и его коллеги [Brown et al. 2007] заостряют внимание на существе рабочих задач и условиях работы (в широком смысле с учетом зарплаты); в то же время показатели, которые используют МОТ [Ghai 2003] и де Лакен [Davoine et al. 2008], в большей степени соотносятся с общими характеристиками рынка труда[20]. Эти эмпирические исследования затрагивают два основных вопроса: во-первых, эволюцию качества условий работы, во-вторых, сравнение политики по обеспечению качеств условий работы на национальном уровне[21]. В динамической перспективе эти исследования демонстрируют, что качество условий работы глобально улучшается, но с оговоркой относительно интенсивности труда и определенных составляющих удовлетворенности работников (стресс на работе). Результаты сопоставления подтверждают, что

---

[20] См. также обзор у [Muñoz de Bustillo et al. 2009], в котором предлагается сопоставительная оценка по 18 агрегированным показателям, разработанным с 2002 по 2009 год. Из последних исследований см. также обзор [Holman, McClelland 2011].

[21] См. [Davoine et al. 2008; Etui-REHS 2008], а также: Commission européenne, Employment in Europe, Bruxelles, 2008 (Ch. 8).

ситуация с качеством условий работы и соотношением между качеством работы, экономическими показателями и мерами социальной защиты в разных европейских странах варьируется от страны к стране [Gallie 2007a]. Помимо страновых различий, последние исследования Дублинского фонда также указывают на существенную неравномерность показателя по секторам[22]. Несмотря на очевидную важность обеспечения качества условий труда, складывается впечатление, что в результате глобальных изменений в экономической структуре они скорее ухудшились, а не улучшились [Greenan et al. 2010].

Другие авторы, такие как К. Прието и А. Серрано [Prieto, Serrano 2010], предлагают в качестве отправной точки для рассуждения обратить внимание на радикальную разницу в значениях, которые заложены в двух лозунгах: «Качество условий работы» (Европейская комиссия) и «Достойные условия работы» (МОТ). Они также пишут:

> По состоянию на данный момент в рамках ЕС допускаются две противоположные трактовки определения качества условий труда: та, которую дает Европейская комиссия и которая в большей степени симпатична бизнес-кругам, и та, которую поддерживают определенные течения критической мысли и которая хорошо соотносится с категорией «достойные условия труда» (это понятие с 1999 года продвигает МОТ), предполагая социальную поддержку со стороны профсоюзных сил. Первая трактовка отличается неопределенностью, неточностью, зависимостью от переменных факторов без исторической подоплеки; согласно неолиберальной логике «хороших практик», эта трактовка должна закрепиться в каждой отдельной европейской стране на уровне трудового регулирования. У второй трактовки точное по содержанию определение: она уходит корнями в историю борьбы за свои права рабочих движений, и ее внедрения и поддержания требует логика принудительного утверждения социальных прав.

---

[22] Eurofound. More and Better Jobs: Patterns of Employment Expansion in Europe. 2008.

Прието и Серрано утверждают, что даже после провала своей идеи в 2003 году Европейская комиссия хотела заменить ею концепцию обеспечения «достойных условий труда», которая потребовала бы больше затрат и которая в намного большей степени вступала в противоречие с экономической политикой и идеологической линией Комиссии.

В итоге мы частично соглашаемся с наблюдениями, которые Меркюр и Вюльтюр сделали в Квебеке. С одной стороны, ожидания самореализации на работе сильны как никогда, с другой — предприятия, которые часто поддерживали и даже поощряли эти ожидания, не в состоянии их удовлетворить. С учетом новых форм организации труда, подконтрольности процесса принятия самостоятельных решений, отсутствия механизмов участия работников в управлении, ожидания, возникающие на индивидуальном уровне, и развитие системы социального производства частично противоречат друг другу. Однако Меркюр и Вюльтюр констатируют, что та гибкость, которой добиваются предприятия, не всегда вступает в конфликт с ожиданиями работников. Такая ситуация, характерная для части работников, особенно самой молодой и самой образованной группы, чревата серьезным расколом среди экономически активного населения, который может произойти в определенный момент. Кроме того, совершенно неясна готовность европейских трудящихся к происходящим изменениям. В этой связи хотелось бы более детально изучить, как разные категории трудящихся перенесли такие трансформации.

Чтобы проверить гипотезу о возникновении нового отношения к труду у молодежи, в следующей главе предлагается проанализировать различные грани значения, придаваемого труду разными социальными группами.

Глава 4

Отношение к труду сквозь призму поколений

В опросах SPReW[1], результаты которых приведены в этой книге, впервые поднимается следующая проблема: способны ли различные возрастные группы к совместной работе в духе взаимопонимания. При этом исследователи подспудно проверяют гипотезу о большей отстраненности молодого поколения от труда и соответствующих последствиях. Такое предположение часто можно услышать от представителей старших поколений, которые тем самым выражают свое недоумение по поводу установок и поведения молодых людей в отношении работы. Проверяя предложение об особенностях молодого поколения, мы помимо прочего решили провести сопоставление представителей разных возрастных групп. Мы начинаем эту главу с того, что объясняем смысл поколенческого подхода и обосновываем выбор респондентов. Далее мы предлагаем классификацию форм вовлеченности в работу, которая основана на пересечении индивидуального жизненного сценария с дихотомией «инструментальный — выразительный»; затем рассматриваем отличительные особенности молодежи и то, как она себя позиционирует по отношению к другим поколениям. В завершение мы констатируем потребность в новой модели отношения к труду.

---

[1] SPReW. FP6, см. раздел «Методология» в конце книги.

Выбор поколенческого подхода

Выбранный подход, основанный на разделении по поколениям, позволяет сопоставить различия в опыте выхода на рынок труда и соответствующих условиях. Принадлежность к определенному поколению не синонимична возрасту и подразумевает скорее общий опыт. Возраст — это в первую очередь биологический факт, также указывающий, какая точка жизненного пути пройдена. Поколение определяется общими условиями и историческим моментом, общими событиями, вехами — «духом времени», говоря словами К. Маннгейма [Mannheim 1964], — а также общим образом, который возникает в сознании как референс либо как противоположность [Attias-Donfut 1988]. Охарактеризовать поколения — значит определить специфичный жизненный опыт [Jurkiewicz, Brown 1998]. У концепта поколения нет единого определения, и разные дисциплины акцентируют разные аспекты. В политических науках таким аспектом является основное событие, которое сформировало идентичность того или иного поколения, в антропологии — связи и системы родственных отношений, в менеджменте — культурное разнообразие. Социология опирается на многосторонний подход, определяющий поколение как особое сочетание культурных, экономических и историко-политических факторов.

С точки зрения политики, поколение определяется рождением его представителей в определенной исторической и социальной среде. Основанием для объединения в одно поколение является причастность к важным общественным событиям, например, войнам или культурным переменам; единство внутри поколения обеспечивается близостью в мировоззрении его представителей [Mannheim 1964]. Среди шести стран, по которым проводилось исследование, пример Венгрии иллюстрирует ситуацию, когда несколько поколений, выделяемых с точки зрения политики, испытывали влияние сильных потрясений, связанных с работой: столкновения с массовой безработицей, обесценивания знаний и компетенций, полученных при старом режиме. С культурной точки зрения, поколение определяется через специфику опыта, взглядов и образа жизни; оно позиционирует себя через характерную систему ценностей, устойчивые представления в отношении технологий, индивидуализм, особенности воспитания. С экономической точки зрения, поколение представляет собой группу, сталкивающуюся с определенными экономическими рисками и получающую определенные экономические возможности. Эти группы можно сравнивать по уровню безработицы, вероятности вынужденной смены карьерного пути, гибкости, изменению организационных моделей и т. п. Последствия экономических изменений сказываются на различных поколениях по-разному.

С точки зрения социологии, фундамент поколения или, выражаясь точнее, его отношения к труду — это привязка к определенному контексту: культурному, экономико-историческому или политическому. Влияние имеют также и более традиционные социальные факторы, распространяющиеся не на одно поколение: в первую очередь к ним относятся социальные и финансовые ресурсы, гендер и этническая принадлежность.

С точки зрения труда, поколения определяются в привязке к значительным событиям, которые разворачивались в течение исторических этапов развития капитализма, трансформировавших социальную структуру труда. С этой позиции, при проведении исследований SPReW (2006 год) в рамках экономически активного на текущий момент населения было выделено три поколения[2]: родившиеся до конца 1950-х годов (старше 50 лет), родившиеся с конца 1950-х до конца 1970-х (30–50 лет), родившиеся позже (младше 30 лет).

Во второй половине XX века почти во всей Европе строгое регулирование сферы труда и мощное развитие систем социальной защиты способствовали возникновению поколения бебибумеров, характеризующегося высоким уровнем защищенности и коллективностью. После двух нефтяных кризисов во всех европейских странах происходит кризис финансовой системы го-

---

[2] Интервью проводились с 2006 по 2008 год. Для этой книги количественные данные были актуализированы.

сударства всеобщего благосостояния и кейнсианской политики. В начале 1980-х годов возникает новое поколение, менее защищенное от безработицы. Это поколение получает название «поколение X» [Coupland 1991; Cannon 1994; Smola, Sutton 2002]. Одновременно на рынок труда выходит все больше женщин, что маркирует переход от одного поколения к другому и — в связи с новыми приоритетами, целями и потребностями — от модели с единственным кормильцем в семье к модели с двумя кормильцами. В последнее время государство всеобщего благосостояния сталкивается с трудностями в финансировании пенсионных выплат; параллельно в экономике западных стран проявляются последствия глобализации и значительного преобладания модели гибкого рынка труда, выбранной большинством государств. На этом фоне появляется еще одно поколение, оказавшееся в более шатком положении: коллектив принимает меньше участия в представлении интересов, уровень социальной защиты снижается. Это поколение получило название «поколение Y» или «миллениалы» [Pirie, Worcester 1998]. Цифровое неравенство играет на руку этому поколению: у его представителей самый высокий в истории уровень квалификации, и тем не менее некоторые называют его поколением «беби-лузеров» [Keeley 2008].

Несмотря на серьезные различия внутри каждой из этих возрастных групп (младше 30 лет, от 30 до 49 лет, от 50 и старше), мы выбрали их потому, что их отношение к труду сформировалось под влиянием общей экономической судьбы.

Концепт отношения к труду или установок по отношению к труду появился в 1970-х — 1980-х годах, когда исследователи изучали модели интерпретации и практические установки в их проявлении в повседневной жизни [Zoll 1992]. Модели интерпретаций учитывают знания, приобретенные в ходе социального взаимодействия и полученные частично из собственного и частично из коллективного опыта (например, семейная, профессиональная, групповая социализации). Для различных областей жизни есть различные модели интерпретации; для человека они представляют собой очевидную модель поведения в повседневной жизни и неосознанно структурируют его профессиональную и семейную сферы. Таким образом, установки по отношению к труду — это социальные модели, которые формируют отношение индивида к труду. Термин «установка» в данном случае применяется в социологическом смысле и обозначает нормы, применяемые индивидами в отдельных сферах повседневной жизни [Zoll 1992]. Эти установки из повседневной жизни складываются под воздействием социально-экономических и культурных условий. Когда в этих условиях происходят глубокие изменения, их эффект отражается на установках. Работа и как индивидуальный и социальный факт, и как получаемый опыт сильно изменилась — следовательно, отношение к труду или установка в его отношении должны также сильно измениться. Дискуссии о том, занимает ли труд центральное место в жизни и можно ли констатировать отстраненность от работы, утверждения, что установки по отношению к труду разнятся в зависимости от возрастной группы, предположения о специфических установках у женщин — все они соответствуют всем тем параметрам, которые учитывают проблематику социальных изменений. При таком подходе большую важность имеет измерение, связанное с поколенческой спецификой. Представители разных поколений проходят социализацию в разных условиях, кроме того, отличается их специфический опыт, поэтому предполагается, что по отношению к труду у них также будут более или менее разные установки. Как бы то ни было, определить такие подсознательные конструкты нелегко. Мы постарались решить эту задачу, используя материалы интервью, проведенных в шести странах.

Типология установок по отношению к труду

Проанализировав интервью, проведенные в шести странах[3], мы выделили две образующие оси. Они позволяют понять, что есть общего во всех отдельно взятых биографиях, и представляют собой общий знаменатель, к которому можно привести ре-

---

[3] SPReW. FP6.

зультаты анализа, проведенного исследователями. Предложенные варианты классификации построены вокруг двух аналитических осей: дихотомии «инструментальный — выразительный» и личного жизненного пути. Эти оси структурируют и осмысляют разную вовлеченность в работу.

Две структурообразующие оси: дихотомия
«инструментальный — выразительный» и жизненный путь

Как мы увидели в главе 2, при определении установок по отношению к труду важное значение сохраняет противопоставление аспектов, носящих инструментальный характер, с одной стороны, и связанных с возможностями самовыражения через работу — с другой. По этой шкале определяется вовлеченность человека в рабочий процесс. Помогая понять значения, придаваемые труду, такая дихотомия при этом имеет ограничения эвристического характера. При помощи качественного подхода были выделены различные грани выразительной категории: она может соотноситься как с выдвижением альтруистических мотивов (желание принести пользу обществу с помощью труда), так и с саморазвитием, стремлением найти смысл и/или отсутствие этических противоречий, поиском испытаний для преодоления и т. д. Зарплата в этой ситуации имеет символическое значение и также воспринимается как возможная мера для оценки личной ценности, объективный знак признания и уважения, символ эмансипации (на это, в частности, указывали молодые участники интервью).

Проведенный анализ показал, что с дихотомией «инструментальный — выразительный» также граничат другие аспекты, которые могут оказывать на нее влияние. Ключевым является жизненный путь, который можно определить как «совокупность правил, организующих важнейшие аспекты существования»[4]. Эта система определяет роли, связанные с возрастом и типичные для каждого возраста переходные момент, которые С. Кавалли обозначал понятием «нормативный календарь» [Cavalli, Fragnière 2003].

---

[4] Об этом понятии см. [Guillaume et al. 2005; Kohli 1986].

При желании соответствовать нормам, предписанным культурной моделью, и при наличии соответствующих ресурсов индивид идет по стандартному, наиболее распространенному жизненному пути [Kohli 1986; Lalive d'Épinay 1994b]. Если индивида не устраивает распространенный алгоритм, он выбирает отличный от стандартного жизненный путь и дистанцируется от норм, характеризующих нормативную в его культуре биографию. Дистанция может свидетельствовать о неспособности найти необходимые ресурсы для того, чтобы следовать этому алгоритму, или же напротив — о жажде независимости, стремлении организовать жизнь по собственному проекту. Таким образом индивиды получают положение, роль и собственную идентичность путем договоренностей, одновременно такой путь опаснее ввиду недостаточной институциональной подкрепленности этапов существования, которые иногда менее упорядочены, более своеобразны и требуют больше фантазии и решимости [Gaulejac 1999].

Их проведенных интервью следует, что жизненный путь выполняет функцию структурообразующей оси для отношения к труду. Группы исследователей противопоставляли стандартный жизненный путь нестандартному (Бельгия, Венгрия) или линейный — цикличному (Португалия). Второй член этой дихотомии соотносится с образованием и карьерой, а также с личным, менее зарегулированным нормами жизненным проектом, в котором определенные личные решения или события в жизни не соответствуют среднему значению нормы, что иногда свидетельствует о болезненно переживаемых разрывах, о внезапных и радикальных переменах в жизни человека.

Четыре типичные модели,
описывающие отношение к работе

На основе этих двух осей бельгийские исследователи [Vendramin 2008a: 39–88] предложили разделение на типы, позволяющее синтезировать результаты анализа по различным странам. Эта типология неотделима от социологического подхода [Schnapper 1999]. «Тип», или «модель», используется как средство для понимания социальной реальности и нужен исключительно как идеал, эталон для оценки реальности и прояснения эмпирического содержания значимых компонентов [Weber 1992], который является «упрощенным произвольно сформированным образом реальности, направляющей для будущих опросов» [Coenen-Huther 2003].

У этого разделения на типы есть сильные и слабые стороны, присущие любой типологизации: кластеризованное видение реальности дает преимущество в выявлении выраженных характеристик и больших установок, при этом в тени остаются некоторые нюансы. Описание четырех типовых форм вовлеченности в работу базируется на пересечении двух критериев. Первый — общее индивидуальное отношение к труду, которое определяется как *прагматичное* или *экспрессивное*. Понятие отношения в приведенном здесь смысле должно пониматься в широком значении, отсылающем не только к представлениям, актуализируемым людьми при описании работы, но и к месту, которое они хотели бы на ней занимать, и присущим им ценностям.

Мы решили использовать термин «прагматичный», а не «инструментальный», поскольку представляется, что он лучше передает реализм и в хорошем смысле хваткость, а также позволяет интерпретировать отношение к работе не только с сугубо утилитаристской точки зрения, как при использовании термина «инструментальный». Прагматическая вовлеченность соотносится с идеей неотъемлемой роли труда в удовлетворении личных и семейных потребностей, но при этом не сводится только к инструментальному аспекту. При экспрессивной вовлеченности работа несет большее значение для личной идентичности. Люди с таким отношением приходят на рынок труда с другим настроем: нацеленностью на личную самореализацию, проявление инициативы, творческого начала, взаимодействие и гибкость.

Эта типология интересна тем, что она сопоставляет различные типы отношения со *стандартной* или *нестандартной* формой, которую обретает жизненный путь человека. Это второй учитываемый нами критерий. При прагматичной, равно как и при экспрессивной вовлеченности возможны два типа отношения

	Прагматичная вовлеченность в работу		Экспрессивная вовлеченность в работу	
Стандартный жизненный путь	Отношение к месту работы преобладает над отношением к самой работе	Тип 1 Работа — обязательное условие для хорошей жизни	Тип 3 Работа помогает саморазвитию	Отношение к самой работе преобладает над отношением к месту работы
Нестандартный жизненный путь		Тип 2 Работа — это средство заработка	Тип 4 Работа занимает центральное место в формировании идентичности	

Табл. 8. Отношение к труду у представителей разных типов
Источник: [Vendramin 2008a]

в зависимости от выбранных людьми, которых в общем можно свести к двум группам: те, кто следует в большей или меньшей степени по стандартному пути, и все остальные (Табл. 8).

Типология не является самоцелью, мы используем ее как способ упорядочить действительности, установив различие в уровне вовлеченности в работу у представителей разных возрастных групп. В том, что касается соответствия действительности, ни одна типология не идеальна, но разделение на типы позволяет подойти к анализу сложных тем, выделив центральные идеи. Приведенная типология используется для анализа распределения участников интервью по различным формам вовлеченности в работу в зависимости от возраста, социально-профессиональной категории и гендерной принадлежности. Выявление сходств в вовлеченности индивидов в работу представляет не только социологический, но еще и практический интерес, поскольку эти сходства определяют ожидания, связываемые с работой, концепцию развития карьеры, отношение к производственному обучению и знаниям.

Работа — обязательное условие для хорошей жизни

Для представителей выделенного нами первого типа работа — это источник дохода и обязательство, связанное с участием в общественной жизни. Такой тип соответствует стандартному жизненному пути с линейной траекторией и плавным переходом с этапа на этап (от учебы к работе) без каких-либо шагов назад и значимых событий на протяжении жизни. Среди тех, кто принадлежит к этому типу, большинство выросло в стабильной стандартной семейной среде, и некоторые планируют создать семью по той же модели. Их профессиональная деятельность, как правило, совпадает с полученным образованием.

Этот тип характеризуется прагматизмом по отношению к работе. Работа для них не синонимична жизни, тем не менее она необходима для удовлетворения материальных потребностей. Работа сама по себе не цель, а средство к ее достижению, она «не хуже, чем жить, ничего не делая», — говоря словами молодого рабочего из Венгрии. Семья и работа для представителей этого типа разделены четкой границей, и приоритет безусловно отдается частной жизни. По словам молодого бухгалтера из Франции, «если есть возможность, мне лучше проводить время с детьми, чем тратить его на работу».

Инструментальная составляющая работы здесь включает зарабатывание денег, однако приоритетное значение имеет стабильность, подразумевающая разумный доход для обеспечения собственной безопасности и удовлетворения потребностей. Определение этих потребностей варьируется, на пути профессионального развития время от времени могут появляться точки бифуркации, например, в те моменты, когда безопасность больше не обеспечена работой, однако между альтернативами нет существенных различий. Представители этого типа достаточно пассивны в том, что касается карьерного роста, и отводят ему второстепенное значение.

Другой определяющий компонент — это «работа, которая нравится». Те, кто принадлежит к типу 1, стараются сделать так, чтобы трудовая деятельность приносила положительные эмоции, раз уж необходимо работать, и выбирают один из двух возможных путей, которые часто пересекаются. Прежде всего, хорошее место работы может обозначать интерес к самому содержанию рабочих задач, что, однако, не связано с удовлетворением экзистенциальных потребностей или выработкой идентичности. Символические атрибуты места работы или занимаемой в иерархической системе позиции имеют заметно меньшее значение, чем содержание работы: разнообразие задач, возможность проявить самостоятельность, отсутствие противоречия с личными интересами, полезность и т. д.

Кроме того, хорошая работа всегда предполагает хорошие отношения с коллегами и начальством, принадлежность к хорошему коллективу, который поддерживает и позволяет работать в «хорошей атмосфере», в результате чего отношения с коллегами перерастают в дружеские и выходят за рамки работы. Говоря о работе, представители первого типа часто упоминают коллектив, и в их нарративном дискурсе фигурирует форма множественного числа (мы), а не единственного (я). Признание их достижений руководством также необходимо, но воспринимается не как возможность повышения, а как подтверждение собственной профпригодности.

Наконец, ожидания символического характера в отношении работы, связанные с гордостью за свои достижения, успехи, уважение в коллективе и т. д., пусть и не имеют для этого типа приоритетного значения, тем не менее отчасти присущи его представителям.

Процитируем слова из интервью с французским административным работником из государственного сектора:

> Для меня важнее всего чувствовать себя хорошо. Если я не чувствую себя хорошо, нет смысла продолжать. Если мне не нравится то, что я делаю, я не вижу причин оставаться. Я предпочитаю заниматься той работой, которую я люблю. <...> Очень важны хорошие отношения с коллегами. Мне нравится, когда я живу со всеми в согласии. У нас свои шутки. Так и время проходит. К концу дня вы точно знаете, что проделали хорошую работу, и без забот идете домой.

Первый тип самый многочисленный и объединяет все возрастные группы, при этом доля представителей среднего возраста (30–50 лет) здесь существенно меньше. По половому признаку различий не наблюдается, тип представлен на всех уровнях квалификации, при этом выше процент тех, у кого низкий уровень квалификации.

Работа — это средство заработка

Согласно критериям, которые учитывались в исследовании (возраст, уровень квалификации, профессиональное развитие, семейное положение), выделенный тип 2 очень разнороден. Это разнообразие отражает нестандартный жизненный путь и более четко обозначенное, преимущественно прагматичное отношение к работе. Цитируя механика из Германии в возрасте 40+, «Успех, говорите? <...> В конце дня все, что меня интересует, — это ремесло, которым я зарабатываю на жизнь». Молодая француженка, которая рассказывала, что для нее стандартный жизненный путь обернулся неудачей, отмечает:

> Я живу сегодняшним днем. Никогда не знаешь, что тебя ждет завтра. Раньше я мечтала: когда закончу вуз или когда сдам на водительские права, я сделаю то или сделаю это или мы поедем в отпуск. Но потерпев неудачу, я была так глубоко потрясена, что теперь предпочитаю жить сегодняшним днем. <...> Самое важное — это здоровье и семья, следом идет все остальное.

Работа сама по себе является для представителей этого типа не целью, а средством, и важно, чтобы дохода или защищенности, которые она обеспечивает, было достаточно для удовлетворения личных или семейных потребностей. Работа для них не менее важна, чем вся остальная жизнь (семья, прочие интересы, увлечения и т. д.). Для этого типа не свойственны размывание границ между работой и семьей, эти сферы строго разделены. Шофер из Италии, 39 лет, признается: «Деньги имеют значение: если вы женаты и у вас есть дети, то зарабатывать достаточно денег становится важнее, чем выбирать более интересную, но менее оплачиваемую работу, следуя за своей мечтой».

Для тех, кто принадлежит к этому типу, неприемлемо тратить на работу больше сил, чем нужно, и жертвовать частной жизнью ради профессии. При этом, в отличие от представителей типа 1, у этой группы нет дополнительных потребностей, связанных с возможностями самовыражения в работе, которая представляет собой всего лишь средство заработка. Вот что говорит венгерский рабочий:«Честно говоря, никогда еще не случалось такого, чтобы, приходя на работу, я радовался предстоящему рабочему дню. То, чем я занимаюсь, никогда не приносило мне счастья, и я занимаюсь тем, чем занимаюсь, просто потому, что должен».

Отношение к работе здесь сильно акцентировано на инструментальном аспекте. Представляется, что единственный смысл, который несет работа, заключается в деньгах, а наполнение рабочих задач и отношения с коллективом вторичны. Социальный аспект работы явно не волнует представителей этого типа, для которых работа, которая нравится, и хорошая атмосфера — это «счастливое совпадение», а не предполагаемое условие. Они достаточно критично настроены по отношению к своим коллегам или начальству и демонстрируют «вежливое безразличие».

Тип 2 является наиболее ограниченным: он охватывает все возрастные группы и уровни квалификации, но его составляют преимущественно мужчины.

Работа помогает саморазвитию

У представителей типа 3 достаточно стандартный жизненный путь, берущий начало в стабильной семейной среде: стандартный переход от учебы к работе, от жизни с родителями к независимости; на этом пути нет крутых поворотов, потрясений, переход с одного рабочего места на другое проходит безболезненно, будущее не вызывает тревоги, существенные проблемы отсутствуют — жизнь в целом предсказуема. К этому типу главным образом относятся те, кто находится на середине жизненного пути и траектории профессионального развития. Представители этого типа создали семью, набрались значимого опыта и в итоге получили работу, соответствующую их запросам; хотя у самых молодых, прежде чем они нашли место работы, которое их удовлетворяет, мог быть неоднозначный опыт в профессиональной сфере. Такие люди, даже если их устраивает их положение в рабочей сфере, продолжают активно строить карьеру и в более общем смысле выстраивать свою жизнь. Они открыты переменам и новому опыту.

Для представителей этого типа вовлеченность в работу имеет важное значение, работа для них является не ограничением, а возможностью открыть в себе новые возможности и способности. При этом глубокий личный интерес к работе уравновешивается важностью, придаваемой семейной жизни. Большая часть представителей этого типа отметила, что профессиональное развитие уступает по значимости личной и семейной жизни, тем не менее их карьера строится в связке с личной жизнью. Специалист службы поддержки из Бельгии, 33 года, так формулирует свою позицию:

> Каждое утро перед входом в школу я вижу мамочек, часами разговаривающих с учителями. У меня на это времени нет! Я привожу сына в школу, две минуты — и я должен идти. <...> Иногда я забираю ребенка около трех часов дня и думаю: «Кто все эти люди? Они что, не работают?» Не понимаю, такого быть не может.

Учительница из Португалии, возраст 40+, также говорит, что довольна своими достижениями на обоих фронтах: «Думаю, сейчас у меня такой этап, когда установился идеальный баланс между тем, как я себя реализую в профессии, и тем, что я представляю за ее пределами».

Для работников вовлеченность в трудовой процесс отражает противоречие между стремлением добиться успеха параллельно на нескольких фронтах и прикладываемыми для этого усилиями. Один из наиболее важных факторов в оценке рабочего места — это его совместимость с семейной жизнью. Практические условия работы (удаленность от дома, возможное сверхурочное время работы, ненормированный график) играют ключевую роль при принятии решения в отношении профессии. В том же духе работа должна обеспечивать разумные гарантии стабильности и доход, достаточный для обеспечения личных и семейных потребностей. Какой бы ни была работа мечты, создание семьи требует принятия обоснованных решений, дающих семье гарантии стабильности и благополучия. Итальянка-преподаватель, 57 лет, отмечает: «Я никогда не жертвовала работой ради семьи. Семья имеет большое значение, но работа тоже важна».

В то же время «хорошая работа» для представителей третьего типа вовсе не означает работу с более высоким доходом. При оценке рабочего места зарплата не является основным критерием. В остальном фактор стабильности, которая в краткосрочной перспективе (пока не выросли дети) необходима для реализации семейных планов, в долгосрочной перспективе не имеет решающего значения.

При оценке работы первостепенное значение имеет возможность саморазвития. Представители этого типа в сложных профессиональных задачах видят шанс открыть в себе новые способности и испытать их в деле. Точки бифуркации на их жизненном пути связаны с желанием найти работу, отвечающую интересам, характеру и запросам на получение признания. Менеджер из Бельгии, 38 лет, дает следующее объяснение:

> Мне необходимо учиться и приносить пользу на предприятии. <...> Мне нужно чувствовать, что я там, где должен быть, что я на своем месте и что я хороший человек. <...> Эти запросы связаны с моей потребностью в признании, собственной уверенности.

Научная сотрудница из Франции, 54 года, в свою очередь отмечает:

> Если подумать, мы так много времени проводим на работе, что даже если вы работаете только ради денег, работа для вас не может сводиться только к ним.

Молодой рабочий из Венгрии добавляет:

> Моя работа — это мое хобби. Никогда такого не было,
> чтобы, приходя на работу, я только и думал о ее окончании.
> Обожаю то, чем я занимаюсь.

Представители этого типа ценят возможность проявлять самостоятельность, гибкость, при этом они знают, что должны достигать эффективности и приносить пользу, чтобы считать себя вправе занимать то положение, которое они занимают. Они не хотят тратить время на то, в чем нет смысла. Работа должна нравиться, должна иметь смысл и приносить удовольствие. Молодой механик из Германии, работающий на деревообрабатывающем предприятии, поделился в интервью: «Тут все особенное. Работа непростая, но интересная. <...> Сейчас мне нравится само наполнение работы, что здорово, мне действительно нравится». Сотрудница фирмы из Италии, 27 лет, также говорит следующее: «Для моих родителей работа была трудом, но для меня есть разница между хорошей и плохой работой, и под "хорошей" я понимаю не просто работу в крупной солидной фирме. <...> Для меня понятие "хорошая работа" в большей степени несет эстетический смысл».

Свое отношение к социальным характеристикам работы представители этого типа преподносят как «профессиональное». Они ценят те моменты, когда работа приносит удовольствие, однако при всей их важности разводят рабочее и свободное время. Тем не менее отношения с сослуживцами на работе также свидетельствуют для них о признании и поддержке; люди третьего типа предпочитают возможность работать в коллективе компетентных коллег, проявлять самостоятельность и получать доверие. Они не любят чрезмерный контроль или ограничения. Они также считают, что хорошим отношениям в коллективе нужны определенные рамки, установленные грамотной организацией труда.

По численности тип 3 идет на втором месте; значительную долю составляют лица среднего возраста, женщины, лица со средним уровнем образования и выше.

Работа — краеугольный камень
в формировании идентичности

Для тех, кто относится к типу 4, характерен нестандартный жизненный путь с сумбурным периодом жизни в родительской семье, извилистой траекторией пути с развилками выбора, сложным переходом с этапа на этап и другими событиями, маркирующими жизнь (переезд, развод / повторный брак родителей, кардинальная смена изучаемых предметов, неудачи в профессиональном развитии и т. п.). Важно отметить, что мало что можно сказать о влиянии окружения на представителей этого типа (родителях, семье или коллегах): у таких людей свой собственный взгляд на настоящее и будущее. Они открыты различным сценариям и крайне самоуверенны, когда речь идет об их становлении — они сами творят собственную судьбу и не следуют предначертанным схемам.

Для их жизненного пути образование не играет ключевой роли, оно становится важным в том случае, если позволяет получить более высокий социальный статус, при этом диплом может лишь дополнять врожденную находчивость. Для достижения личных целей такие люди устанавливают собственные правила и дистанцируются от принятых в социуме правил и коллективных стандартов. Например, молодой разработчик программного обеспечения из Бельгии признается, что регулярно берет неофициальную работу, чтобы больше зарабатывать и получать полезный опыт.

При оценке работы решающими факторами для представителей четвертого типа являются зарплата, премии, бонусы. Напротив, стабильность рабочего места почти не имеет значения. Помощник руководителя в секторе малого и среднего бизнеса из Бельгии, 28 лет, говорит следующее:

> Если мне предложат работу, которая соответствует моим амбициям, моим стремлениям <...> зарплата не будет играть решающей роли. В таком случае она отойдет на второе место. Для меня она имеет значение при принятии решения, однако на первом месте идут мои личные стремления и мое личное развитие.

Если конкретизировать, молодые участники интервью считают, что на своем жизненном пути они проходят через переходный период. Они не против того, чтобы в работе была определенная доля стабильности, но в таком случае они должны быть уверены в том, что эта работа является для них лучшим вариантом и может удовлетворять их повышенные потребности, связанные с возможностью самовыражения (самостоятельность, ответственность, престиж и т. д.). Креативный директор из Франции отмечает: «Это действительно захватывает. Вы получаете много творчества <...>. Мне нужны вызовы, чтобы развиваться». Административный работник из Италии, 29 лет, констатирует аналогичное: «Я не могу долго оставаться на работе, которая меня не увлекает». Внешние ограничения никогда не считаются непреодолимыми, что иллюстрируют слова ассистентки маркетингового отдела из Бельгии, 29 лет: «Вопрос исключительно в организации. Когда меня спрашивают, как я справляюсь с тремя детьми, я отвечаю: "Послушайте, это как работа, просто вторая работа, и все. Вопрос организации. Если вы можете себя организовать, все получится"».

Субъективная вовлеченность работников в рабочий процесс играет для этого типа значительную роль, при этом они придерживаются собственной точки зрения: для них экспрессивный аспект не связан с альтруизмом. Речь не идет о том, чтобы отдаваться работе, принося обществу пользу — у этих работников более индивидуалистичные мотивы, например, рассказывая о своем профессиональном пути, рабочем(их) месте(ах) или личном(ых) проекте(ах), они мало упоминают о коллегах. Социальные связи хотя и оцениваются ими как плюс, все же не занимают центрального места. Представители этого типа все время критично настроены к властным структурам и руководству, которое они иногда считают препятствием на пути к реализации своих амбиций. Также им не свойственно терпение: они постоянно стараются пересмотреть свою зарплату и рабочие задачи.

У типа 4 ограниченная распространенность, хотя его представителей несколько больше по сравнению с типом 2. К этому типу принадлежат все возрастные группы с преобладанием молодежи. Гендерные различия отсутствуют, уровень квалификации преимущественно высокий.

Отношение к труду, отношение к работе

При разработке типологии обнаруживается, что у дихотомии «инструментальный — выразительный» есть ограничение эвристического характера: ее предмет как целое обрисован неотчетливо, что касается как содержания работы, так и рабочего места, причем инструментальный аспект невозможно напрямую соотнести с рабочим местом, а выразительный — с содержанием работы. Анализ ожиданий в отношении работы, о которых говорили участники интервью, навели исследователей на мысль разграничить рабочее место и содержание рабочих задач, поскольку работа как собирательное понятие охватывает различные смысловые поля и области действительности. Отношение к работе отсылает к ее содержанию, управлению социальными связями, практическим составляющим, теоретическим и практическим знаниям. Отношение к рабочему месту касается положения на рынке труда, статуса, договорных отношений, карьерных перспектив [Piotet 2007]. Не склонные к раздвоению личности участники интервью тем не менее несколько расходились в позициях по поводу этих двух аспектов: например, один участник интервью мог быть очень доволен содержанием своей работы и при этом крайне недоволен своим статусом на рабочем месте[5]. При преимущественно прагматичной вовлеченности в работу (типы 1 и 2) люди придают больше важности своему положению на рабочем месте, чем работе в собственном смысле слова, в то время как при преобладании экспрессивной вовлеченности (типы 3 и 4) более значима сама работа, чем положение на рабочем месте. Это различие играло важную роль в исследовании SPReW, так как его целями было выявление возможных зон столкновения, в которых могут возникнуть конфликты между различными концептами работы, в частности конфликты между

---

[5] Такая ситуация проиллюстрирована в [Paugam 2000].

различными поколениями трудящихся. Оказалось, что различие между рабочим местом и самой работой играет ключевую роль, которая, например, обуславливает напряженность в отношениях между подгруппами (см. следующую главу), когда младшие не чувствуют признания или осознают шаткость своего положения, считая его ценой за обеспечение гарантий для старших, при этом они высоко ценят саму сущность своей работы.

Различия между типами отношений к работе: есть ли зависимость от возраста, гендера или уровня образования?

На начальном этапе исследования SPReW [Paugam 2000] проверялась гипотеза об однородности отношения к труду в разрезе поколения. На этом этапе можно сделать первое заключение: между различными формами вовлеченности в работу и возрастом нет исключительной или прямой связи. Поколения в том виде, в котором они были определены, представлены в разных типах классификации. Помимо возраста выделяются также еще две переменные: образование, которое, как и предполагалось, оказывает основное влияние на усиление экспрессивной установки по отношению к работе, и гендер, от которого сильно зависит место работы в жизни. В этом ключе вышеуказанное исследование приходит к тем же выводам, что и основные международные опросы, посвященные изменению в установках по отношению к труду (EVS, ESS, ISSP; см. главу 2), а также работы Меркюра и Вюльтюр на материале Квебека [Mercure, Vultur 2010]. У младшего поколения проявляется общая характерная черта: высокую значимость имеют все аспекты труда (инструментальный, социальный и выразительный), другими словами, у работников младше 30 лет самые низкие ожидания и наименее выраженные предпочтения. Молодые люди реже говорят о том, что работа является всего лишь средством заработка (тип 2). Еще одна отличительная для молодежи особенность — значение, которое она придает социальному аспекту труда (быть полезным, помогать другим).

Сопоставление результатов по шести странам на основе возрастного фактора выявило как сходства, так и различия. В Германии молодых людей также отличают большие профессиональные амбиции, ориентация на сложные задачи, компетентность и высокое качество работы. Многие боятся остаться без работы, но защититься от этого риска позволяют стратегии, основанные на адаптации и изменениях. Из материала интервью также видно, что экспрессивную вовлеченность могут заменять более прагматичное отношение и привычка, выработавшаяся после первых лет с начала профессиональной деятельности (идея, выдвинутая германскими исследователями). Часто в результате столкновения высоких ожиданий с реальностью и осмысления этого столкновения молодые участники исследования начинают вкладывать в работу меньше сил, и работа начинает занимать далеко не центральное место в их жизни. Иногда мы обнаруживали первоначально экспрессивное отношение к работе, которое затем было заменено на инструментальное или прагматичное, когда прагматизм становится источником уверенности (к такому выводу пришли исследователи в Италии и Португалии).

Что касается сходств у молодых людей в странах, принявших участие в исследовании, наиболее выраженное связано с нестабильностью и отсутствием гарантий на текущем рабочем месте. Для молодого поколения характерны большее разнообразие жизненных сценариев; в равной степени ярче прослеживается влияние на установки по отношению к труду. В Италии и Франции заметна еще одна общая тенденция: высокие ожидания молодежи сочетаются с выраженной ориентацией на соответствие работы морально-этическим ценностям (работа должна быть социально полезной и соответствовать приоритетам работника).

Наблюдаются значительные различия, диктуемые гендерной принадлежностью: для мужчин важнее высокий доход и возможность продвижения по карьерной лестницы, для женщин — возможность работать самостоятельно и помогать другим [Davoine 2007; Sousa-Poza, Sousa-Poza 2000]. Классификация также демонстрирует, что среди представителей типов с преобладанием экспрессивного компонента больше женщин, а в типе 2 с принципиально инструментальной вовлеченностью в работу их мало или нет вообще. Интервью, проведенные в Италии, Франции и Германии, показывают, что по сравнению с возрастом гендер — это более весомый фактор, влияющий на отношение к работе. Говоря точнее, во Франции и Германии решающее значение, отличающее установки мужчин и женщин, имеет даже не пол, а наличие детей. В Португалии у девушек в начале карьеры очень сильная ориентация на возможности самовыражения в работе, при этом неизвестно, как изменится их отношение после рождения детей. В Германии женщины, у которых нет детей или есть уже взрослые дети, относятся к работе так же, как и мужчины. Та же ситуация и в Бельгии, хотя там женщины больше, чем мужчины, ориентированы на возможности самовыражения.

Наконец, в большей части стран решающее влияние на ценность, придаваемую работе, оказывает уровень образования. Экспрессивные возможности профессии важнее для тех, у кого есть высшее образование. Исключение представляют собой две страны, Венгрия и Италия. В Венгрии, как было выявлено еще в 1989 году в рамках исследования ISSP, влияние социально-экономической ситуации оказывается заметно сильнее, чем роль образования.

Представители молодого поколения — другие?

Несмотря на сильные различия внутри отдельно взятого поколения, связанные, в частности, с гендером и уровнем образования, в отношении молодых людей к работе наблюдаются общие черты, отличающие их от других возрастных групп. Это связано со спецификой их взаимодействия с рынком труда, условиями взросления и, в конечном счете, с принадлежностью к определенному поколению.

Вопрос управления

Специфические особенности молодого поколения получили наиболее широкое освещение в сфере управления, где все больше и больше говорят и пишут о «поколении Y», чьи поведенческие паттерны первое время приводили менеджмент в замешательство

[Pichault, Pleyers 2010]. Поколение Y не сходит с первых страниц отраслевых периодических изданий и выделяется в отдельное направление у всех консультантов в области управления персоналом и менеджмента. Стилю поведения молодых людей в отношении работы посвящено большое количество публикаций, которые дают рекомендации предприятиям и менеджменту по внедрению практик и правил, необходимых для интеграции этого поколения, очень сильно, по мнению авторов таких публикаций, отличающегося от предыдущих.

Здесь следует сделать два замечания. Во-первых, часть таких публикаций время от времени представляет сосуществование младших и старших в одной профессиональной среде как риск возникновения конфликтов, которые с течением времени скажутся на показателях бизнеса. В частности, говорится о «пропасти между поколениями» [Ollivier, Tanguy 2008] — тех различиях, которые становятся источником организационных проблем, затрудняя процесс принятия решений и работу предприятия [Dejoux, Wechteler 2008]. Между тем у отношений, которые складываются между поколениями, много граней, сводить которые к одному лишь конфликтному аспекту было бы чрезмерным упрощением. В этом вопросе Б. Делей [Delay 2008] выделяет несколько стилей в отношениях между младшими и старшими на предприятии (см. главу 5). Второе замечание касается предполагаемых отличительных черт поколения Y, относительно которых среди авторов мало единства во мнениях. Расхождения, возможно, связаны с большим количеством ненаучных публикаций по теме [Pralong 2010]. Ф. Пишо и М. Плейер [Pichault, Pleyers 2010] пишут, что у исследований по характерным особенностям поколения Y не слишком прочная методологическая база, а иногда ее и вовсе нет.

Нами учитывается, что точка зрения менеджмента на молодое поколение, сосредоточенная на культуре, а в основном на ее отражении в поведении, не позволяет увидеть всю картину полностью. Социология более комплексно рассматривает отношение к работе, исследуя не только установки и ожидания, но и смысл, придаваемый труду, его позиционирование относительно других значимых сфер жизни индивида и коллектива. Исследование SPReW придерживалось именно такого подхода, при котором специфика молодого поколения не сводится к культурным особенностям.

Эффект комплексной интеграции

Молодые люди, вступающие или готовящиеся вступить в активную фазу жизни, близки друг другу по ряду параметров. В первую очередь их делает похожими положение на жизненном пути: они переходят к самостоятельному существованию, обретают независимость, начинают жить вместе с партнером, планируют создать семью и разрабатывают собственные проекты по ряду направлений. Еще одна общая черта — положение на рынке труда с его сильными и слабыми сторонами: в среднем у молодых людей более высокий уровень образования, чем у старшего поколения, цифровое неравенство играет им на руку, они не ограничены в плане мобильности, гибкости и знания иностранных языков, однако они же по большей части заняты на краткосрочных работах, среди них больше безработных, и у них меньше возможностей получить государственные социальные пособия (см. главу 3). Показателен пример Италии, где в 2010 году 61 % государственных социальных выплат уходило на пенсии, при этом на пособия по безработице, помощь семьям и жилищные субсидии тратились очень небольшие суммы[6]. Анализ опросов, проведенных в шести странах-участницах [Vendramin 2008b], показывает общие закономерности в положении различных групп на рынке труда, в том числе сложности при интеграции молодого поколения. Все опросы зафиксировали удлинение периода интеграции, что стало общей тенденцией, а также увеличение трудностей, связанных с процессом интеграции (включая различные модели частичной интеграции), и определенные «барьеры», мешающие перейти от неофициальных или нестабильных отношений к долгосрочной занятости с трудовым договором. Согласно результатам опросов, также наблюдается

---

[6] Данные, полученные в ходе опроса Eurostat, Esspros.

сходимость в том, что касается социальной природы незащищенности и процессов дуализации. Рынок труда воспринимается как источник «социальных опасений», связанных с потерей уверенности в государственной политике по снижению неравенства на рынке труда.

В 2004 году в Бельгии среди молодых людей в возрасте от 18 до 36 лет было проведено исследование по вопросам жизненного пути поколения, только вошедшего во взрослую жизнь. Это исследование опровергло предположение, что молодые люди все больше стремятся к тому, чтобы их жизненный путь был нестандартным. По возможности большинство выбирает жизненный путь, приближенный к норме [Elchardus, Smits 2005]. Осознанно выбранный жизненный путь характерен для высших слоев общества, при этом более стандартные сценарии чаще выбирают представители средних и низших слоев общества [Beck 1986].

Представленная классификация показывает, что кардинальные сценарии (типы 2 и 4) с нестандартной жизненной траекторией приходятся на меньшее количество случаев и не присущи какой-то конкретной возрастной группе, хотя среди представителей типа 4, характеризуемого высокими ожиданиями в отношении самовыражения и личной вовлеченностью в работу, доля молодого поколения несколько больше. По результатам интервью сложилось впечатление, что тип 2 (работа — это средство заработка), воплощающий инструментальные потребности, воспринимается как промежуточная позиция, следующая за разочарованием в профессиональной сфере, как время ожидания перед появлением «нормальной» работы, или как необходимость в том случае, если «нормальная» жизнь связана с другими личными проектами за пределами профессиональной сферы.

Изучение жизненного пути и данных о месте работы позволяет понять, что основная проблема молодого поколения заключается не только в поиске работы, но и в ее удержании [Facchini 2005]. Молодое поколение «привыкает» к риску, противостоять которому помогает помощь семьи. А. Кавалли [Cavalli 2004] подчеркивает парадоксальный характер и запутанность отношений между детьми, получающими поддержку от родителей, и родителями, которые становятся соперниками своих детей с точки зрения рынка труда или конкуренции за социальные выплаты.

Представляется, что отношение молодых поколений к труду эволюционировало от идеи «пустить корни» к поиску пути: установка на то, чтобы занять определенное стабильное положение, все больше и больше уходит в прошлое, уступая концепции жизненной траектории, разделенной на этапы. Прохождение пути — не единственное значение работы; в многозначности отражаются разнородные стремления и представления молодых людей в отношении их рабочих мест, желания профессионально развиваться, обрести независимость и обеспечить собственную потребность в безопасности [Gosetti 2005; Van de Velde 2008].

*Влияние образования и расширения присутствия
женщин на рынке труда*

Безусловно, на отношение к труду повлияло повышение уровня образования. Напомним, что одна треть европейцев в возрасте от 25 до 29 лет имеет высшее образование (Isced 5–6), по Франции и Бельгии показатель составляет 42 %. Доля молодых европейцев с низким уровнем квалификации (Isced 0–2) составляет 18 %, при этом показатель отличается от среднего в отдельных странах, например, в Португалии (39 %). Кроме того, рост уровня образования в большей степени характерен для девушек, чем для юношей (см. главу 3).

Взгляд молодых людей на профессиональную жизнь очевидным образом формируется под влиянием социализации в процессе учебы: повышение уровня образования дало возможность более отстраненно относиться к работе и при этом повысить уверенность в своей значимости на рынке труда. Установку по отношению к работе (особенно у молодых людей с высшим образованием) невозможно понять, если не учитывать разочарование, с которым они столкнулись из-за снижения их статуса при выходе на рынок труда, а если говорить в более общих чертах —

фрустрацию и неудовлетворенность социальной моделью, в рамках которой нарушается связь между высшим образованием, работой и социальной мобильностью. Эту ситуацию Шовель называет нарушением функционирования социального лифта для молодежи [Chauvel 2006]. Совмещение работы и учебы также представляет собой особый трудовой опыт, который позволяет молодым людям рано сформировать свое отношение к труду; эта работа также является частью процесса их социализации [Hamel 2003; Eckert 2010].

Предположение о том, что у молодого поколения более отстраненное отношение к работе, опровергается материалом проведенных интервью. Скорее можно говорить о другом способе выражения своего отношения к труду, которое все меньше и меньше диктуется чувством долга перед обществом. Этот вывод подтверждается результатами различных опросов, в т. ч. исследованиями EVS. Меркюр и Вюльтюр отмечают ту же черту у молодых жителей Квебека [Mercure, Vultur 2010]. Исследование, проведенное во франкоговорящей части Бельгии среди экономически активного населения моложе 30 лет, также показывает, что опыт безработицы, с которым часто приходится сталкиваться молодежи, снижает долю молодых людей, которые считают труд своим долгом перед обществом [Vendramin 2007].

Международные исследования (глава 2) и проведенные нами интервью выявляют у молодежи высокий уровень ожиданий, связанных с возможностью самовыражения. Сейчас у молодого поколения высокий уровень образования, они определенно нашли себя на рабочем месте и хотят реализовать планы как в семейной, так и профессиональной жизни. Девушки с высшим образованием больше не рассматривают свою профессиональную деятельность как приработок. Часто семейные дела все еще стоят в приоритете, что подтверждается рядом исследований, однако сегодня женщины заявляют о своем желании строить карьеру. Они также привносят в работу свои представления о рабочей атмосфере и социальных отношениях. Эта форма вовлеченности в работу, характерная для женщин, соответствует типу 3, стоящему на втором месте по распространенности.

Точки соприкосновения

Несмотря на внутреннее разнообразие и отсутствие общего самосознания среди представителей одного поколения, очевидно, что молодежь и женщины формируют новый способ восприятия труда. Изменения в отношении к труду, рост ценностей, связанных с возможностью самовыражения, в большей степени затрагивают молодое поколение. Те, кто вкладывал свои силы в учебу, более требовательны по отношению к работе, у них более высокие ожидания, связанные с личным развитием. Молодежь неравнодушно относится к труду, предъявляя к рабочим местам высокие ожидания как инструментального, так и выразительного характера, при этом большое внимание уделяя другим сферам жизни. Пример молодого поколения подтверждает мысль о развитии в сторону «полицентричного» взгляда на жизнь, в рамках которого жизнь и ценности сосредоточены вокруг нескольких центров (работа, семья, личная жизнь, досуг, увлечения), которые уравновешивают друг друга. Молодые люди стараются найти баланс между работой и жизнью с точки зрения смысла и ценностей, в результате они могут предпочесть нестабильную работу, в которой видится смысл, стабильности, лишенной смысла. Они меньше, чем старшее поколение, боятся нестабильности и при этом прежде всего нацелены на обеспечение своей безопасности. Представляется, что в их глазах непостоянная занятость — это неминуемый временный этап.

Пересмотр первостепенной важности работы можно объяснить рядом факторов: у молодых людей более высокий уровень образования; с рождением первого ребенка они сильнее (по сравнению с предшествующими поколениями) хотят ограничить присутствие работы в своей жизни; они не желают следовать по пути своих родителей, зацикленных на трудовой деятельности; из-за понижения социального статуса они успели испытать разочарование. Одной из наиболее важных переменных для понимания изменений внутри поколения является гендер. Его роль в конечном счете сказывается на переменах в организации семейной жизни и повышении важности, придаваемой балансу семейной и рабочей сфер как среди мужчин, так и среди женщин.

Женщины в той мере, в которой их профессиональная жизнь не ограничена материнством, привносят в сферу труда очень четко сформулированные и относительно новые ожидания.

Выводы: новая модель отношения к труду?

Анализ эволюции отношения к труду на материале крупных международных исследований (ISSP, EVS и ESS), национальных опросов и качественных интервью позволил выявить отличительные характеристики молодого поколения, а также женщин, и определить параметры современной значимости труда: отказ от приоритизации работы и желание реализовывать свои планы в различных сферах жизни в соответствии с логикой многогранной идентичности. Это в свою очередь дало возможность выдвинуть гипотезу о последующем повышении роли труда в человеческой жизни. Другая черта заключается в сближении между мужчинами и женщинами в отношении к труду, а также в определенных взглядах на социальные связи, считающиеся важными при оценке качества работы.

Полицентричность жизни

Тенденции в изменении отношения к труду объясняются не столько противопоставлением зацикленности на работе и отстраненного отношения к ней, сколько концепцией полицентричности, которая лучше объясняет поиск баланса при принятии личных решений. Сходным образом проявляясь в результатах опроса SPReW[7] и многочисленных исследованиях, эта идея заключается в том, что работа, сохраняя важность, тем не менее более не является единственным важным фактором в формировании идентичности и экзистенциального равновесия. В этом процессе также участвуют семья, друзья, досуг, социальная жизнь, интересы и т. д. Баланс между рабочей и семейной жизнью обрел важность как для женщин, так и для мужчин; первосте-

---

[7] SPReW. FP6.

пенная значимость работы отходит на второй план, уступая место полицентричному взгляду на жизнь.

При полицентричном взгляде на жизнь работа имеет ключевое значение в жизни, но не превалирует над другими ее составляющими. Уходит в прошлое время, когда работа стояла в приоритете; происходит отказ от готовности посвящать себя рабочим делам в нерабочее время, возникает желание сохранить личное пространство. Эти процессы сопряжены с появлением идеи гибкого управления временем, дающей возможность для личного развития. Существование полицентричного взгляда на жизнь подтверждают эмпирические исследования, проведенные в шести странах: он заметно проявляется у интервьюируемых французов, итальянцев и бельгийцев, несколько меньше у португальцев и немцев. В тех странах, где эта тенденция выражена ярче, ею в большей степени затронуто молодое поколение. Для тех, для кого работа является краеугольным камнем идентичности, она в значительной степени отождествляется с жизнью, — в таком случае о разнообразии интересов речи не идет. Однако такой тип в чистом виде встречается очень редко.

В этом вопросе из общего ряда выделяется Венгрия, распространенная модель в которой не вписывается в логику полицентричности. Возможно, ситуация в этой стране сложилась таким образом в связи с незаконченным процессом адаптации к новому типу экономики. Представляется, что в этой стране у молодежи только два возможных пути: посвятить себя работе — и, возможно, снискать репутацию карьериста, особенно если вы девушка, — либо сохранить дистанцию и больше времени уделять семье. В стандартном варианте работа противопоставлена семье, и помимо этих двух сфер нет других вариантов, таких как друзья, досуг, увлечения и прочие интересы, как в полицентричной модели.

Полицентричность оказывается попыткой согласовать различные сферы жизни как с точки зрения ценностей, так и в организационном плане (совмещение работы с семейной жизнью), что как никогда прежде актуально в контексте личной вовлеченности в работу.

Такой тип отношения к работе, как следует из работы Меркюра и Вюльтюр, также широко представлен в Квебеке [Mercure, Vulture 2010]. Среди основных шести вариантов установок по отношению к работе, найденных исследователями на пересечении основной цели работы (экономическая или получение опыта) и ее места в жизни (центральное, среднее или периферическое), заметно выделяются два наиболее популярных «типа». Первый — те, кто руководствуется исключительно личными интересами (37 %: место работы в жизни — где-то посередине, основная цель — получение опыта), второй — профессионалы (22 %: место работы в жизни — где-то посередине, основная цель — экономическая). Меркюр и Вюльтюр отмечают появление тенденции, когда «отдельно взятая личность, способная осмыслять свое существование, уделяет все больше внимания самоопределению и в идеале достижению баланса между различными сферами жизни» [Ibid: 222].

Сближение гендерных моделей

Гендер играет существенную роль в понимании эволюции отношения к труду, изменения отношения к семейной жизни и возникновения идеи равновесия рабочей и семейной сфер как для женщин, так и для мужчин. Работающее молодое поколение учитывает сближение гендерных моделей в вопросе вовлеченности в работу — процесс, который можно назвать феминизацией мужской модели или маскулинизацией женской. Представляется, что на формирование установок молодежи в отношении работы больше, чем когда-либо, влияют цели самовыражения. При выборе работы молодое поколение в большей степени, чем их предшественники, руководствуется личными интересами и стремлениями, для них также важно выстраивать на работе хорошие человеческие связи. Более того, меняется их отцовская роль, расширяется участие в семейных делах и заботе о детях. Несмотря на то что мужские и женские роли все еще распределены неравномерно, феномен вовлеченности мужчин в семейную жизнь выражается ярче, если у мужчины высокий уровень образования, а также в том случае, если в паре работают оба. Хотя на рынке труда все еще присутствуют сегрегация и дискриминация по половому признаку, для девушек работа перестала, как в предшествующие годы, быть средством эмансипации, т. к. этой цели они в целом достигли. Для женщин работа все больше становится необходимым компонентом построения социальной идентичности и средством получения удовлетворения и личного поощрения. В настоящее время уровень образования женщин зачастую выше, чем в среднем у мужчин в их поколении. Посвящая себя карьере, они проявляют большую целеустремленность. Несмотря на преобладающий характер этой тенденции, мы также констатируем признаки возврата к традиционным ролям (отец-кормилец и мать), особенно в тех странах, где для молодого поколения характерен высокий уровень конкуренции среди сверстников (Венгрия, Италия).

Сближение гендерных моделей отношения к труду, в особенности у молодых людей с высшим образованием, уже привлекло внимание экспертов по управлению персоналом. Занимаясь вопросами удержания молодых специалистов с высшим образованием, те обнаружили новые варианты совмещения семейной жизни и работы у молодых людей. К аналогичному заключению приходят Меркюр и Вюльтюр, анализируя ситуацию в Квебеке: «Из нашего анализа следует, что работники упорно стремятся к достижению и сохранению баланса между профессиональной и личной жизнью <...> В целом нам кажется, что проблема совмещения частной жизни с работой является одним из основных вызовов для предприятий» [Mercure, Vulture 2010: 248–249].

У женщин, в особенности молодых, очень высокие ожидания в отношении работы (работа должна иметь смысл, быть интересной, позволять в равной степени заниматься другими важными делами). Сегодня работающие женщины с маленькими детьми получают возможность говорить о своих сложностях в совмещении различных сфер деятельности. В этих условиях новое отношение к труду, выразительницами которого в основном являются женщины, может стать новой нормой, соответствующей модели, в рамках которой в паре оба работают и оба занимаются семейными делами.

Социальный аспект и отношение к коллективу

Ценность, придаваемая людьми социальному аспекту работы, хорошей атмосфере в коллективе и отношениям с коллегами и начальством, подтверждается результатами различных опросов и интервью. Большее значение придается непосредственному кругу повседневного общения на работе и коллегам, совместно с которыми реализуется работа, а не просто принадлежности к профессиональной группе или абстрактному коллективу; это обстоятельство также обусловлено развитием форм организации и изменениями, связанными с жизненными сценариями. Трансформация отношения к работе вместе с распространением новых форм организации труда привели к новым способам образования мы-идентичности на работе. Эволюция в отношении к коллективу связана как со сложностью сценариев интеграции, так и с готовностью быть мобильными у тех работников, которые ищут предложения, оптимально отвечающего их требованиям к работе.

Изучив отношение к коллективу в секторе информационных технологий и телекоммуникации, для которого характерны новые формы организации труда, работа в командах и проектная деятельность, а также квалифицированные и по большей части молодые кадры, мы отмечаем, что для сотрудников таких компаний не свойственно чувство принадлежности к некому сообществу [Vendramin 2004]. Участие в жизни коллектива — это компромисс между коллективной и личной составляющими в работе. Аналогичным образом Р. Сенсолье и его коллеги в своем обновленном исследовании моделей профессиональной идентичности показывают закат синкретичных моделей идентичности и распространение таких, в которых форма интеграции в большей степени определяется не правилами, а взаимодействием в рамках работы [Osty et al. 2007]. На коллектив возлагаются серьезные личные ожидания, соответствие которым оценивается в зависимости от полученных удовлетворения или практических навыков. На фоне сильных экспрессивных ожиданий, разнообразия сценариев жизненного пути, а также повышения уровня образования солидарность приобретает более сложный и диффузный характер.

Связь формируется в ходе общей деятельности. Этот способ держаться вместе на работе и формировать коллективы, которым не чужд мобильный образ жизни, хорошо подходит для определенных профессий, а также для определенного периода профессионального развития и не обязательно охватывает весь карьерный путь. В любом случае такой способ ставит под вопрос работу профсоюзных организаций, у которых подход к солидарности основан на чувстве принадлежности к профессии или к более абстрактному коллективу.

В заключение этой главы напомним об отсутствии причинно-следственной связи между возрастом, социально-профессиональной категорией или гендером, с одной стороны, и отношением к труду — с другой (даже с учетом важности определенной личной причастности к той или иной категории). Нельзя сказать, что эти факторы определяют какой-то конкретный тип отношения к труду, хотя можно констатировать появление определенных отличительных трендов: например, дефицит женщин с исключительно инструментальным подходом или значительная доля наиболее квалифицированных кадров среди тех, для кого характерны установки с преобладанием экспрессивной составляющей. Подход, основанный на изучении поколений, показывает, что получение опыта в определенных условиях, характеризуемых устойчивой массовой безработицей, повышением уровня образования и увеличением представленности женщин на рынке труда, а также общая экономическая судьба позволяют говорить о возникновении у молодого поколения и у женщин измененного восприятия работы. Для него характерно желание уделять равное внимание значимым сферам, сближение моделей вовлеченности в работу у мужчин и женщин, подход к социальным отношениям с личной, а не коллективной позиции. С такими вводными данными мы и будем анализировать в следующей главе то, каким образом друг друга воспринимают поколения, для которых значение, придаваемое труду, имеет сходства и различия, а также влияние этого взаимного восприятия на повседневное взаимодействие в рамках работы и на сплоченность между поколениями.

Глава 5
Сосуществование поколений в рамках работы

Исследования и споры о том, какое место на рынке труда отведено молодому поколению, равно как и вопросы о будущем пенсионных систем[1] в Европе поднимаются уже долгое время в социологии труда [Hamel et al. 2010; Zoll 1999; Nicole-Drancourt, Roulleau-Berger 2001; Gauthier, Roulleau-Berger 2001; Lefresne 2003; Beaud 2003; Tchernia 2005] и в более широком политическом контексте [Monaco 2005]. При этом сравнение того, как представлены различные поколения на рынке труда, — относительно новый подход как в рамках научного изучения, так и на уровне управления кадрами на предприятии. До недавнего времени исследования в большей степени сосредотачивали внимание на различных возрастных группах по отдельности[2], при этом, с одной стороны, стояла проблема места молодежи на рынке труда, а с другой — обеспокоенность старением населения и будущим пенсионных систем. С последнего и началось комплексное исследование роли различных возрастных групп на рынке труда. За

---

[1] Conseil d'orientation des retraites, Retraites: renouveler le contrat social entre les générations. Orientations et débats. Premier rapport 2001, Paris, La Documentation française, 2002; Commission européenne, Adequate and Sustainable Pensions, Joint Report by the Commission and the Council, Luxembourg, Publications Office, 2003. См. также [Palier 2003; Guillemard 2003; Caradec 2008; Natali 2008].

[2] Определение концептов, отсылающих к возрастным группам (возрастая группа, поколение, молодежь, старшие, средний возраст) приведено в главе 4.

последний десяток лет количество семинаров, статей, конференций по адаптации управления на предприятиях к возрастному фактору увеличилось в геометрической прогрессии [Pekala 2001; Paré 2002; Arsenault 2004; Dejoux, Wechteler 2008; Eisner 2005; Ollivier, Tanguy 2008; Tulgan 2009; Pichault, Pleyers 2010; Erickson 2009; Hewlett et al. 2009; Saba 2009]. Прежде всего перед специалистами по управлению персоналом стоит вопрос, как отсрочить выход на пенсию работников старше 50 лет. Внимание отдельных европейских государств и ЕС в целом оказалось прикованным к демографическим проблемам, требующим решения. В то же время недавние молодежные протесты в Европе и за ее пределами обратили общественное внимание на кризис интеграции в сфере труда и занятости, с которым сталкивается молодое поколение, несмотря на увеличение доли лиц с высшим образованием в Европе, в особенности девушек.

В этой главе развивается проблематика сосуществования поколений на рынке труда, которая поднималась в рамках индивидуальных и групповых интервью при проведении исследования в шести странах (Франция, Бельгия, Германия, Венгрия, Италия, Португалия) [Vendramin 2008a], а также исследуется взаимное восприятие рассматриваемыми возрастными группами (младше 30 лет, 30–49 лет, 50 лет и старше). Исследование затрагивает поколенческое мировоззрение и чувство принадлежности к определенной группе, индивидуальные жизненные сценарии, противоречия между полученным трудовым опытом и формальными академическими знаниями.

На более фундаментальном уровне, отталкиваясь от представлений интервьюируемых об отношениях между представителями разных поколений в рамках трудовой сферы, мы показываем в этой главе сходства и различия, то, в чем они близки и в чем расходятся, а также зоны их конфликтов и сотрудничества. Ясно, что различия среди экономически активного населения и внутри отдельно взятого поколения структурируют еще и другие переменные, в частности социально-профессиональный статус, гендерная и этническая принадлежность. Этих переменных мы тоже касаемся в этой главе, но без глубокой проработки, поскольку основной предмет нашего анализа — это возрастной фактор и то, как он обуславливает отличия, приводящие к увеличению дистанции и взаимному непониманию.

Возраст: принадлежность к поколению и индифферентность

Представители всех возрастов часто считают, что принадлежность к определенной возрастной группе помогает им определить индивидуальное отношение к труду, формальным и неформальным правилам, связанным с профессиональной деятельностью. Помимо соотнесения характеристик с тем или иным возрастом, в чем в современную эпоху нет какой-то особой специфики, есть и более важное наблюдение: интервьюируемые отрицают важность возрастного фактора в отношениях между поколениями. Первые шаги на трудовом поприще, карьера, достигшая зенита, близкий к завершению профессиональный путь — эти отличия, по мнению участников опроса, не влияют на отношения между поколениями. Существующие стереотипы, связанные с возрастом, также мало влияют на повседневное взаимодействие между сотрудниками; о них вспоминают прежде всего в напряженных ситуациях, когда представители той или иной группы чувствуют потенциальные препятствия для своей деятельности или угрозу исключения из коллектива из-за принадлежности к определенному поколению. Наконец, помимо совокупности таких признаков, как гендер, возраст или социально-профессиональный статус, природа отношений между людьми или между группами зависит от качества межличностных отношений. Эти проблемы рассматриваются нами далее в рамках главы.

Восприятие установок и стиля поведения

Первое, в чем обнаруживаются различия разных возрастных групп, — это установки или поведение в профессиональной сфере. Выяснилось, что поведенческие особенности есть как у молодежи, так и у старшего поколения. Люди среднего возраста в целом не проявляли желания обсуждать вопрос возраста —

о нем больше говорили люди старшего поколения, чаще всего рассуждая о работающей молодежи. Именно ценности и приоритеты молодого поколения воспринимаются более старшими как отличие. Рассуждая об установках молодежи по отношению к труду, старшие коллеги в основном говорят о мотивации, которой у молодых работников, по их мнению, недостаточно, равно как и энтузиазма в работе и инициативности. Они осуждают новое поколение работников за то, что те, по их мнению, интересуются преимущественно инструментальной составляющей труда. Можно сказать, что оценка уровня мотивации молодого поколения старшим строится по двум осям. Первая ось отражает культурные перемены, связанные с демократизацией образования, относительно благоприятной социальной политикой, изменениями в ценностях. По мнению работников старшего возраста, молодые люди в какой-то степени слишком хорошо живут, поэтому не понимают, что именно мотивировало их родителей к трудовой деятельности, и «не знают, почему они должны работать»: «молодежь чувствует себя в относительной безопасности благодаря системе социальной защиты». Квалифицированный рабочий из Бельгии, в возрасте за 50 лет, подытоживает:

> Такая уж сегодня жизнь, система <...>. Скажу так: все слишком легко, само идет к вам в руки <...>. Сейчас молодой человек еще не женился, а уже хочет, чтоб у него был дом с кухней, на кухне — техника, чтобы был автомобиль. Они просто хотят, чтобы у них было все. У них другое мировоззрение, даже на работе проявляется, что у них другое мировоззрение.

Следуя тем же логическим путем, мы видим и определенные отсылки к изменению ценностей. У молодежи выработалось иное отношение к досугу, что влияет на объем времени, который они готовы тратить на работу. По-другому ими воспринимаются и семейные отношения. Когда в паре работают оба, меняется время, которое они готовы посвящать работе. Мужчины старшего поколения часто были основными кормильцами в семье, и для них было важно использовать все возможности, чтобы повысить семейный доход. У молодых людей, партнер которых чаще всего тоже работает, дела обстоят иначе. Столяр, 50 лет, из Бельгии отмечает:

> Молодые отработают свои восемь часов, а потом сидят дома. Им нравится проводить время с друзьями. Они ходят в гости к друзьям, пьют вино. И большего не допросишься. Мне же если надо сделать две двери, то я их сделаю и только потом пойду встречаться с друзьями. Молодежь не придерживается наших норм поведения. Они живут по-другому.

Вторая группа аргументов, связанных с мотивацией молодежи, касается психологической связи между предприятием и работниками. Старшее поколение считает, что молодые вынуждены жить в условиях незащищенности и строить преимущественно краткосрочные планы. Им самим приходится определять путь своего профессионального развития, и поэтому они уже не настолько лояльны к работодателю, что в глазах старших коллег выглядит как недостаток мотивации. Однако старшее поколение признает, что предприятия предоставляют мало возможностей и перспектив и поэтому тоже несут ответственность за снижение мотивации у молодежи. Вынужденные жить с постоянной угрозой безработицы, молодые люди соответствующим образом корректируют свои профессиональные проекты. Рабочий из Италии, 50+ лет, объясняет эту ситуацию так:

> У них другое мировоззрение, да, у них другое мировоззрение <...>. Их просишь еще час поработать, а они отказываются, им, дескать, надо идти. У них нет мотивации. Но я их понимаю. Они ожидают, что их возьмут работать на постоянной основе. Они ждут этого. Ждут и не получают. В конце концов, они разочаровываются.

Такое представление негласно бытует среди работников в возрасте 50 лет и старше; у молодого поколения, в свою очередь, сформировалось свое видение старших коллег. Согласно их стереотипу, пусть и не настолько распространенному, старшее поколения более скептично настроено, равнодушно, безразлично к своей работе и отстранено от нее; при этом себя молодые люди в большей степени считают энтузиастами и инноваторами.

Эти рассуждения о мотивации соотносятся с центральным понятием жизненного пути. Отличие молодежи заключается в том, что она идет не по тому пути, каким следовали ее предшественники (см. следующий раздел). Можно поставить вопрос о том, действительно ли такое взаимное восприятие поколениями — нечто совершенно новое. Как подчеркивает Н. Фламан [Flamant 2005], такие представления существовали и тридцать лет назад: когда молодые люди тех лет вступали на рынок труда, они сталкивались со штампом того же рода. Мы находим этому подтверждение, например, в исследовании специалистов Центра исследования занятости, которые в 1972 году изучали вопрос восприятия идеи труда молодежью:

> В то время как некоторые стараются если не оправдать, то объяснить трудности молодежи при поиске работы отказом от традиционных ценностей, исследование понятия успеха и неудачи в молодежной среде, судя по всему, ставит под вопрос ряд приобретенных представлений <...>. Как охарактеризовать ситуацию, когда, описывая новые трудности с молодежью, большая часть работодателей, у которых преимущественно трудоустроены молодые специалисты, говорит об отсутствии у них таких «качеств, как любовь к труду, амбициозность и серьезность», якобы присущих предшествовавшим поколениям, и объясняет нежелание дальше работать с молодым поколением субъективными причинами? [Rousselet et al. 1975: 11]

В конце 2000-х годов предприятия заново открыли для себя молодых работников, при этом в течение двух десятков лет молодежь оставалась за пределами штата или представляла собой безмолвную рабочую силу, запуганную перспективами остаться на улице. На этом поколении отразились все те изменения, которые произошли за пределами сферы труда в связи с особенностями потребления, обеднением рабочей силы, технологическими переменами, повышением мобильности. Люди приносят эти изменения на предприятия, где теперь все больше молодых работников. В результате работникам и их работодателям приходится учиться выстраивать новые отношения.

Несмотря на эти критические высказывания о профессиональной мотивации молодежи, на более фундаментальном уровне представляется интересным отметить, что в рамках отношений между поколениями вопрос возраста — не та тема, которая носится в воздухе. В шести странах, где проводился опрос, его участники не касались этой темы, если их прямо не спрашивали. Мы не обнаружили каких-либо признаков, подспудно или имплицитно указывающих на разграничение или поляризацию, а тем более на конфликт между возрастными группами. Отношение к возрасту или к принадлежности к определенному поколению у большинства индифферентно. Тот факт, что возраст широко не обсуждается, при том что вопрос отношений старших и младших находится в активном социально-политическом поле и даже стигматизирован [Desmette, Gaillard 2008; Gaillard, Desmette 2010], вероятно, указывает на определенную табуированность вопроса возраста в сфере труда (вероятно, как и гендерная принадлежность). Часто оказывается, что темы, которые в обществе не обсуждают, имеют наиболее важное значение. Более того, когда интервьюируемых напрямую спрашивали о важности возраста на месте работы, многие из них отвечали, что людей отличает не возраст, а их личные качества. Подобные ответы выглядят готовыми объяснениями и не способствуют осмыслению социальных изменений [Tajfel 1982].

Движения в обществе в значительной степени основаны на представлении, что ситуация зависит от совокупности внешних обстоятельств, влияющих на объединенную общим признаком группу [Simon, Klandermans 2001]. Таким образом, когда заимствованные объяснения воспринимаются как свои, остается меньше пространства для альтернативных вариантов и потенциальных изменений. Отрицание важности возраста — это дискурсивная установка, которая не способствует созданию социальных условий для перемен. Кроме того, несмотря на декларируемое равнодушие к этому вопросу, во всех странах, принявших участие в исследовании, парадоксальным образом обнаруживается, что каждой возрастной группе приписываются определенные отрицательные качества и соответствующие стереотипные представления. На этих качествах могут акцентировать внимание (в случае конфликта) или же считать их незначительными (в период сотрудничества), но в любом случае они существуют и становятся своего рода «ресурсом» при возникновении напряженности.

Неоднозначные стереотипы

Отрицательные качества и характеристики, чаще всего приписываемые старшим поколением молодым работникам, чаще всего связаны с недостатком мотивации. В определенных случаях, как мы увидели, старшие коллеги связывают его с шатким положением молодых людей на рабочем месте. Упоминают также безынициативность и низкую концентрацию внимания или подчеркивают дух соперничества между представителями молодежи. Некоторые работники старшего возраста ищут более глубокие причины. По их мнению, за последние двадцать лет у молодых людей испортилась дисциплина: они часто прогуливают, проявляют неадекватность, для них характерен низкий уровень профессиональной дисциплины и интереса, они ненадежны и нетерпеливы. Сотрудник французской компании в сфере торговли, 50+ лет, отмечает, что «они сразу хотят все, при этом ничего не знают и еще не проявили своих способностей».

Наиболее распространенные отрицательные стереотипы о работниках старшего возраста связаны с их якобы пассивностью, косностью или нежеланием развиваться. При переходе страны на демократические рельсы, как, например, в случае Венгрии, изменение ценностей проявляется еще более ярко, а напряженные отношения представителей разных поколений в рабочей обстановке хорошо укладываются в рамки категорий, применимых к конфликту в семье. Венгерские исследователи проводили в группах дискуссии, из которых следует, что «старшее поколение старается навязать молодому поколению свои представления о том, как надо жить». В этой стране, переживающий переход к демократии, клише о том, какое место в жизни должна занимать работа, напоминают семейные стереотипы, а новые категории, появившиеся как в публичной сфере, так и в частной жизни, все еще не оформились до конца [Vendramin 2008a: 197–252].

Наконец, больше всего как положительных, так и отрицательных стереотипов другие возрастные группы навешивают на молодежь, меньше всего — на людей среднего возраста. По ряду параметров последние предстают своего рода «невидимым поколением», хотя именно в их среде формируются самые негативные представления о молодых работниках. Более критичное отношение к преемникам подпитывается чувством, что положение их самих на занимаемых рабочих местах оказывается все более шатким по мере интеграции нового поколения, которое получило более высокий уровень образования и более гибко (что считается неприемлемым для людей старше 30 лет). В результате молодежь предстает не угрозой для старшего поколения, а прямым конкурентом людей среднего возраста, у которых впереди еще много лет до выхода на пенсию.

Данные опроса 2010 года, посвященного условиям труда в Европе, подтверждают, что мало кто верит в существование дискриминации на работе по возрастному признаку, но при этом она затрагивает тех, кто моложе 30 лет и старше 50. На вопрос «Сталкивались ли вы с дискриминацией по признаку возраста за последние 12 месяцев?» положительно ответили 5 % работающих европейцев младше 30 лет, 2 % — в возрасте от 30 до 49 лет, 5 % — 50 лет и старше[3]. Во всех шести странах, принимавших участие в опросе, одинаковый тренд по возрастным группам (более высокие значения для молодежи и старшего поколения), хотя сами показатели различаются в зависимости от страны. Больше всего тех, кто за последний год сталкивался с дискриминацией, оказалось в Германии: это 9 % респондентов младше 30 лет, 1 % опрошенных в возрасте от 30 до 49 лет, 9,5 % работников 50 лет и старше. Далее идут Бельгия (соответственно 7 %, 3 % и 6 %),

---

[3]   Eurofound. EWCS 2010.

Франция (6 %, 2 % и 6 %), и Венгрия (4 %, 2,5 % и 5 %). Проявление дискриминации наименее заметно в Италии (3 %, 1 % и 3 %) и Португалии (4 %, 1 % и 2,5 %).

Приоритет социальных связей

Наконец, важным параметром межличностных и внутригрупповых отношений является качество социальных связей («обстановка») на работе. Консультант из Италии, 54 года, отмечает, что «работа становится значимой, но центральное место она начинает занимать только тогда, когда вам комфортно с коллегами, с которыми вы работаете, когда у вас устанавливаются хорошие отношения». Технический специалист из Италии, 27 лет, выражает эту мысль по-своему: «Когда люди, с которым вы работаете, смотрят на вас как на чужака, не замечают ваших способностей, не приходят на помощь и не приглашают попить кофе, сложно сохранять позитивный настрой и чувствовать себя комфортно».

Качество социальных связей оказывается важнее принадлежности к определенному поколению, и поэтому возраст не представляется потенциальной проблемой. В целом, смешение представителей разных поколений считается с организационной точки зрения хорошим явлением, даже если в личном общении возрастная разница очень заметна. Ассистент отдела кадров, 27 лет, из Франции дает такое объяснение:

> Очевидно, что у нас не одни и те же проблемы. Коллегам старшего возраста меньше времени остается до выхода на пенсию. Поэтому часто можно услышать, как они обсуждают свой уход с работы, реформу пенсионной системы, дальнейшие планы. Что касается меня и других молодых людей с аналогичным статусом, сейчас у нас тот этап, когда мы выстраиваем свою жизнь как на личном фронте, так и на профессиональном поприще со всеми вытекающими вопросами: как развиваться на работе, на чье попечение оставить детей <…> как накопить на покупку дома. Такого рода вопросы. Таким образом, между нами действительно может возникнуть дистанция. У нас не одни и те же проблемы.

Этот социальный аспект принимает различные формы. В более традиционных секторах экономики у работников старшего возраста возникает покровительственное отношение к новичкам в коллективе. Молодой инженер-металлург из Бельгии, 22 года, дает такое объяснение:

> Я был совсем зеленым, салагой. В окружении людям было за пятьдесят. Я был мальчишкой, поэтому меня хорошо приняли. Поэтому я и говорю, что не хотел уходить из этой среды, где меня на работе всегда хорошо принимали, потому что, да, даже в 20 лет я был мальчишкой. Было действительно классно.

В некоторых случаях компании делают ставку на однородность коллектива по возрастному признаку, делая таким образом социальную составляющую работы своего рода компенсацией за шаткость позиции и низкую зарплату. Руководительница отдела кадров в небольшой коммерческой фирме в Бельгии, 33 года, отмечает, что не берет в свою команду тех, кому за 30, потому что мотивация молодых работников в значительной мере завязана на обстановку в коллективе, общность интересов и молодежную атмосферу [Vendramin 2008a: 39–88]. По признанию этой руководительницы,

> недавно я проводила анкетирование, задавала общие вопросы. Подытожу все ответы: «Платят мало, о космических зарплатах речи нет, но никто не дергается, потому что понимает, что это за место, потому что тут есть определенная свобода и коллектив классный». Вот что следовало из всех ответов.

Что касается сферы социальных отношений, то здесь тон чаще задают старшие. Индивидуализм, ассоциируемый с молодежью, противостоит солидарности, выражаемой старшим поколением. Последнему кажется, что в сфере труда по различным причинам (связанным как с индивидуальным фактором, так и с эволюцией общества в целом) индивидуализм все больше усиливается, а солидарность идет на спад и что такие ценности и установки в большей степени исходят от молодежи. Подобного рода суждения остаются крайне расплывчатыми, потому что при всем вышесказанном доминирующий дискурс демонстрирует, что социальная связь на работе не исчезает.

Жалобы на снижение солидарности часто относят на счет уменьшения роли профсоюзов [Visser 2006; Ebbinghaus, Visser 2000], однако нам представляется, что причина скорее связана с противоречиями между двумя типами мировоззрения и опыта, которые сталкиваются в процессе работы. За разными возрастными группами стоят разные представления о компании и организационных процессах. Карьера работников старшего поколения в основном строилась на крупных предприятиях с сильным общественным началом, молодые же вышли на рынок труда, когда организационные процессы стали более либеральными. После того как в 1997 году бельгийская компания «Duferco» поглотила часть обанкротившегося металлургического комбината «Forges de Clabecq», рабочий в возрасте за 40 вспоминает свое впечатление от столкновения двух подходов к работе:

> Раньше у нас на работе были определенные порядки. А потом пришли новые сотрудники, молодежь, энтузиасты. Они были более квалифицированными. Остальные, прежний персонал, оказались у них в услужении <...>. Возник конфликт поколений <...>. Новичкам был больше свойственен индивидуализм. Они не имели представления о товариществе, которое у нас было. Сейчас еще много тех, кто остался от «Forges», и они все еще не понимают сейчас, спустя десять лет, что у других не такой менталитет. Если его не знать, если его нет, его так не приобретешь. Есть те, кто понимает, даже если и не свыклись. Но есть и те, кто не понимает, они считают «других» плохими, даже не понимая, что они представляют, они плохие просто потому, что думают иначе.

Рост индивидуализма характерен не только для сферы труда: такая тенденция наблюдается в масштабах всего общества. Отношение к этому разнится. Некоторые авторы с пессимизмом пишут об исчезновении солидарности и сильном упадке социальных

связей на работе из-за новых методов управления и систем оценки работодателем [Linhart 2009; Dejours 1980], другие исследователи настроены не столь пессимистично и подходят к росту индивидуализма на современном этапе как к изменению природы
и формы социальных связей, а не их разрушения [Vendramin 2004].

Опыт работы и личный жизненный путь

Принадлежность к определенному поколению неразрывно
связана с получением определенного опыта на рынке труда.
Внутри поколения могут быть весьма выражены различия в уровне образования или гендерной принадлежности, при этом наиболее существенная разница между поколениями состоит в том,
как был выстроен их жизненный путь: переход от окончания
учебы к выходу на рынок труда, карьерное развитие на работе.

Расхождения в сценариях жизненного пути

Изменения в траекториях жизненного пути играют важную
роль: жизненные сценарии и карьерное развитие у работников
старшего поколения сильно отличаются от того, с чем сегодня
сталкивается молодежь. На всех этапах: в период учебы, начала
трудовой деятельности, создания семьи, на работе — участники
опроса, в основном люди старшего возраста, отмечают определенные особенности. Их оценка неоднозначна: с одной стороны,
они считают, что молодежь живет в более комфортных условиях.
С другой — признают, что с точки зрения положения молодых
людей на работе — именно статуса, а не наполнения рабочих
задач, — молодежь находится в очень сложном положении
и страдает от несправедливости, по сравнению с теми условиями,
в которых находились они сами 30 годами ранее, когда начинали
трудовую деятельность.

Работники старшего поколения много говорят о важности
модели отношений с родителями. Их собственные родители работали в тяжелых условиях. У родителей современных молодых
людей были менее тяжелые условия, что логичным образом

привело к наследованию определенного стиля работы. Квалифицированный рабочий из Бельгии, 50+ лет, так пытается объяснить эту ситуацию:

> Видите ли, наши родители трудились в поте лица, и мы переняли их опыт, они нам его передали. Сегодня с молодежью другая история. Я видел, как работал мой отец, и вижу, как работаю сегодня я. Сейчас намного проще. Сейчас намного проще, условия работы изменились. Изменились и преимущества по сравнению с тем, что было раньше.

Работники старшего возраста также отмечают, что у молодых в начале профессионального пути нет опыта работы, потому что они приходят на предприятие сразу после учебы. Более того, им больше не приходится мириться с ограничениями, которые раньше накладывали на личную жизнь первые годы трудовой деятельности. Другое ключевое изменение связано с продолжительностью учебы и ее ролью в профессиональной подготовке. Почти 42 % европейцев младше 30 лет учились как минимум до 21 года, при этом среди работников старше 50 лет этот показатель составляет только 25 %[4]. Если смотреть по 15 странам — старейшим членам ЕС, пропасть между двумя возрастными группами еще шире: 52 % среди молодежи и 26 % среди людей старшего поколения. По шести странам, принимавшим участие в опросе, наблюдается аналогичная ситуация, но с региональными различиями. Доля немцев младше 30 лет, учившихся минимум до 21 года, составляет 56 %, для немцев старше 50 лет показатель составляет 32 %. В Бельгии показатели составляют 53 % и 40 %, во Франции — 38 % и 22 %, в Венгрии — 36 % и 15 %, в Италии — 38,5 % и 19 %, в Португалии — 34 % и 8 %.

Анализируя этот стереотип, мы должны отметить все большее распространение практики совмещения учебы и работы. Популярность этого феномена в Европе еще не достигла масштабов Квебека и Северной Америки, но уже становится реальностью. Во Франции у 17 % опрошенных представителей «поколения

---

[4] Eurofound. EWCS 2010.

2004» во время учебы была постоянная работа, у 70 % — «работа на каникулах или подработка» [Hamel et al. 2010: 237–243]. Согласно исследованию, проведенному во франкоговорящей части Бельгии в 2007 году с репрезентативной выборкой по 1000 опрошенным младше 30 лет [Vendramin 2007], каждый второй «регулярно» работал в годы учебы до прихода на нынешнее место работы; 29 % работали иногда; 22 % никогда не работали параллельно с учебой. Совмещение работы и учебы для многих молодых людей становится особенной формой профессиональной социализации. Кроме того, все чаще увеличивается превосходство в наборе компетенций у тех людей, кто работал во время учебы.

Неустойчивость положения и ее влияние на жизненные сценарии молодого поколения

В начале карьерного пути общей для молодого поколения особенностью является неустойчивость их положения. Это незнакомый старшему поколению феномен, к которому относятся резко негативно. Говоря о начале своего профессионального пути, работники старшего возраста прежде всего отмечают, что им было легко строить карьеру вне зависимости от уровня образования или первоначальной квалификации. Сегодня они видят, что высшее образование перестает считаться престижным, на политическом уровне принимаются решения, направленные на то, чтобы замедлить выход молодых людей на рынок труда, труд становится более гибким. Они констатируют, что процесс выхода на рынок труда становится более индивидуализированным и опасным, что для построения карьеры нужно накопить несколько лет опыта (причем иногда очень разнородного), прежде чем удастся найти надежное место работы.

Работники старшего возраста при этом считают, что условия труда у них были хуже, — впрочем, это утверждение касается именно условий труда, а не работы в целом. С этой перспективы работники старшего возраста признают: «Мы были не такими, как молодые работники сегодня»; «то, с чем молодым работникам приходится сталкиваться сегодня, неприятно»; «компании жестко обходятся с молодыми работниками». Рабочий металлургического предприятия из Бельгии, 50 лет, резюмирует эту точку зрения:

> Раньше компания тратила время на обучение новичка, а теперь он должен быть готов уже через три дня. Если у него нет опыта работы, то его, по всей вероятности, скоро выгонят <...>. Я вижу робость молодых работников, которые приходят на предприятие, они не понимаю, куда и в течение какого времени будут двигаться.

Некоторые работники старшего возраста признают, что снижение лояльности среди молодых работников объяснимо. По словам ИТ-специалиста из Бельгии, 63 лет, «они не могут сохранять верность старым моделям. На руководстве и компаниях лежит большая ответственность: именно они выделяют разные группы». Считается даже, что стереотипы о влиянии возраста на отношения в рамках работы исходят от руководства. Что касается гарантии рабочих мест, то здесь руководство считают «холодным» орудием управления, циничным и нацеленным на то, чтобы подвергать новичков проверкам и испытаниям, мотивировать и удерживать на рынке труда. Тот же ИТ-специалист подытоживает:

> Сейчас руководство говорит следующее: «Мы хотим, чтобы у нас была возможность брать вас на работу и потом увольнять». Считаю нормальным ответную реакцию сотрудников: «Мы, работники, также имеем право брать вас на работу и потом увольнять». Считаю это нормальным и даже вполне правильным.

В этой ситуации жертвами прежде всего становятся молодые кадры, в особенности наименее квалифицированные работники. В любом случае, если работники старшего возраста, говоря о положении молодых коллег, используют в основном слово «шаткий», те, в свою очередь, стараются затушевать этот вопрос. Часто они утверждают, что череда попыток устроиться на работу может считаться пробой: все это дает основание на получение искомой должности, своего рода испытательным сроком, подтверждающим профпригодность. Молодой инженер-металлург из Бельгии рассказывает о своем жизненном пути. «До этого рабочего места у меня было 14 работ <...>. Я работал только по временным договорам. Я был молод: неделя здесь, неделя там. Было неплохо. Я на самом деле отработал понемногу во всех отраслях <...>. Любая работа — это работа, всегда профессиональный опыт».

Молодые люди дают негативную оценку переходному периоду в тех случаях, когда боятся застрять в таком состоянии. Для самых квалифицированных этот этап также становится частью «битвы талантов» [Michaels et al. 2001].

Как следует из опроса, проведенного во франкоговорящей части Бельгии в 2007 году среди трудящейся молодежи [Vendramin 2007], портрет молодых работников зачастую можно восстановить по количеству перемен места работы в течение карьеры. Результаты показали, что статус тех, кто не менял работодателя, и тех, кто менял работу 1–3 раза, в настоящее время отличается незначительно. До определенного предела для молодежи смена работодателя является нормальной практикой в профессиональной жизни. Сменить работу два-три раза считается «нормальным делом», однако после превышения этого порога мы видим больше неустойчивости при реализации жизненных сценариев и воспроизведение этой профессиональной нестабильности. Согласно цитируемому исследованию, среди 22 % молодых людей, сменивших работодателя более трех раз, чаще встречаются те, у которых также есть родственники, столкнувшиеся с безработицей. Для молодых людей, менявших работодателя один-три раза, показатель составляет 58 %, для тех, кто никогда не менял место работы, — 35 %. Смена работодателя пропорциональным образом чаще оказывалась непреднамеренной, и молодые люди с не слишком устойчивым положением чаще страдают от безработицы. Таким образом, среди тех, кто менял работодателя не более трех раз, в статусе безработных оказывались 53 %, а среди тех, кто менял более трех раз, — 84 %. Неоднократная (свыше определенного предела) смена мест работы в начале карьерного пути указывает на шаткое положение на рынке занятости.

Важно учитывать траекторию жизненного пути, и на то есть ряд причин. С одной стороны, различия связаны с определенным социальным контекстом, с другой — жизненный путь выстраивается не в изоляции от внешних условий. Если переход с этапа на этап или период работы на краткосрочных проектах затянулся, после тридцати лет и даже раньше становится сложно выбрать иной путь. Л. Шовель [Chauvel 2006] называет этот феномен запаздыванием социализации переходного периода: формирование жизненного пути человека определяется прошлым, предыдущий опыт влияет на будущие этапы, и ключевое значение приобретает момент выхода на рынок труда. По мнению этого исследователя, возникает эффект, когда трудности из прошлого, с которыми сталкивается поколение, оставляют на нем отметины, которые сами собой не исчезнут. В рамках большого исследования, посвященного поколениям французских железнодорожников, Фламан также наблюдает влияние карьерного пути, который проходят молодые кадры при выходе на работу, на их отношение к труду и ожидания, связанные с компанией и руководством [Flamant 2005]. В зависимости от сценария Фламан в своем исследовании различает четыре подгруппы молодых работников: вчерашние выпускники, приступившие к работе непосредственно после учебы; бывшие стажеры, которые проходят корпоративное обучение; те, кто был вынужден перебиваться разными подработками и наконец нашел постоянное место; те, кто сменил путь профессионального развития. Ожидания и установки по отношению к работе, работодателю и руководству у этих четырех групп молодых работников не одинаковы.

Противоречия, связанные с опытом, знаниями и отношением к инновациям

Разрыв между представителями разных поколений, который наблюдается в трудовой сфере, проявляется, во-первых, в навыках (реальных или предполагаемых) использования информационно-коммуникационных технологий, а во-вторых, в парадоксальном восприятии опыта в соотношении с академическими знаниями, полученными в процессе образования, и необходимостью в их постоянном совершенствовании.

Навыки в использовании информационно-коммуникационных технологий

В шести странах, принимавших участие в исследовании, интервьюируемые сходятся во мнении об ограниченных способностях работников старшего поколения к использованию информационно-коммуникационных технологий. Молодые работники в своем собственном представлении и в характеристике коллег старшего возраста предстают более компетентными в использовании новых технологий; при этом работники соглашаются с мнением, что они не столь компетентны и довольно неохотно используют технические инновации. Молодой руководитель из Бельгии, в возрасте между 30 и 40 годами, делится своим неоднозначным видением ситуации:

> Сначала я работал с людьми старшего возраста <...>. [«Старшего возраста» — это какого?] 50 лет <...> У меня мама преподаватель. Представьте ее рабочий стол, все бумагой завалено. У меня и сотой доли от этого объема нет, удивительно, не правда ли? А вот не совсем. Сегодня везде снизился бумажный документооборот, больше не нужно, чтобы понять другого, рисовать эскизик или нечто такое. С другой стороны, на совещаниях старшие лучше, чем мы, могут дать конкретику по проектам. Возможно, мы слишком редко отрываемся от наших компьютеров, мы сидим в пяти метрах друг от друга и даже не спрашиваем: «А что ты об этом думаешь?» Почему так происходит? Потому что мы перестали общаться. Я заметил, что у меня есть коллеги, которые сидят прям передо мной, и мы друг с другом очень редко общаемся. Каждый сидит в наушниках, а общаемся по электронной почте. Грустно все это. Грустно.

Довольно часто об информационных технологиях говорят молодежь и люди старшего поколения; этот вопрос мало затрагивается работниками среднего возраста. Тем не менее многочисленные общеевропейские и национальные опросы[5] показывают, что цифровой разрыв по возрастному признаку со временем в значительной степени исчез, в особенности в сфере труда. Последние данные EWCS 2010 года[6] свидетельствуют о том, что как по отдельным странам (исключение составляет Португалия), так и по ЕС в целом в регулярном использовании технологий[7] в работе европейцы младше 30 лет мало отличаются от своих коллег в возрасте 50 лет и старше. По Европе в целом информационно-коммуникационные технологии регулярно используют в работе 33,5 % опрошенных младше 30 лет, 38 % в возрасте от 30 до 49 лет, 33 % в возрасте 50 лет и старше; таким образом, разница между молодежью и старшим поколением составляет менее половины процента. Во Франции и Бельгии постоянных пользователей среди старшего поколения даже больше, чем среди молодого. В Германии, Венгрии и Италии разница в пользу молодежи составляет от 1 до 4 %. Обособленный случай представляет собой Португалия, где доля респондентов младше 30 лет, регулярно пользующихся технологиями, почти в два раза выше по сравнению с долей лиц старшего возраста (36 % против 17 %).

Аналогичная картина складывается с регулярным использованием интернета и электронной почты на работе[8]. Среди опрошенных европейцев на работе интернетом регулярно пользуются 24 % респондентов младше 30 лет, 29 % в возрасте от 30 до 49 лет, 24 % в возрасте 50 лет и старше, то есть по молодежи и по работникам старшего возраста показатели одинаковы. Из шести стран, принимавших участие в опросе, Португалия снова представляет собой исключение.

По данным исследования EWCS 2010 года, демонстрирующего долю постоянных пользователей информационно-коммуникационных технологий и интернета в каждой возрастной группе,

---

[5] Eurostat, база статистических данных по информационному обществу.

[6] Eurofond. EWCS 2010.

[7] Под регулярным использованием понимается совокупность ответов «постоянно», «почти постоянно» и «три четверти времени».

[8] Под регулярным использованием в этом случае также понимается совокупность ответов «постоянно», «почти постоянно» и «три четверти времени».

можно предположить, что представление о разнице в навыках использования новых технологий частично основано на стереотипах или предубеждениях. Этот вопрос требует немного более подробного рассмотрения: считается, что в отношении к технологиям существует сильное расхождение между поколениями, особенно между самыми молодыми и самыми старшими. Проблеме посвящено не одно исследование в различных научных дисциплинах [Brotcorne et al. 2011; Selwyn et al. 2005; Mertens et al. 2007; Selwyn, Facer 2007; Warschauer 2003]. В 2001 году в Нидерландах государственный регулятор по социокультурному планированию предложил классификацию, которую перенял и впоследствии дополнил ряд исследователей [Steyaert, De Haan 2001]. Ими были выделены три типа цифровых компетенций: инструментальные (связаны с использованием аппаратного и программного обеспечения), структурные или информационные (связаны с новым способом взаимодействия с онлайн-контентом: поиском, выбором, пониманием, оценкой и обработкой информации), стратегические (связаны со способностью оперативно использовать информацию, осмыслять ее применительно к себе и принимать личные и профессиональные решения). Авторы показывают, что у молодежи лучше развиты навыки инструментального характера, а у представителей старшего поколения — стратегического. Более того, исследования Евростата неоднократно показывали, что цифровой разрыв определяется не возрастом, а уровнем образования и дохода[9].

Работники старшего возраста (старше 50 лет) — это последнее поколение, которому значительную часть своего трудового пути не приходилось пользоваться информационно-коммуникационными технологиями. Кроме того, освоение этих технологий не было частью их привычной повседневности в молодые годы, а первый опыт использования пришелся на время, когда интерфейс был далек от удобства и высказывались подозрения, что во многих отраслях и крупных компаниях внедрение технологий приведет к массовой безработице. Для условий того времени

---

[9] Eurostat, база статистических данных по информационному обществу.

были характерны рост безработицы и массовые увольнения. Для молодого поколения информационно-коммуникационные технологии встроены в повседневность. Молодежь осваивает их, когда использует для развлечения, и позже, к моменту начала профессиональной деятельности, эти технологии становятся привычным инструментом. Молодое поколение в достаточной мере разбирается в различных видах технологий:

> Они играют в видеоигры, сидят на форумах, общаются с друзьями в мессенджерах, мобильных телефонах и на сайтах вроде Facebook. Они используют Интернет как ресурс для учебы, причем чаще, чем библиотеку. Они смотрят ТВ, фотографируют цифровыми камерами и мобильными. Часто они пользуются несколькими виртуальными пространствами в сети [Meyers 2007].

Этот стереотип, однако, затушевывает неоднозначность отношения к информационно-коммуникационным технологиям и неодинаковый уровень развития способностей в этой сфере. В Бельгии было проведено исследование среди молодых людей в возрасте от 16 до 25 лет, которое показало, что представление об однородности, складывающееся из рассуждений о врожденных навык использования цифровых технологий, далеко от реальности и молодежь в этом отношении очень разная: часть молодых людей скорее оказывается «на обочине цифровизации», что может быть связано с семейными обстоятельствами, уровнем или типом образования и культурной средой, а не с экономической ситуацией [Brotcorne et al. 2009]. Это исследование также показывает несоответствие пользовательского опыта в интернете и стереотипа о том, как молодежь должна использовать этот опыт в социально-экономической сфере. Словом, новые исследования сглаживают это довольно карикатурное, но весьма распространенное представление о способностях молодых людей и старшего поколения в том, что касается использования новых технологий и интернета.

Для поколения тех, кому за пятьдесят, информационно-коммуникационные технологии представляются одним из крупнейших изменений в сфере труда за последние двадцать лет. Они стали спутниками организационных изменений, сопряженных с возникновением корпоративных сетей, расширением привлечения услуг субподрядчиков, развитием предоставляемых услуг, автоматизацией неформальных задач, кодификацией задач в целом, многофункциональностью, гибкостью. В этом смысле новые технологии можно считать олицетворением двадцати лет изменений, хотя и нельзя утверждать, что именно они определили этот процесс [Valenduc 2005]. Использование технологий в работе — это фактический признак перехода от индустриального к информационному обществу, от сильного общественного начала на предприятии к компаниям, основанным на либеральных принципах. Если подводить итоги этому размышлению о способностях в использовании информационно-коммуникационных технологий, то знаком возраста можно скорее считать застревание в прошлой эпохе и неприятие изменений. Мы также можем предположить, что разница в уровне навыков в использовании интернета отражает оппозицию между двумя эпохами в развитии капитализма, различающихся по ряду других аспектов в условиях труда.

Методы работы и передачи знаний

Помимо различных навыков в использовании информационно-коммуникационных технологий, методы работы представителей разных поколений также не являются общими. В повседневной жизни работников старшего возраста описывают как более дисциплинированных, рассудительных, организованных, умеренных, спокойных. «В повседневную рабочую обстановку они привносят свою мудрость». Все эти установки воспринимаются как результат опыта. Молодых работников описывают как более пылких, импульсивных, разговорчивых, причем с таким описанием согласны и их коллеги. Менеджер, 38 лет, из Португалии отмечает:

> Если бы я должна был изменить настоящее, я была бы рада не быть единственной представительницей «старшего поколения» в окружении, сплошь состоящем из молодежи,

а еще хотелось бы, чтобы были контакты и дискуссии, потому что мы, безусловно, узнаем молодое поколение, но нужно, чтобы и старшее поколение узнавали.

При этом работников старшего возраста не считают менее эффективными; эффективность ассоциируется со временем и опытом. По словам молодой бельгийки 24 лет, работающей ассистентом по логистике,

> неэффективность работников старшего возраста — это миф <...>. В молодых людях больше напряженности, они много разговаривают, закатывают рукава... а в итоге те, кто постарше, делают тот же объем работы <...>. Они могут казаться динозаврами, ходить вразвалку, но не забывайте, что у них тридцать, если не тридцать пять лет опыта, они хорошо знают условия игры, знают, что не нужно нервничать.

Если послушать, что друг о друге говорят представители разных поколений, то выяснится, что проблема знаний и в особенности их передачи (вопрос, занимающий специалистов по адаптации кадровой политики предприятий к возрастному фактору) занимает скорее периферийное место. Капитал знаний и их передачи фигурирует во всех повестках, но в интервью этот вопрос оказывался скорее второстепенным, особенно по сравнению с такими вопросами, как отношение к работе и атмосфера в коллективе.

Из интервью, проведенных в шести странах, следует, что важна не передача знаний, а их признание. Напряжение в отношениях между поколениями может быть результатом оппозиции приобретенного опыта, частично связанного с возрастом, к академическим знаниям, полученным в процессе учебы; тех, у кого есть практический опыт в определенных сферах, но нет аттестации, удостоверяющей наличие знаний, к тем, кто пришел на работу с академическими знаниями и дипломом о высшем образовании. Эта оппозиция представляется существенным элементом противоречий, возникающих в отношениях между поколениями, потому что часто опыт есть у тех, кто старше, а высшее образование — у тех, кто младше.

Этот вывод отражен в результатах по всем странам. Вопрос особенно тщательно проработан в материалах по Италии [Vendramin 2008a: 253–284]. Работники старшего возраста набрали солидный опыт, но теперь столкнулись с угрозой со стороны молодых выпускников вузов, которые оказались выше по служебной лестнице с момента прихода на работу. В условиях, когда полномочия оказываются в руках молодых специалистов с академической базой, нарушение иерархии компетенций и знаний приводит к тому, что передача знаний более опытными становится проблематична. Такая ситуация в особенности проявляется в секторе услуг как в государственных, так и в частных компаниях, где в результате внедрения новых технологий опыт работников старшего поколения теряет актуальность, но при этом условия договоров, по которым они работают, остаются более надежными. Этот вывод сходится с данными по Германии, демонстрирующими, что знания, полученные из опыта, в определенных отраслях потеряли в значимости после внедрения технических систем. Напряженность такого рода очень четко прослеживается и в материалах по Франции: там уточняется, что конфликтные ситуации возникают тогда, когда организационные реформы проходят одновременно с приходом большого числа новых молодых сотрудников. В этом случае у представителей старшего поколения возникает ощущение, что им нечего передать своим преемникам и может возникнуть соблазн возложить ответственность за свою опалу на них. Такая же ситуация наблюдается в Португалии в банковском секторе, а также в государственных органах, где в свое время была проведена серьезная реформа. В любом случае в государственных организациях, а также в частных компаниях со строгой субординацией, это нарушение в иерархии компетенций и знаний не имеет выраженного характера, поскольку при расчете заработной платы и определении условий повышения в должности место на служебной лестнице по-прежнему зависит от выслуги лет.

В некоторых, хотя и не столь многочисленных, случаях молодые люди видят, что неуважение старших к их предложениям и идеям связано не с содержанием инициатив, а с возрастом инициаторов.

В таком случае возраст считается показателем ненадежности и отсутствием существенных навыков, и молодежи отказывают в признании их компетентности. По данным исследования Дублинского фонда 2010 года, вероятность того, что выдвинутые инициативы можно будет применить в работе, увеличивается с возрастом инициатора (42 % европейцев младше 30 лет против 52 % старше 30 лет)[10]. По странам статистика разнится. В Германии, Бельгии и Франции вероятность увеличивается вместе с возрастом. В Венгрии независимо от возраста применить свои идеи на практике может каждый второй опрошенный. В Италии и Португалии самая высокая доля тех, кто может воплотить в жизнь свои инициативы, наблюдается среди респондентов среднего возраста.

Инновации vs опыт

С вышеописанным аспектом тесно связана еще одна проблема, которая постоянно фигурировала при обсуждении вопросов взаимоотношений между поколениями, — кардинальное противопоставление опыта и новаторства. Участники опроса по шести странам много говорили об этой проблеме и сходились во мнении, что опыт за старшими, а креативность — за молодым поколением. Эта проблематика связана с социальной ценностью каждого из этих качеств. Опыт считается в одних случаях преимуществом, в других — недостатком. В теории такое же отношение должно быть и к инновационным предложениям, однако на практике им редко дают отрицательную оценку, потому что ценности в сфере труда пересекаются с общекультурными и при любых условиях отношение к инновационным предложениям остается однозначно положительным. Работник из Португалии, 50+, говорит: «Сегодня думают, что в действительности организацию и нашу компанию спасут новички, опыт считается своего рода ограничением, подразумевающим меньшую гибкость в подходах к работе».

В табл. 9, иллюстрирующей напряженность в отношениях, представлен материал групповых интервью, проведенных

---

[10] Eurofound. EWCS 2010.

		По отношению к работникам старшего возраста	По отношению к молодым работникам
Младше 30 лет	Положительная	Опыт 7	Опыт 2
	Отрицательная	Сложности с ИТ 8	Сложности с ИТ 0
30–50 лет	Положительная	Помощь и опыт 24	Энергичность 11
	Отрицательная	Конформизм Сложности с ИТ 12	Отсутствие опыта Конфликты 16
50 лет и старше	Положительная	Опыт 3	Креативность/ инновационность 8
	Отрицательная	Стагнация 3	Креативность/ инновационность 2

Табл. 9. Характеристики, используемые при описании возрастных групп
Источник: [Passos et al. 2010]

в Португалии [Passos et al. 2010]. Эти данные фиксируют проявление определенных положительных и отрицательных характеристик в отношении как молодых работников, так и их старших коллег в дискурсе представителей всех трех рассматриваемых поколений.

В большинстве стран отмечаются жалобы и страхи людей, связанные с опытом и его обесценивание на практике. В Венгрии исследователи обнаружили, что ценность, придаваемая опыту, пусть и не везде, но снижается. В Португалии ряд опрошенных отмечает, что в тех случаях, когда опыт оценивается негативно, люди становятся более косными. В организациях часто бытует представление, что возраст равнозначен застреванию в определенной эпохе и сопротивлению изменениям. В том же ключе венгерские исследовании отмечают, что людей старшего возраста нередко обвиняют в том, что те цепляются за привычки, редко высказывается противоположное мнение, которое бы подчеркивало важность опыта и компетенций старших.

Бельгийские исследователи добавляют, что возраст иногда описывают как антоним инноваций. Французские исследователи делают наблюдение, что напряженность в отношениях между поколениями возникает из-за того, что работникам старшего возраста отказано в признании ценности их опыта. Уточняется, что управление развитием кадрового потенциала в рамках организаций в соответствии с рыночной логикой может привести к прямой конкуренции между опытными и молодыми работниками. Обесценивание опыта работников старшего возраста в более широком смысле может привести к враждебности по отношению к молодым — с этим мнением согласен специалист по логистике из Португалии в возрасте за 50 лет: «В будущем соперничать будут с самыми молодыми, потому что они будут ставить под вопрос наше положение с точки зрения полномочий <...> и с другой стороны, общество все больше благоволит молодым — не опыту, а молодым, которые приносят с собой нечто новое».

Информационно-коммуникационные технологии и усовершенствования часто ассоциируются с дихотомией «опыт vs инновации». Ассоциативная связь между информационно-коммуникационными технологиями и новаторством усиливает разделение на два полюса — молодежь и старшее поколение. В теории два полюса, соотносящиеся с новаторством и опытом, одновременно несут положительный заряд и дополняют друг друга, и нетрудно продемонстрировать, что в профессиональной сфере оба незаменимы. При этом, когда социальная оценка завышает значение одного из этих полюсов и отдает ему предпочтение, возможность взаимодополнения уступает соперничеству. В большей части стран есть признаки того, что в будущем опыт будет все больше и больше девальвироваться по отношению к новаторскому духу, что звучит парадоксально в контексте рассуждений и практик, связанных с проблемой передачи знаний.

Организация рабочего процесса

В сфере управления достаточно скоро было установлено, что качество социальных связей на рабочем месте, а также показатели работы коллектива в конечном счете определяются организационными условиями, поэтому последний десяток лет разрабатывался вопрос сосуществования разных поколений в рамках работы. Краткое представление эмпирического материала, собранного по шести странам, приводится у Б. Делей и ее коллег [Delay et al. 2010]. Авторы выделяют три конфигурации, систематизирующие различные типы, для возможного применения к описанию отношений между поколениями: 1) активное сотрудничество; 2) дистанция в отношениях; 3) напряженность.

Рабочие условия, благоприятные для сотрудничества

Чаще всего встречается первая конфигурация — когда между молодыми работниками и их старшими более опытными коллегами складываются отношения сотрудничества. В основе этого лежит выгода, которую каждый может извлечь из этих отношений: приращение профессионализма для одних и признание заслуг для других, что в основном происходит за счет обмена знаниями. Качество отношений со старшими опытными сотрудниками значительно помогает их молодым коллегам повысить свой профессионализм. Такие отношения дают возможность получить полезные знания и информацию, которые превосходят то, что приобретается в ходе индивидуальной стажировки, методом проб и ошибок. Получение новых знаний в значительной мере зависит от близкой социализации, предполагающей установление прямых контактов с более опытными коллегами в рамках группы. Принадлежность к коллективу служит основным кодом социализации, в рамках которой новички усваивают ценности, практики и нормы поведения [Iazykoff 2000].

Таким образом, роль старших работников в повышении профессионализма новичков может оказаться главенствующей.

Молодая француженка, 27 лет, работающая аналитиком в страховой компании, комментирует это так:

> Я хочу развиваться. Это нормально. Моя карьера начинается, и я не хочу скучать <...>. Это означает быстро учиться, быстро развиваться <...> для этого нужно многое перенять у более опытных коллег, они могут вам сэкономить время <...> если у вас есть возможность работать в сопровождении более старшего коллеги, то из того, что он вам расскажет, вы можете извлечь максимум пользы, и у вас будет больше возможностей стать хорошим специалистом в своем деле, отметиться, подняться на ступень выше или проявить себя.

Многие из участников интервью в итоге подтверждают, что представители старшего поколения охотно передают свои знания. В то же время некоторые новички ответили, что снисхождение и терпение старших нужно завоевывать и для этого проявлять желание учиться, своей мотивированностью и активностью добиваться их доверия и следовать их инструкциям, демонстрируя свою лояльность. Зависимость от тех, кто лучше знает рабочие процессы, помогает выстраивать прочные социальные связи; в результате могут сложиться такие отношения, которые поменяют обычаи и нормы членов группы бесконфликтным способом.

Опытные работники находят удовлетворение в обучении новичков. Для работников старшего возраста передача знаний — повод придать общую цельность своему пути развития и, разделив свой опыт с другими, убедиться в его ценности [Gautie, Guillemard 2004]. Передача знаний смягчает отрицательный образ старших и дает возможность им получить общественное и символическое признание при условии, что процесс обучения не воспринимается как деликатное вытеснение. Более того, функция передачи знаний помогает представителям старшего возраста почувствовать себя нужными. Обмен опытом предполагает не только однонаправленную передачу: возможность прикоснуться к знаниям, которые несет с собой молодежь, также может подтолкнуть некоторых представителей старшего поколения к тому, чтобы задуматься об актуальности собственных навыков и решить актуализировать или обновить свои знания. Техник, 49 лет, из Франции замечает:

> Мы должны их учить, что в действительности обязывает нас проверять, что мы сами делаем, и иногда задаваться вопросом, действительно ли нужно делать так, как мы. Кроме того, есть такие молодые сотрудники, которые уже где-то успели поработать, пусть даже и недолго. Они могут показать нам некоторые приемы, которых мы не знаем.

Однако с учетом того, что подобное взаимодействие может восприниматься как подрыв экспертности старших, находящихся в вышестоящем положении, социализация «в обратном направлении» не всегда проходит легко, что особенно характерно для промышленных предприятий с сильными корпоративными традициями. Перед лицом угрозы традиционным порядкам, когда руководство бездействует, работники должны проявить больше благоразумия. Наиболее явно такое двунаправленное заимствование знаний, возможное благодаря взаимодополняемости практических навыков представителей разных возрастных групп, реализуется на предприятиях сферы обслуживания [Delay, Huyez-Levrat 2006]. Молодой выпускник, работающий в маркетинге, может дать вышестоящим руководителям технические знания о новых продуктах, а те, в свою очередь, могут поделиться информацией о клиентах, их привычках и запросах.

Сотрудничество между возрастными группами совершается далеко не машинально. Требуется желание вовлеченных сторон и возможность установления доверительных межличностных отношений, как отмечает Н. Алтер [Alter 2009]. Таким образом, наиболее благоприятные организационные условия для сотрудничества предполагают признание важности механизмов передачи опыта и знаний, которые сопровождаются институциональной поддержкой патронажа или наставничества. Представленность разных возрастных групп в в равных пропорциях также способствует установлению отношений сотрудничества, равно как и устойчивости коллектива.

Организационные условия, создающие дистанцию

Вторая конфигурация в рамках классификации Делей и коллег соответствует дистанции в отношениях между разными возрастными категориями. Иными словами, взаимодействие на предприятии между молодыми сотрудниками и их старшими коллегами носит ограниченный характер как с количественной, так и с качественной точки зрения. Этот тип взаимоотношений между поколениями обусловлен четырьмя основными факторами. Первый соотносится с так называемым эффектом возраста. Между работниками есть разница в положении на жизненном и профессиональном пути, различия в интересах и предпочтениях. Естественным образом люди склонны сходиться с теми, кто близок им по духу. Например, те, кому за пятьдесят, обсуждают пенсию, в то время как молодые люди больше говорят о том, на кого оставить ребенка и — в более широком контексте — как организовать свою семейную жизнь и карьеру. Бельгийский программист, 26 лет, объясняет это чувство:

> С ребятами моего возраста обстановка немного приятнее. Больше шуток, чувствуешь меньше зажатости, возможно. В командировке мы чуть чаще проводим вместе свободное время, выбираемся куда-нибудь выпить бокал вина, повеселиться. Это немного другие отношения, немного другие.

Итальянская медсестра, 22 года, комментирует: «Безусловно, в разговоре ощущается разница в возрасте. Они говорят о своих проблемах с подростками и молодежью <...> а мы как раз и есть та самая молодежь! Чувствуешь, что тема и тебя касается, но с другой стороны».

Второй фактор связан с преобладающим стилем управления на предприятии. Дистанция в отношениях может возникать и просто потому, что работники разного возраста физически находятся в разных помещениях. Однородный состав может быть связан прежде всего с политикой подбора персонала, его демографическим составом, что зависит в значительной степени от условий найма, которые предприятие установило в предшествующие годы. В любом случае низкий уровень диффузии между определенными группами нельзя полностью списать на счет механического фактора, связанного с недостатками рекрутинга. Встречаются организации, которые проводят или проводили такую политику набора персонала, в рамках которой руководство намеренно сочетало модернизацию с селективным управлением различными возрастными группами: например, молодых людей собирают в одну команду, предполагая в них способность адаптироваться к развивающимся сферам профессии, оставляя отстающие направления возрастным работникам, предполагая, что они склонны противиться изменениям. Специализация рабочих задач в зависимости от возраста представляет собой еще одну цель, пусть и редко декларируемую напрямую: она должна препятствовать перениманию новичками методов работы старших коллег и предотвратить передачу практик, противоречащих новым правилам. Подобное заимствование опыта могло бы помешать использованию новых сотрудников в качестве вектора изменений.

Третий фактор, который можно упомянуть в контексте утраты связи между поколениями, связан с ростом ограничений, сдерживающих производство, повышением интенсивности труда, работы коллективов, подчиненной принципу «сделать точно в срок». Таким образом, роль компании не сводится только к обустройству физического рабочего места и тем более к созданию коллективов со смешанным возрастным составом и разным стажем. Компания должна также способствовать организации благоприятных условий (в особенности снижать давление в режиме цейтнота) в повседневной работе, чтобы задать тренд на сотрудничество между поколениями. Подобные цели могут не декларироваться официально: тогда взаимодействие между поколениями становится неформальным процессом, который, однако, не запускается сам собой. Высокая текучка персонала в связи с его вынужденным или добровольным уходом также может сдерживать желание работников передавать свои знания или учить новоприбывших. Француженка 37 лет, занимающая пост директора по кадровой политике, отмечает чувство досады в своем окружении: «Мы видим только молодых людей, которые не остаются надолго, и разочаровываемся, когда они задерживаются только на полгода. Даже те, у кого энергия бьет ключом, в итоге устают от постоянной смены стажеров».

Согласно опросу EWCS 2010 года, 40 % европейцев младше 30 лет работают по договорам найма с ограниченным сроком или временно исполняют обязанности другого сотрудника.

Враждебность в профессиональной среде

Третья конфигурация встречается реже, чем две предыдущие. Она предполагает, что периодически в отношениях между поколениями может возникать напряженность. Противоречия принимают разную форму: например, молодые с презрением смотрят на старших коллег или же работники старшего возраста ведут себя враждебно по отношению к новичкам. Это происходит, например, при нежелании опытных работников участвовать в процессе передачи опыта или способствовать социализации и повышению уровня профессионализма новоприбывших. Вопреки предположениям о конфликте ценностей, когда отношения между поколениями рассматриваются с точки зрения приоритетов или культурных отличий, такая напряженность возникает в большей степени из-за прошлого негативного опыта в профессиональной среде. Если говорить в общих чертах, вероятность конфликтов возрастает в отношениях между людьми, которые либо лишены признания вовсе, либо страдают от его дефицита (или боятся оказаться в таком положении в ближайшем будущем). Не чувствуя признания, работники склонны в ответ воспринимать представителей противопоставленной им возрастной группы как источник угрозы и инициаторов нечестного соперничества и поэтому считать необходимым занять оборонительную позицию (например, осуждать за ошибки, не делиться информацией, слухами и т. д.).

Анализируя дефицит признания как причину напряженности в отношениях между поколениями, Делей и ее коллеги считают его ценой, которую платит общество, систематически нарушая условия, на которых даруется признание, и в результате создавая ощущение моральной несправедливости, отрицания человеческого достоинства [Delay et al. 2010]. А. Хоннет называет это социальным презрением [Honneth 2006]; среди молодежи оно может возникнуть в ответ на снижение статуса, невыполненные обещания развития или стабильной работы, ощущение несправедливости в оценке приложенных усилий и полученном (или ожидаемом в краткосрочной перспективе) символическом и материальном вознаграждении. Таким образом, опыт в профессиональной среде пронизан ощущением несправедливости в том, что касается оплаты труда. Молодая итальянка, 29 лет, занимающаяся административной работой, выказывает это чувство непризнания:

> Я проработала два года по договору как стажер, после чего компания должна была автоматически перевести меня на постоянное место с обычным договором, но, когда нужно было подписывать новый договор, я надеялась по истечении двух лет на бóльшую зарплату, в чем мне отказали. Я была в смятении. В моем понимании, мне отказали в признании за то, что я делала, за прошлую работу, за то, как я работала. За эти два года я сделала многое и научилась многому, а этого не видят.

Отсутствие признания может проявляться в ситуациях, когда молодых людей низводят до положения исполнителей, так что у них не появляется ни единой возможности проявить самостоятельность. Они должны строго следовать инструкциям, получаемым от руководства, и неукоснительно применять предписанные методы работы. Крайне пристальный надзор особенно невыносим для молодых специалистов с высоким уровнем квалификации или с накопленным профессиональным опытом. Невозможность проявить себя и продемонстрировать в условиях роста конкуренции свои компетенции, с одной стороны, и воспользоваться теоретическими и практическими знаниями, накопленными за время учебы и работы, — с другой, может в итоге вызвать сильную опустошенность.

Молодежь также ощущает дефицит признания, когда ее предложения отвергаются не из-за их содержания, а из-за возраста инициаторов, и чувствует на себе стигму при взаимодействии с окружающими [Goffman 1975]. Возраст молодых людей считается показателем ненадежности и отсутствием существенных навыков, что влечет за собой отказ в признании их компетентности. Наконец, сложнее всего принять положение воспитанника. Подобные ограничения трактуются новоприбывшим как страх их непосредственного руководителя частично потерять свою власть. В этой связи новый работник чувствует себя неуютно, когда слышит разговоры о необходимости поощрять инициативность и формировать критическое мышление в новых сотрудниках, использовать их энергию, креативность и инновационность, оказывать содействие новому поколению. Молодые люди оказываются на пересечении противоречивых и плохо сопоставимых планов. Из-за двойственности этого щекотливого положения они могут начать видеть в других — преимущественно тех, кто старше, — причину своих трудностей.

Для работников старшего возраста дефицит признания, провоцирующий напряженность в отношениях между поколениями, в большей степени связан с девальвацией их опыта на месте работы. Ведущий специалист из Португалии, 50+ лет, делится своей точкой зрения:

> Важно иметь определенный опыт: его не дает чтение литературы, он должен быть получен при контакте, при работе с теми, кто ею уже давно занимается. Ничего не имею против молодых специалистов, которые приходят работать в компании, но только не говорите, что старые работники уже ни на что не годятся. Среди тех, кому уже, скажем, 60 лет, есть очень ценные кадры.

Происходит социальная и профессиональная девальвация компетенций, которая может быть обусловлена рядом причин. Прежде всего этому может способствовать перевод работников старшего возраста на направления, где им приходится форсированно адаптироваться к культуре, ориентированной на результат; их удержание в отмирающих отраслях или исключение из стратегических проектов предприятия. Находясь во враждебном окружении, лишенные перспектив дальнейшего карьерного роста, некоторые работники считают, что могут утратить компетенции или навыки. Понижение определяется от противного — как противоположность продвижению по карьерной лестнице в конце трудового пути и признания накопленного опыта и выслуги лет. Несправедливость воспринимается особенно остро в тех случаях, когда для работников учет стажа ассоциируется с моральным обязательством и проявлением ожидаемого поощрения [Delay, Huyez-Levrat 2006]. Данные исследования Дублинского фонда показывают резкое конвергентное снижение карьерных перспектив с возрастом: их для себя видят 41 % европейцев младше 30 лет, 32 % в возрасте от 30 до 49 лет и 21,5 % в возрасте 50 лет и старше[11]. Кроме Франции, во всех странах, принимавших участие в опросе, карьерные перспективы начинают сужаться после тридцати лет. В Португалии это сужение выглядит наиболее резким: карьерные перспективы перед собой видит 50 % респондентов младше 30 лет, 38 % в возрасте от 30 до 49 лет и 15 % тех, кому 50 лет и больше. Во Франции одинаковый показатель по двум младшим возрастным группам (35 %), карьерные перспективы снижаются после 50 лет (22 %). В Германии показатели младшей и старшей возрастных групп составляют 39 % и 21,5 % соответственно, в Бельгии — 49 % и 29 %, в Италии — 33,8 % и 19 %, в Венгрии — 36 % и 12 %. Если следовать логике, согласно которой к определенному возрасту продвижение по карьерной лестнице заканчивается и снижаются перспективы изменений и роста, то для тех, кому больше 50 лет, ситуация выглядит особенно неприятной: для четырех из пяти представителей этой категории карьера клонится к закату, при этом существует вероятность повышения возраста выхода на пенсию.

У работников старшего поколения, испытывающих сложности в адаптации к последовательным изменениям, может снизиться профессиональная самооценка и возникнуть чувство, что им нечего передать своим преемникам. Также может появиться соблазн возложить ответственность за свое положение на новых работников. Как показывают данные исследования EWCS 2010 го-

---

[11] Eurofound. EWCS 2010.

да, изменения и реструктуризация — нередкое явление. В ответ на вопрос «За последние три года сталкивались ли вы: 1) с внедрением новых технологий или процессов; 2) с существенной реструктуризацией или реорганизацией на текущем месте работы, повлиявшими на ваше рабочее окружение?» 42 % европейцев выбрали первый пункт, а 34 % — второй.

Источником конфликтов может стать управление кадрами и атмосфера борьбы на местах, что следует из комментариев двух португальских работников, оба в возрасте за сорок:

> — Думаю, между сверстниками более сложные отношения, чем между людьми разного возраста. Ровесники могут не ладить друг с другом потому, что они соперничают за достижение одной и той же цели, соперничают за одни и те же места.
> — В крайне конкурентной среде нам приходится вести профессиональную игру на выживание <...> вопрос конкретно в выживании — известно, например, что первых мест очень мало.

В этой области наиболее явные трения возникают между смежными возрастными категориями, внутри молодого поколения и среди людей среднего возраста. Последние могут ощущать, что оказались на распутье: они все больше понимают, что те, кто моложе, образованнее, гибче, могут претендовать на их позиции и что сценарии, по которым могли пойти их предшественники (удлинение карьерного пути, отсутствие конкретного порядка завершения карьеры), им более недоступны. В атмосфере борьбы за рабочие места некоторым кажется, что сохранение монополии на квалификацию и компетенции может упрочить стабильность их социального положения и помочь бороться с объективным или субъективным страхом перед угрозой, которую представляют новые работники. С точки зрения управления карьерным потенциалом, некоторые современные формы организации труда могут способствовать девальвации опыта работников старшего возраста — те в ответ вынуждены занимать враждебную позицию по отношению к молодым. Вскользь упомянем и о том, что терминология перестала быть нейтральной. Последние несколько лет принято говорить не о «старших коллегах» или «опытных работниках», а о «работниках старшего возраста», «стареющих работниках» и «стареющем активном населении».

В условиях, продиктованных современной организацией труда, когда требование мобильности становится повсеместным [Castel 2003], к самому понятию выслуги лет возникают вопросы. Раньше стаж считался признаком профессионализма, опыта и зрелости. Сегодня он ассоциируется со стагнацией, сопротивлением изменениям, неспособностью меняться, устареванием компетенций. Распространение концепции радикальных перемен (на контрасте с концепцией прогрессивных реформ) также привело к масштабному снижению ценности опытных работников и к продвижению модели развития, в соответствии с которой опыт воспринимается не как ресурс, а как тормоз процесса модернизации. При этом подходе восприятие возраста неизменно снижает оценку квалификации.

Наконец, распространение культуры предпенсионного возраста [Guillemard 2003] — прочно закрепившейся в континентальной Европе тенденции, заключающейся в значительном расширении в последние годы конъюнктурной подготовки к ожидаемому выходу на пенсию работников старшего возраста, — и управление возрастным фактором привели к преждевременному старению и возникновению отрицательных стереотипов о работниках старшего возраста. Им приписываются низкая производительность и мотивация. Постепенно эти представления приживаются у молодежи и воспринимаются как факт [Desmette, Gaillard 2008; Gaillard, Desmette 2010]. Циничное отношение отдельных работников старшего возраста к новым сотрудникам, а также к компании и ее развитию, вероятно, отражает потерю ими контроля над реальностью из-за осознания, что карьера начинает расходиться с теми ожиданиями, которые у них могли быть [Delay, Huyez-Levrat 2006].

Некоторые иследователи настаивают на том, что ответственность за качество отношений между поколениями всецело лежит на компаниях [Delay et al. 2010]. В результате через политику по управлению кадровыми ресурсами (в частности в вопросе управления возрастным фактором), через формы надзора и внедрение методов организации труда компания участвует в создании условий, при которых отношения между поколениями могут стать нездоровыми или, наоборот, гармоничными.

Большая и малая дистанции между поколениями

Под влиянием изменений, которые за два последних десятилетия произошли с кадрами, в двух последних поколениях солидарность и процесс передачи знаний, ранее считавшиеся эффективными методами, все чаще претерпевают коренные преобразования. С конца 1980-х взаимные лояльность и признание в условиях общей поколенческой судьбы оказываются под угрозой. Отношения между поколениями также переживают трансформацию, причинами чему могут быть сосуществование двух моделей оценки работы, выделение для молодежи отдельных сфер занятости, исключение работников старшего возраста из активного процесса, массовая безработица и нестабильность сферы труда, а также стереотипы в адрес работников старшего возраста. Это, а также все более многочисленные различия между возрастными группами в представлениях и установках, натолкнуло ряд исследователей на мысль о конфликте между поколениями [Ferry 1986; Chauvel 1998], признаки которого можно увидеть в ряде аспектов: способах управления и сопротивлении изменениям [Marquié 1995; Lagacé 2003]; интеграции представителей различных возрастных групп в рабочую деятельность; пережитом опыте конфликта или остракизма на рабочем месте [Cultiaux 2005]. С этой точки зрения, опытные работники представляют собой для молодежи одновременно недостижимую цель и противоположную модель поведения. Для работников старшего возраста новички — это зачастую угроза стабильности их положения на работе (особенно если на повестке дня стоит вопрос о реструктуризации) или, на более фундаментальном уровне, ценностям и мировоззрению, при которых обеспечивалось их признание.

Некоторые исследователи занимают достаточно детерминистскую позицию при анализе подобных ситуаций, считая их «борьбой за власть» между различными поколениями, отличающимися друг от друга жизненными сценариями и доступом к интеграции. Другие авторы придерживаются более умеренной точки зрения. Согласно Л. Шовелю [Chauvel 1998], истоки конфликта между поколениями нужно искать в конкретном периоде современной истории — 1980-х годах, когда молодое поколение начало ставить под сомнение модель общества, в котором родились и жили их родители. Сегодня мы достаточно далеки от радикальных идей того времени. Напротив, представляется, что при шатком положении молодых людей они стараются обрести в современном обществе свое твердое место, пусть и некомфортное. В 2011–2012 годах молодежь в некоторых странах Европы и за ее пределами вышла на протесты, которые еще ярче продемонстрировали стремление занять устойчивую позицию в обществе и отрицание модели социума, не сдержавшего свои обещания [Freire 2006].

В отношениях между молодежью и старшим поколением есть место одновременно и для солидарности, и для противоречий; для них одновременно характерны и сближение и дистанцирование друг от друга. Интервью, проведенные в шести странах — участницах опроса, демонстрируют, что у молодых людей достаточно трезвый взгляд на работу. При этом на фоне стремления уравновесить работу с другими сферами жизни, стабильность с удовлетворенностью содержанием — формируется иное отношение к работе, в основу которого кладутся объективные требования к качеству работы, уровню дохода, регулированию рынка труда и социальным гарантиям.

В свою очередь, работники старшего возраста больше склонны тосковать по прежним временам. С учетом уровня защищенности их рабочих мест и размера пенсии, которую они могут получить, они располагают меньшими, чем это можно было представить, рычагами управления своим положением. Поколение старших ностальгирует по утерянному: стабильности работы, линейному развитию в сфере карьеры, идеологии, даже если сами они ничего из этого не потеряли. При этом в основном они по-прежнему работают по постоянным договорам, получают более высокие зарплаты, продвигаются по карьерной лестнице и пользуются привилегиями пенсионной системы. Согласно исследованиям, в течение последнего столетия поколения взрослых получали привилегии (в особенности в том, что касается рынка труда и социальных гарантий) за счет молодежи, тем самым обеспечив себе более высокий уровень социальной защищенности. Наиболее привилегированные склонны проецировать на молодое поколение свою тоску по всему тому, что они утратили, — от работы до стиля жизни в целом. Как следует из интервью, выстраиваемый образ молодежи, атрибутами которого являются дефицит стабильности или перспектив в будущем, — это в большей степени проекция представлений, транслируемых старшими поколениями, чем самовосприятие молодым. Результаты исследования, проведенного в Квебеке Меркюром и Вюльтюр, также свидетельствуют о том, что положение молодежи видится ею самой и старшим поколением по-разному.

Взаимодействие между поколениями реализуется в трех различных сферах: на рабочем месте, на рынке труда и в рамках семьи; в каждой из этих сфер у отношений между поколениями есть своя специфика [Lebano et al. 2010]. На рабочем месте молодых людей воспринимают как более сильных, они лучше владеют собой по сравнению со старшим поколением, и они находятся в более безопасном положении. Представители старшего поколения сталкиваются с противоречиями, связанными с тем, что академические знания и диплом об образовании ставятся выше, чем приобретенный опыт: они часто начинали свой трудовой путь без образования по специальности или существенных профессиональных компетенций и развивались с практикой. Они накопили солидный опыт и сегодня видят угрозу со стороны представителей молодого поколения, получивших высшее образование, знающих современные технологии и владеющих иностранными языками. В некоторых случаях выбор молодых людей на руководящие или ключевые посты основан на компетенциях, подтвержденных дипломом, и представлениях, что они лучше, чем старшее поколение, подходят для решения определенного типа задач. В результате нарушается традиционная иерархия, основанная на опыте, а не на актуальных компетенциях. Представители молодого поколения часто выигрывают в оппозиции компетенций и опыта, и их считают — и они сами себя считают — надежными и уверенными в себе. Тем не менее они все равно сталкиваются с объективными трудностями на рынке труда: условия найма, которые им предлагают, как правило, хуже, чем у старших поколений.

Различение центра и периферии на рынке труда вполне соотносится с разделением на старших и младших. Представляется, что самые старшие и самые младшие группы экономически активного населения обеспечивают стабильность группе среднего возраста. Многие исследования и регулирующие документы акцентируют внимание или на молодежи, или на работниках старшего возраста. При анализе рынка труда в Италии А. Лебано и ее коллеги [Lebano et al. 2010] учитывают разделение по возрастному признаку, которое проявляется и в других странах. В Италии всегда было строгое регулирование рынка труда, касающееся условий найма и увольнения, а также были нехарактерны гибкие формы найма. Регулирование рынка труда спровоцировало высокий уровень безработицы среди женщин и молодежи. Система найма, высокие зарплаты, строгие правила, применяемые к увольнениям, сильно ограничивают возможности найти работу для тех, кто только начинает трудовой путь. Новичкам сложно найти позиции, на которые их могут взять, поэтому многие продолжают жить с родителями до тех пор, пока не найдут стабильную работу. Итальянскую систему защиты работников часто описывают как достаточно жесткую модель с высокими барьерами на выходе и требованиями к получению пособий по безработице. Новые изменения в законодательстве — в особенности те, которые касаются временных договоров, — частично снизили жесткость системы, по крайней мере в вопросах условий найма, что значительно ускорило развитие гибкого рынка труда в последние годы. Эта политика и в частности договоры с гибкими и нестандартными условиями сильно поменяли возможности найма в компаниях, и эти изменения постепенно трансформируют структуру занятости. В первые годы после разрешения работы по временным договорам уровень безработицы в Италии сильно снизился, в особенности среди молодежи (25–29 лет): с 17,7 % в 2000 году до 10 % в 2008 году, но затем снова поднялся до 17,7 % в 2012 году. Италия все больше возвращается к разрыву между новыми и старыми работниками, молодежью и старшим поколением: первые чаще оказываются на непрочных местах работы, и традиционный переходный период между учебой и работой все больше становится «постоянным условием».

Поколения в Италии достаточно близки друг другу в рамках трудовой сферы. Они подвержены перекрестному влиянию политики, мер по социальному распределению льгот и семейного фактора, который характерен конкретно для этой страны. Что касается затрат на социальную безопасность и обеспечение занятости, то в условиях ограниченных ресурсов, дисбаланса в финансировании пенсионной системы и пособий для безработицы, а также мер по защите молодежи часто исследователи пишут об ожесточенной конкуренции между поколениями как следствии этих процессов [Cavalli 1996; Johnson et al. 1989]. В Италии в рамках системы социальной защиты 61 % затрат уходит на пенсии и только 3 % — на пособия по безработице. В то же время в этой стране существует сильная связь между поколениями: родители помогают своим детям, поддерживают их в выборе работы, содействуют в ее поисках, обеспечивают необходимую подушку безопасности на период профессиональной неустойчивости и безработицы (экономическая помощь, помощь в покупке жилья). В результате итальянская система социальной безопасности в значительной мере опирается на семью, и такая средиземноморская модель одновременно усиливает роль семьи и снижает нагрузку на систему социальной защиты [Ferrera 1997; Esping Andersen 1999]. Это подтверждают результаты интервью, а также основных национальных исследований[12]. Складывается

---

[12] Isfol Plus. Participation, Labour, Unemployment Survey. National Samples Survey on the Features and Waiting of the Individuals Work. Rome, Isfol, 2006; Iard. Sesto rapporto sulla condizione giovanile in Italia. Milan, Iard, 2006; Consorzio Interuniversitario AlmaLaurea (a cura del). VIII Rapporto sulla condizione occupazionale dei laureati. I laureati di primo livello alla prova del lavoro. Il Mulino, 2006.

тренд, когда молодые люди продолжают жить с родителями не только из-за сильных национальных традиций [Putnam 1993], но и вследствие того, что из-за низкой зарплаты и проблем с поиском жилья поддержка семьи становится экономически необходимой и незаменимой. В 2010 году с родителями проживало 52 % юношей и 36 % девушек в возрасте от 25 до 34 лет. Родители также играют большую роль на рынке труда: по данным института IARD, при поиске работы решающее значение имеют семья и ближайшие знакомые, а не институциональные или функциональные каналы[13].

В действительности три рассмотренных поколения в изученных странах представляются достаточно разными как по своим субъективным установкам и ожиданиям, так и с точки зрения объективных условий труда. Несмотря на различия, анализ не выявил латентного конфликта между поколениями в повседневном взаимодействии в рамках работы, чему есть определенное объяснение [Ponzellini 2010]. Прежде всего, в некоторых странах условия найма у молодых людей и у работников старшего возраста различаются. В большинстве крупных промышленных компаний из-за предпенсионной политики не остается работников старшего возраста; при этом молодежи проще устроиться на работу, не требующую более высокой квалификации, — в сфере обслуживания или колл-центрах, в рестораны быстрого питания или на другие предприятия, оказывающих услуги. В частности, есть ряд профессий, где в реальности больше не существует столкновения поколений.

Тем не менее, как показывает наше исследование, складывается впечатление, что молодые люди в действительности не осознают свою принадлежность к определенному поколению, и это становится для них препятствием на пути к созданию единства в рамках поколения в том смысле, в котором его определял Мангейм, и мешает встать у руля перемен в обществе. В то же время представляется, что более существенным фактором на рабочем месте является принадлежность по другим признакам:

---

[13]   Iard. Sesto rapporto sulla condizione giovanile in Italia. Milan, Iard, 2006.

гендерная принадлежность (женщины), высокая квалификация или руководящая позиция, работа в очень известной организации и т. д. Другая интересная причина — или, возможно, следствие отсутствия ожидаемого конфликта между поколениями — может быть связана с тем, что интересы как молодых людей, так и их старших коллег коллективно представлены одними и теми же профсоюзами. В этом случае интерес работника выходит на первый план, а соперничество представителей разных поколений отходит на второй. Молодые работники по сравнению с людьми старшего возраста меньше склонны вступать в профсоюзные организации[14].

Более того, в странах, подобных Италии, где семья по-прежнему имеет сильное влияние на социальное регулирование и перераспределение дохода, нужно учитывать особенность, которую А. Кавалли называет парадоксальным взаимопониманием между молодежью/детьми и старшими/родителями [Cavalli 2004]: первые не выступают против того, что поколение их родителей держится за свои рабочие места и пенсии, так как осознают, что «привилегии» старших/родителей также дают им определенные гарантии с точки зрения ресурсов и поддержки — благодаря этим «привилегиям» у родителей есть возможность им помогать. Если нарисовать общую картину отношений между поколениями, то сильная солидарность между родителями и детьми будет сочетаться с жесткой конкуренцией с чужими детьми [Boeri, Galasso 2007]. Так в частной жизни в отношениях между поколениями странным образом сочетаются предполагаемая напряженность в рамках работы и солидарность в рамках семьи, благодаря которой молодые люди получают поддержку родных в течение более долгого срока. В целом старшее поколение оказывает младшему поколению финансовую поддержку, а то, в свою очередь, помогает родителям в быту. Общественный договор поколений дает материальные возможности родителям

---

[14] Согласно [Ebbinghaus, Visser 2000] и [Visser 2006] всеобщее снижение членства в профсоюзах среди лиц младше 25 или 30 лет частично связано с сильным перекосом в политике профсоюзных организаций в пользу интересов лиц старшего возраста.

оказывать финансовую поддержку детям. Общественный договор между поколением служит обязательным условием для реализации договоренностей в частном порядке.

Лучше всего для описания отношений между поколениями подходит слово «амбивалентность» [Richter 2010; Widmer, Lüscher 2011].

> Понятие амбивалентности указывает на то, что установки, поведение и практика, как конфликтные, так и солидарные (эмоциональная поддержка и агрессия, автономия и зависимость от других, необходимость близости и дистанции, чтобы избежать конфликта) структурируют социальные отношения <...>. Проявление амбивалентности не считается по умолчанию чем-то плохим. Эти проявления связаны со сложными ситуациями, когда мыслительные способности, которые людям приходится проявлять в условиях поляризации мнений в обществе, значительно превосходят требования других социальных условий, характеризуемых большей однородностью [Widmer, Lüscher 2011: 51].

Не так-то просто предсказать, каким будет следующее поколение победителей на рынке труда, даже учитывая совокупность переменных (экономика, социальный капитал поколений и т. д.). В определенном смысле быстрое техническое устаревание навыков, потеря актуальности компетенций старшего поколения, а также риск, связанный с безработицей, уравновесят нестабильность занятости среди молодежи и снижение ее социального статуса в начале трудового пути. Тем не менее в долгосрочной перспективе существует вероятность, что за дисбаланс, который сегодня существует в системе социальной защиты, сегодняшняя молодежь заплатит в будущем намного большую цену, чем пришлось платить в свое время ее предшественникам.

Заключение

За последние три столетия труд превратился из презренного, недостойного занятия в основную точку приложения усилий. Если в начале Средних веков слово, появившееся во французском языке для обозначения труда, также называло и орудие пытки, то затем оно постепенно обросло различными значениями, которые сегодня вкладываются в это понятие: от средства достижения другой цели (создания богатства или получения дохода) до ключевого признака независимости и эмансипации. Начиная с XIX века труд осознается как деятельность человека, позволяющая изменить мир и преобразовывать его в соответствии со своим видением, а позднее становится еще и основным средством социальной интеграции в общество (в западных странах), отношения в котором выстраиваются главным образом вокруг платы за труд.

Как отмечает Лалив д'Эпине, взрывной рост середины XX века в европейском обществе внезапно сделал возможной реализацию тех представлений, которые в XIX веке казались утопичными: труд сочетается с творчеством, позволяя человеку не только изготовлять товары, необходимые для удовлетворения его потребностей, но и выражать уникальность и принадлежность к человеческому роду, о чем писал еще Маркс в «Парижских рукописях» [Lalive d'Épinay 1994a]. Таким образом, по мере приумножения средств производства, которые общество имеет в своем распоряжении, весь функционал, выполняемый трудом, связывает с ним многочисленные и противоречивые ожидания. События сложились совсем не так, как себе представляли теоретики социализма в XIX веке: когда Маркс писал, что труд будущего будет первой «жизненной необходимостью», он имел в виду не реальный труд в том виде, в котором он тогда существовал, а труд неотчужденный, который должен был появиться, в частности за счет упразднения практики найма. Однако, как известно, большая часть мер по защите работников связана именно с обеспечением найма. С этого момента получение места работы стало для людей ключевой задачей, и государство должно выступить гарантом постоянства возможностей занятости. В это же время, как пишет Хабермас в «Политических работах»:

> Компенсация функционирует лишь в случае, если роль получателя зарплаты, занятого полный рабочий день, превращается в норму. Гражданин в роли клиента бюрократий государства всеобщего благосостояния, а также в роли потребителя товаров массового потребления, обладающего покупательной способностью, получает компенсацию за нагрузки, каковые все еще связаны со статусом полностью зависимого наемного труда [Хабермас 2005: 95].

Эти три аспекта труда противоречат друг другу: если труд, каким он представляется в уравнениях, — это только средство для достижения другой цели (создания богатства или получения дохода), то значение имеет не работник или его деятельность, а *продукт* труда. Если представлять труд как функцию производства, то становится очевидно, что фактор труда представляет интерес только как «фактор» — следовательно, значение имеет количество или стоимость произведенной продукции. В свою очередь, если рассматривать труд как деятельность, которая служит мерой оценки себя или других, средством преобразования мира, способом продемонстрировать другим свое существование и участвовать в общем процессе созидания, — то условия реализации этой деятельности становятся настолько же важными, как и производимая продукция. Наконец, идея налаженного обмена между предоставлением рабочей силы и получением ей прав ставит вопрос о равновесии требований работодателей и работников и сводит труд сугубо к интересам первых или вторых.

До конца 1970-х годов компромисс в отношениях между работодателями и работниками обеспечивался за счет высоких темпов роста производства: в таких условиях на недостатки тейлоризма и фордизма закрывали глаза. Кризис 1980-х годов, переход от Вашингтонского консенсуса к Филадельфийскому, распространение неолиберализма прежде всего в англо-саксонских странах, а затем и в континентальной Европе — сопровождались внедрением новых форм организации труда, которые должны были обеспечить большее разнообразие продукции, лучше соответствующей вкусам потребителей, а также увеличение числа персонала. Параллельно с популяризацией принципов «точно в срок», бережливого производства, 100-процентного качества, заимствованных на предприятиях группы «Toyota» (так называемый «тойотизм»), повсеместно внедрялись и новые принципы управления. Отныне компании если не вызывали, то поддерживали рост ожиданий от труда: непрерывное повышение уровня образования и подготовки вызывало желание работников получать больше возможностей для выражения ответственности, инициативы, самостоятельности и решения разнообразных рабочих задач. При этом на предприятиях внедрялись такие виды организации труда, которые предполагали больше самостоятельности, готовность взять на себя риск, работать в режиме многозадачности и вовлеченности.

Тем не менее то, что Меркюр и Вюльтюр назвали «избирательными симпатиями» к новым ценностям, связанным с самореализацией и самовыражением (такие ценности Инглхарт обозначает термином «постматериалистические»), и новые требования компаний не привели к гармонии. Дело в том, что, запуская процесс структурных изменений, организации не доводили его до конца: самостоятельность работников оказывалась под контролем, увеличивалась отчетность, позволявшая пристально отслеживать деятельность работников; с 1980-х по 1990-е годы труд стал более интенсивным; возможность участия работников в процессе принятия решений или управлении не расширились. Распространение получили общие концепции, разработанные международными организациями с начала 1980-х[1], в особенности

---

[1]   Кризис государства всеобщего благосостояния (OCDE. La Crise de l'État protecteur. Paris, 1981) и Исследование по рабочим местам (OCDE. Job's Study. Paris, 1994) — две основных работы, выпущенные Организацией экономического сотрудничества и развития.

мысль о том, что единственный способ для экономики западных стран приспособиться к глобализации — повысить уровень гибкости, а точнее регулирование и снижение заработной платы, отменить меры по защите занятости, уменьшить доходы от замещения, усилить финансирование социальных выплат и в более общем смысле запустить «структурные реформы на рынке труда». Если говорить конкретнее, политика в социальной сфере и обеспечении занятости оказалась в большей или меньшей степени подчинена экономическому курсу, подстраиваясь под цели последнего. Если добавить рост уровня безработицы — явления, которое варьируется в зависимости от государства ЕС, но в среднесрочной перспективе неоднократно повторяется, — становится понятно, что ожидания, связанные в Европе с трудом, в особенности у молодежи, а также у женщин, которые все больше вовлекаются в трудовую деятельность, в действительности не реализовались.

Несмотря на неразбериху в понятиях, которыми манипулируют в дискурсе о ценности труда, а также на идею рассматривать работу как самореализацию и возможность проявить себя, в действительности наблюдается раздвоение отношения к труду. Так, для руководящего состава, директоров предприятий, работников среднего звена и в целом квалифицированных специалистов характерно чувство, что работа способствует их самовыражению и самореализации; рабочие и менее квалифицированные специалисты оценивают свою работу как монотонную деятельность, лишенную какой бы то ни было самостоятельности. Следует при этом отметить, что после отказа от тейлоризма несовершенства системы не обошли стороной и квалифицированных специалистов.

Безусловно, различные европейские страны по-разному отреагировали на рекомендации ОЭСР, принятые Европейской комиссией, и в разном масштабе и с разной скоростью приступили к структурным реформам в отношении защиты занятости и трудовых прав. Типы организации труда и управления также сохранили свои различия, что было нами показано в этой работе. Оценка роли труда также варьируется в зависимости от страны, хотя наблюдаются определенные сходства: в частности, повышение ожиданий экспрессивного характера, стремление найти смысл в работе, сохранение инструментальных ожиданий и повсеместное сближение ожиданий женщин (особенно бездетных) и мужчин.

При этом в действительности на предприятиях нигде не были созданы такие условия, которые бы подтверждали, что труд может стать «первой жизненной необходимостью». Безусловно, как недавно отметила И. Феррерас, для достижения этой цели предприятию нужно было бы не оставаться закрытой структурой, а стать частью публичного пространства, а работе, находящейся в строгих рамках субординации, стать общим процессом, управлением которым будут заниматься все участники — инвесторы, профсоюзы и внешние вовлеченные стороны [Ferreras 2012]. Если говорить конкретно, за ориентиром на обеспечение качества занятости, в конце 1990-х — начале 2000-х годов принятым Европейским союзом, так и не последовала постановка реалистичной цели. Большие ожидания, связанные с трудом, так и не были удовлетворены, по крайней мере у большей части населения, в особенности в тех странах, где о них больше всего говорили.

Насколько вообще реализуемы эти ожидания? М. Кроуфорд в своей книге «Уроки труда для души: исследование ценности физического труда» [Crawford 2009] в соответствии с идеями Фридмана утверждает, что потеря смысла, вкладываемого в труд, произошла с разделением труда, а на более глубинном уровне — с развитием отношений, основанных на наемном труде, и капитализма. Она также считает, что восстановить смысл труда можно только выйдя за пределы этой системы. Напротив, Меркюр и Вюльтюр считают, что «выборочные симпатии» — это возможность сближения личных ожиданий и новых реалий социально-производственной системы, по крайней мере для части населения, готовой проявить гибкость и пойти по пути самозанятости. По мнению исследователей, среди образованной части населения в скором будущем возникнут два «типа этоса труда», соответствующих новым нормам в управлении, выразителями которых станут высокообразованные люди, которые готовы вкладываться в работу, ожидают найти в ней возможности для личностного развития и ресурсы для себя лично и согласны с требованиями к гибкости. Как объясняют авторы, новые формы организации труда и предприятий, поощряющие проявление личной инициативы и конкуренцию, соответствуют новым индивидуалистичным ценностям, выразителями которых является часть высокообразованной молодежи, готовой полностью вкладываться в проект, как только их усилия начнут финансово вознаграждаться.

Применима ли эта логика к Европе? Все будет зависеть от принятых форм гибкости и способности европейцев принять их или отвергнуть. Согласно данным, полученным Меркюром и Вюльтюр, можно сделать выводы, что в Квебеке по сравнению с Францией, намного больше согласия, в особенности среди молодежи, с требованиями предприятий к гибкости отношения к труду. Однако требования населения могли снизиться из-за кризиса: именно тяжелый кризис, который ударил по Германии в начале 2000-х годов, заставил ее провести реформы Харца, которые создали пропасть между двумя типами работающих немцев (одним пришлось довольствоваться подработками с крайне плохими условиями, те, кто долго находился в статусе безработного, были вынуждены любой ценой возвращаться на рынок труда, при этом квалифицированные специалисты оказались под защитой). Именно кризис заставил Испанию и Италию с их «жесткими», по мнению ОЭСР, рынками труда кардинально пересмотреть нормы увольнения, а Францию — начать пересмотр «системы защиты занятости» (и впоследствии принять соответствующий закон) с целью, как следовало из обоснования Ассоциации предпринимателей Франции (MEDEF), повысить безопасность процедуры увольнения. Таким образом, кризис мог бы ускорить проведение структурной реформы рынка труда — в таком случае многие европейцы приблизились бы к реализации ожиданий, связанных с трудом и, конечно же, с расширением равенства возможностей, что представляет собой необходимое условие для производства.

Возможна и трудность иного рода. Она реализуется в том случае, если масштаб экологического кризиса начнут воспринимать со всей серьезностью. Сейчас уже ясно, что нужно менять не только наши способы производства и потребления, но и темпы роста и тип производства, если мы хотим предотвратить глобальное потепление и другие экологические катастрофы. Радикальное изменение темпов роста и частичная конвертация промышленности могут дать шанс также изменить труд при условии, что Европа окажется в состоянии предупредить грядущие изменения и в масштабах континента внедрить такие механизмы конвертации производства и обеспечения безопасности, которые наконец окажутся эффективными. Европа может превратиться в территорию, где возможно процветание нового типа [Jackson 2010; Cassiers 2011; Méda 2013] и новое определение прогресса, путь к которому лежит через обеспечение всеобщего доступа к достойным рабочим местам и объединение потребителей и работников, коллективно определяющих производство товаров и услуг в соответствии с принципами устойчивого развития. В таком случае новая утопия может обрести для европейцев конкретные очертания, позволяющие прийти к согласию в восприятии труда.

Таким образом, переосмысление труда во Франции и в Европе состоит в том, чтобы со всей серьезностью учесть ожидания европейцев в отношении работы, о которых сегодня громко заявляют все работники, в особенности молодежь и женщины: ожидания, что работа будет иметь смысл, позволит проявить свою индивидуальность и при этом произвести полезный для общества продукт; что условия работы будут достойными; что работа будет согласована с другими сферами жизни и позволит людям полностью раскрыться в роли гражданина, родителя и друга; наконец, что сформируется высокая культура работы, справедливо распределенной между членами общества.

Методология

Исследование SPReW (Social Pattern of Relation to Work) проводилось в рамках 6-й рамочной программы исследований и развития ЕС в течение 27 месяцев в 2006–2008 годах. Реализацией проекта занимались исследователи из шести стран (Бельгия, Франция, Германия, Венгрия, Италия, Португалия), а также организации — участники полевых исследований (государственные органы и профсоюзы). Цели исследования заключались в изучении динамики отношения к труду различных поколений; анализе факторов, способствующих солидарности или напряженности в отношениях между поколениями как в контексте работы, так и во взаимосвязанных сферах (семья, друзья и т. д.); выявлении политических задач и последствий этих изменений.

Эмпирический подход включает качественную и количественную составляющие и сопоставительный анализ политических систем. Качественная часть исследования основана на 163 индивидуальных нарративных интервью (примерно по 25 на каждую страну), проведенных в трех возрастных группах (люди младше 30 лет, от 30 до 49 лет, 50 лет и старше) с равной пропорцией женщин и мужчин всех уровней квалификации. Участники на момент проведения опроса должны были работать на временной или постоянной работе. Методы анализа нарративных интервью включали контент-анализ содержания и интерпретационный подход. Индивидуальные интервью проводились в рамках 18 групповых интервью (по три на каждую страну), целью которых было углубить понимания отдельных тем и сюжетов, выявленных в рамках индивидуальных интервью, и выделить поля напряженности в отношениях между поколениями. Количественная составляющая включала вторичный анализ данных международных опросов (EVS, ISSP, ESS), а также материалы релевантных исследований в каждой стране, в которой проводилось исследование. Сопоставительный анализ политик предполагал выбор лучших практик сотрудничества между поколениями, интеграции молодежи, передачи знаний и активного старения на работе в разрезе каждой отдельно взятой страны, а также в перспективе общеевропейской политики.

Более подробная информация представлена на сайте www.ftu-namur.org/sprew.

Организации и исследователи, принимавшие участие в общеевропейском проекте SPReW:

а) центр исследования занятости (Centre d'études de l'emploi — Франция): М.-К. Бюро, Л. Давуан, Б. Делей, Д. Меда, М. Вонг;

б) Центр исследований и социального обеспечения (Centro de Investigaçao e de Intervençao Social, ISCTE — Португалия): С. Карвальо, П. Кастро, А. Ногаль, А. Пассос, Ц. Соарес;

в) Региональный фонд Пьетро Севезо (Fondazione Regionale Pietro Seveso — Италия): М. Т. Франко, С. Греко, А. Лебано, А. М. Понцеллини;

г) Фонд исследований труда — университет (Fondation Travail-Université — Бельгия): Дж. Кюльтье, Л. Дамхойс, Ж. Валендюк, П. Вендрамин (координировала проект);

д) Институт труда и экономики, Университет Бремена (Institut Arbeit und Wirtschaft, University of Bremen — Германия): С. Белит, Н. Грютцмахер, А. Кноп, Г. Рихтер, Р. Цоль, Э. Цоль-Груберт;

е) Институт политических наук Академии наук Венгрии: А. Филеки, О. Полячко, Ю. Вайда;

ж) Агентство социального развития (Etuc): М. Монако, К. Станзани;

з) Дирекция по организации исследований, изучения и статистической работы (Direction de l'animation de la recherche, des études et des statistiques, DARES — Франция): Э. Гарне.

Библиография

Вебер 1990 — Вебер М. Протестантская этика и дух капитализма // Вебер М. Избранные произведения: Пер. с нем. / сост., общ. ред. и послесл. Ю. Н. Давыдова. М.: Прогресс, 1990.

Дюркгейм 1996 — Дюркгейм Э. О разделении общественного труда / пер. с франц. А. Б. Гофмана, прим. В. В. Сапова. М.: Канон, 1996.

Ле Гофф 2002 — Ле Гофф Ж. Другое Средневековье: Время, труд и культура Запада / пер. с фр. С. В. Чистяковой и Н. В. Шевченко. 2-е изд. Екатеринбург: Изд-во Урал. ун-та, 2002.

Маркс 1974 — Маркс К. Конспект книги Джемса Милля «Основы политической экономии» // Маркс К., Энгельс Ф. Соч.: В 50 т. 2-е изд. М.: Изд-во политич. лит-ры, 1974. Т. 42. С. 3–40.

Маслоу 1999 — Маслоу А. Мотивация и личность / пер. с англ. А. М. Татлыбаевой; вступ. ст. Н. Н. Акулиной. СПб.: Евразия, 1999.

Смит 2007 — Смит А. Исследование о природе и причинах богатства народов / пер. с англ., предисл. В. С. Афанасьева. М.: Эксмо, 2007.

Тэйлор 1991 — Тэйлор Ф. У. Принципы научного менеджмента / пер. с англ. А. И. Зак; научн. ред. и предисл. Е. А. Кочерина. М.: Журнал «Контроллинг», 1991.

Февр 1991а — Февр Л. Цивилизация: эволюция слова и группы идей // Февр Л. Бои за историю: Сб. статей / пер. А. А. Бобовича и др.; вступ. ст. А. Я. Гуревича, комм. Д. Э. Харитоновича. М.: Наука, 1991. С. 239–281.

Февр 1991б — Февр Л. Труд: эволюция слова и понятия // Февр Л. Бои за историю: Сб. статей / пер. А. А. Бобовича и др.; вступ. ст. А. Я. Гуревича, комм. Д. Э. Харитоновича. М.: Наука, 1991. С. 364–371.

Хабермас 2005 — Хабермас Ю. Политические работы / Сост. А. В. Денежкина, пер. с нем. Б. М. Скуратова. М.: Праксис, 2005.

Alaluf 1986 — Alaluf M. Le Temps du labeur. Bruxelles: Éditions de l'Université de Bruxelles, 1986.

Alter 2009 — Alter N. Donner et prendre. La coopération en entreprise. Paris: Éd. la Découverte: MAUSS, 2009.

Andress, Lohmann 2008 — The Working Poor in Europe: Employment, Poverty and Globalization / ed. by H. J. Andress, H. Lohmann. Cheltenham: Edward Elgar Publishing, 2008.

Anxo, Erhel 2008 — Anxo D., Erhel C. Irreversibility of time, reversibility of choices? The life-course foundations of the transitional labour market approach // Revue française de socio-économie. 2008. Vol. 1. Iss. 1. P. 199–219.

Appay 2005 — Appay B. La Dictature du succès. Le paradoxe de l'autonomie contrôlée et de la précarisation. Paris: L'Harmattan, 2005.

Arsenault 2004 — Arsenault M. Validating generational differences. A legitimate diversity and leadership issue // Leadership & Organization Development Journal. 2004. Vol. 25. Iss. 2. P. 124–141.

Askenazy 2004 — Askenazy P. Les Désordres du travail: enquête sur le nouveau productivisme. [Paris]: Seuil, 2004.

Atkinson, Storey 1994 — Atkinson J., Storey D. Employment, the Small Firm and the Labour Market. London: Routledge, 1994.

Attias-Donfut 1988 — Attias-Donfut C. L'empreinte du temps: Sociologie des générations. Lille 3: ANRT, 1988.

Aubert, Gaulejac 1991 — Aubert N., Gaulejac V. de. Le Coût de l'excellence. Paris: Seuil, 1991.

Aubrey 1996 — Aubrey B. L'entreprise individuelle, vers un nouveau modèle de travail // Futuribles. 1996. № 207. P. 23–41.

Barbier 2007 — Barbier J.-C. Au-delà de la «flex-sécurité», une cohérence sociétale solidaire au Danemark // Repenser la solidarité. L'apport des sciences sociales / sous la direction de S. Paugam. Paris: Puf, 2007. P. 473–490.

Barbier, Nadel 2000 — Barbier J.-C., Nadel H. La Flexibilité du travail et de l'emploi. Paris: Flammarion, 2000.

Barlet, Marichalar 2012 — Barlet B., Marichalar P. Suicide // Dictionnaire du travail / Bevort A., Jobert A., Lallement M., Mias A. (dir.). Paris: Puf, 2012. P. 744–750.

Baudelot, Establet 2000 — Baudelot C., Establet R. Avoir 30 ans en 1968 et en 1998. Paris: Seuil, 2000.

Baudelot, Gollac 1997 — Baudelot C., Gollac M. Faut-il travailler pour être heureux? // Insee Première. 1997. Vol. 560.

Baudelot, Gollac 2003 — Baudelot C., Gollac M. Travailler pour être heureux? Paris: Fayard, 2003.

Beaud 2003 — Beaud S. 80 % au bac et après? Paris: La Découverte, 2003.

Beck 1986 — Beck U. Risk Society. Towards a New Modernity. London: Sage, 1986.

Berger 2006 — Berger S. Made in monde. Paris: Seuil, 2006.

Доминик Меда, Патрисия Вендрамин

Béroud, Bouffartigue 2009 — Quand le travail se précarise, quelles résistances collectives? / dir. S. Béroud, P. Bouffartigue. Paris: La Dispute, 2009.

Bevort et al. 2006 — Bevort A., Lallement M., Nicole-Drancourt C. Flexicurité: La protection de l'emploi en débat. Paris: 2006 (La Documentation française. Problèmes économique et sociaux. № 931).

Bidet 2011 — Bidet A. L'Engagement dans le travail. Qu'est-ce que le vrai boulot? Paris: Puf, 2011.

Boeri, Galasso 2007 — Boeri T., Galasso V. Contro i giovani. Milan: Mondadori, 2007.

Boltanski, Chiapello 1999 — Boltanski L., Chiapello E. Le Nouvel Esprit du capitalisme. Paris: Gallimard, «Essais», 1999.

Bonvin, Vielle 2009 — Bonvin J.-M., Vielle P. Une flexicurité au service des citoyens européens // Revue de l'Ires. 2009. Vol. 4. № 63. P. 17–33.

Bothfeld, Leschke 2012 — Bothfeld S., Leschke J. «More and better jobs»: Is quality of work still an issue – and was it ever? // Transfer. 2012. Vol. 18. № 3. P. 337–353.

Bréchon 2002 — Bréchon P. Les grandes enquêtes internationales (Eurobaromètres, Valeurs, ISSP): apports et limites // L'Année sociologique. 2002. Vol. 52. P. 105–130.

Bridges 1995 — Bridges W. La Conquête du travail. Paris: Pearson, «Village mondial», 1995.

Brotcorne et al. 2009 — Brotcorne P., Mertens L., Valenduc G. Les jeunes offline et la fracture numérique. Les risques d'inégalités dans la génération des "natifs numériques". Rapport publié par le SPF Intégration sociale. Bruxelles, 2009.

Brocorne et al. 2011 — Brotcorne P., Damhuis L., Laurent V., Valenduc G., Vendramin P. Diversité et vulnérabilité dans les usages des TIC. La fracture numérique au second degré. Gent: Academia Press, 2011.

Brocorne et al. 2009 — Brotcorne P., Mertens L., Valenduc G. Les jeunes offline et la fracture numérique. Les risques d'inégalités dans la génération des "natifs numériques" (rapport publié par le SPP fédéral Intégration sociale). Bruxelles, 2009.

Brown et al. 2007 — Brown A., Charlwood A., Forde C., Spencer D. Job quality and the economics of New Labour: A critical appraisal using subjective survey data // Cambridge Journal of Economics, 2007. Vol. 31. Iss. 6. P. 941–971.

Buchholz 1978 — Buchholz R. An empirical study of contemporary beliefs about work in American society // Journal of Applied Psychology. 1978. № 63. P. 219–227.

Buscatto et al. 2008 — Buscatto M., Loriol M., Weller J.-M. Au-delà du stress au travail. Paris: Érès, 2008.

Cannon 1994 — Cannon D. Generation X and the New Work Ethic. London: Demos, 1994.

Caradec 2008 — Caradec V. Sociologie de la vieillesse et du vieillissement. Paris: Armand Colin, rééd. 2008.

Caroli, Gautié 2008 — Low Wage Work in France / dir. E. Caroli, J. Gautié. New York: Russel Sage Foundation, 2008.

Cassiers 2011 — Redéfinir la prospérité: jalons pour un débat public / dir. I. Cassiers. La Tour d'Aigues: Les Éditions de l'Aube, 2011.

Castel 1995 — Castel R. Les Métamorphoses de la question sociale: une chronique du salariat. Paris: Fayard, 1995.

Castel 2003 — Castel R. L'Insécurité sociale. Paris: La République des Idées, 2003.

Castel 2007 — Castel R. Au-delà du salariat ou en deçà de l'emploi? L'institutionnalisation du precariat // Repenser la solidarité / dir. S. Paugam. Paris: Puf, 2007. P. 415–433.

Cavalli 1989 — Quarto rapporto Iard sulla condizione giovanile in Italia / dir. A. Cavalli. Bologne: Il Mulino, 1996.

Cavalli 2004 — Cavalli A. Generations and value orientation // Social Compass. 2004. Vol. 51. № 2. P. 155–168.

Cavalli, Fragnière 2003 — L'Avenir. Attentes, projets, (dés)illusions, ouvertures / dir. S. Cavalli, J.-P. Fragnière. Lausanne: Éditions Réalités sociales, 2003.

CFDT 1977 — CFDT. Les Dégâts du progrès: les travailleurs face au changement technique. Paris: Le Seuil, 1977.

Chamoux 1992 — Chamoux M.-N. Sociétés avec et sans concept de travail: remarques anthropologiques // Travail: recherche et prospective. Actes du colloque du Pirttem-CNRS tenu à tenu à Lyon les 30 novembre, 1er et 2 décembre 1992.

Chamoux 1994 — Chamoux M.-N. Sociétés avec et sans concept de travail // Sociologie du travail, 1994. Vol. 36. P. 57–71.

Chauvel 1998 — Chauvel L. Le Destin des générations. Structure sociale et cohortes en France au XXe siècle. Paris: Puf, 1998.

Chauvel 2006 — Chauvel L. Les nouvelles générations devant la panne prolongée de l'ascenseur social // Revue de l OFCE 96(1), January 2006, P. 35–50. URL: louis.chauvel.free.fr/ofceralentissementgenerationnel5.pdf (дата обращения 06.06.2022).

Cihuelo 2005 — Cihuelo J. Le quotidien du projet // Travail, entreprise et société / dir. G. Minguet, C. Thuderoz. Paris: Puf, 2005. P. 143–160.

Cingolani 2005 — Cingolani P. La Précarité. Paris: Puf, 2005.

Clark 2005 — Clark A. E. What makes a good job? Evidence from OECD countries // Job Quality and Employment Behaviour / dir. S. Bazen, C. Lucifora, W. Salverda. Basingstoke: Palgrave Macmillan, 2005. P. 11–30.

Clot 2008 — Clot Y. Travail et pouvoir d'agir. Paris: Puf, 2008.

Coenen-Huther 2003 — Coenen-Huther J. Le type idéal comme instrument de la recherche sociologique // Revue française de sociologie. 2003. Vol. 44. P. 531–547.

Cousin 2008 — Cousin O. Les Cadres à l'épreuve du travail. Rennes: Presses Universitaires de Rennes, 2008.

Coupland 1991 — Coupland D. Generation X: Tales for an Accelerated Culture. New York: St Martin's Press, 1991.

Coutrot et al. 2010 — Coutrot T., Flacher D., Méda D. Pour sortir de ce vieux monde. Les chemins de la transition. Ivry-sur-Seine: Les Éditions Utopia, 2010.

Crawford 2009 — Crawford M. Shop Class as Soulcraft: An Inquiry into the Value of Work. New York: Penguin, 2009.

Crompton, Lyonette 2006 — Crompton R., Lyonette C. Some issues in cross-national comparative research methods: A comparison of attitudes to promotion, and women's employment, in Britain and Portugal // Work, Employment and Society. 2006. Vol. 20. № 2. P. 403–414.

Cultiaux 2005 — Cultiaux J. Agir dans un monde flexible. Une expérience singulière // Une autre flexibilité. Travail, emploi organisation en débat / dir. M. de Nanteuil-Miribel, A. El Akremi. Paris: Érès, 2005. P. 137–154.

Cultiaux 2012 — Cultiaux J. Les Perdants de la modernisation. Paris: Desclée de Brouwer, L'Époque en débat, 2012.

Cultiaux 2011 — Cultiaux J. New public management et professions dans l'État: au-delà des oppositions, quelles recompositions? // Sociologie du travail. 2011. Vol 53. № 3. P. 293–348.

d'Iribarne 1989 — d'Iribarne P. La Logique de l'honneur. Gestion des entreprises et traditions nationales, Paris: Seuil, 1989.

d'Iribarne 1991 — d'Iribarne P. Culture et effet sociétal // Revue française de sociologie. 1991. Vol. 32. № 4. P. 599–614.

d'Iribarne 2006 — d'Iribarne P. L'Étrangeté française. Paris: Seuil, 2006.

Davoine 2007 — Davoine L. La Qualité de l'emploi: une perspective européenne. Thèse, Université Paris I Panthéon-Sorbonne, 2007.

Davoine 2012 — Davoine L. Économie du bonheur. Paris: La Découverte, 2012.

Davoine et al. 2008 — Davoine L., Erhel C., Guergoat-Larivière M. A Taxonomy of European Labour Markets Using Quality Indicators, rapport de recherche du Centre d'études de l'emploi. 2008. № 45.

Davoine, Erhel 2007 — Davoine L., Erhel C. La qualité de l'emploi en Europe: une approche comparative et dynamique. Document de travail du CEE. 2007. № 86.

Davoine, Méda 2008 — Davoine L., Méda D. Place et sens du travail en Europe: une singularité française? Document de travail du CEE. 2008. № 96.

Davoine, Méda 2010 — Davoine L., Méda D. Importance and meaning of work in Europe: Trends and differences among countries // Generations at Work and Social Cohesion in Europe / ed. P. Vendramin. Bruxelles: Peter Lang, 2010. P. 47–71.

Dejours 1980 — Dejours. C. Travail, usure mentale. Paris: Bayard, 1980.

Dejours 1998 — Dejours C. Souffrance en France. La banalisation de l'injustice sociale. Paris: Le Seuil, 1998.

Dejoux, Wechteler 2008 — Dejoux C., Wechtler H. Diversité générationnelle: implications, principes et outils de management // Management & Avenir. 2011. № 43. P. 227–238.

De Larquier et al. 2009 — De Larquier G., Garner H., Méda D., Rémillon D. Carrières et rapport au travail: une distinction de genre? // En quête d'appartenance / dir. F. Guerin-Pace, O. Samuel, I. Ville. Paris: Les Éditions de l'Ined, 2009.

Delay 2008 — Delay B. Le rapport entre jeunes et anciens dans les grandes entreprises. La responsabilité organisationnelle dans la construction de dynamiques intergénérationnelles coopératives. Document de travail du CEE. 2008. № 103.

Delay 2006a — Delay B. Construire des espaces de coopération entre les générations au travail. Informations Sociales. Paris: CNAF, 2006. № 134.

Delay 2006b — Delay B. Le transfert d'expérience est-il possible dans les relations intergénérationnelles? // Sociologies pratiques. 2006. Vol. 1. Iss. 12. P. 37–50.

Delay et al. 2010 — Delay B. Méda D., Bureau M.-C. How do socio-organisational systems support competition or synergies between age groups? // Generations at Work and Social Cohesion in Europe / ed. P. Vendramin. Bruxelles: Peter Lang, 2010. P. 129–159.

Delay, Huyez-Levrat 2006 — Delay B., Huyez-Levrat G. Le transfert d'expérience est-il possible dans les rapports intergénérationnels? // Sociologies pratiques. 2006. Vol. 1. № 12. P. 37–50.

Demazière 2003 — Demazière D. Le Chômage. Comment peut-on être chômeur? Paris, Belin: Perspectives sociologiques, 2003.

Descola 1984 — Descola P. Demografía y territorialidad de los Achuar del Ecuador // Antropología (Quito). 1984. Vol. 3. P. 131–134.

Desmette, Gaillard 2008 — Desmette D., Gaillard M. When a "worker" becomes an "older worker": The effects of age-related social identity on attitudes towards retirement and work // Career Development International. 2008. Vol. 13. Iss. 2. P. 168–185.

Dubar 1991 — Dubar C. La Socialisation, construction des identités sociales et professionnelles. Paris: Armand Colin, 1991.

Dujarier 2006 — Dujarier M.-A. L'Idéal au travail. Paris: Puf, 2006.

Duval 2013 — Duval G. Made in Germany: le modèle allemand au-delà des mythes. Paris, Seuil, 2013.

Easterlin et Crimmins 1991 — Easterlin R., Crimmins E. M. Private materialism, personal self-fulfilment, family life, and public interest // Public Opinion Quarterly. 1991. Vol. 55. Iss. 4. P. 499–533.

Ebbinghaus, Visser 2000 — Ebbinghaus B., Visser J. Trade Union in Western Europe since 1945. Londres: Macmillan Reference, 2000.

Eckert 2010 — Eckert E. Les jeunes, les études, le travail, l'autonomie... // La jeunesse n'est plus ce qu'elle était / dir. J. Hamel, C. Pugeault-Cicchelli, O. Galland, et al. Paris: Puf, 2010. P. 237–243.

Eisner 2005 — Eisner S. Managing Generation Y // SAM Advanced Management Journal. 2005. Vol. 70. P. 4–15.

Elchardus, Smits 2005 — Elchardus M., Smits W. Le Cours de vie des jeunes adultes (De levensloop van jonge volwassenen). Bruxelles: Université libre de Bruxelles (VUB), Study Group Tempus Omnia Revelat (TOR), 2005.

Epoc. Useful but Unused: Group Work in Europe. Findings from the European Survey, SX-21-99-408-EN-C, 1996.

Erickson 2009 — Erickson T. Gen Y in the workforce // Harvard Business Review. 2009. № 87. P. 43–49.

Erlinghagen 2007 — Erlinghagen M. Self-perceived job insecurity and social context // Discussion Paper DIW Berlin. 2007. № 688.

Esping Andersen 1990 — Esping Andersen G. The Three Worlds of Welfare Capitalism. Cambridge: Polity Press, 1990.

Esping Andersen 1999 — Esping Andersen G. The Social Foundations of Post-Industrial Economies. Oxford: Oxford University Press, 1999.

Ester et al. 2006 — Ester P., Braun M., Vinken H. Eroding work values? // Globalization, Value Change and Generations. A Cross-National and Intergenerational Perspective / eds. P. Ester, M. Braun, P. Mohler. Leiden-Boston: Brill Academic Publishers, 2006. P. 89–113.

Etui-REHS. Putting a Number on Job Quality? Constructing a European Job Quality Index, WP 2008.3. Bruxelles, 2008.

Eurofound. Dix ans de conditions de travail dans l'Union européenne. EF/00/128/FR, 2001.

Eurofound, European Working Conditions Surveys, vague 2010 (EWCS 2010).

Eurofound, More and Better Jobs: Patterns of Employment Expansion in Europe, 2008.

Eurostat. Enquête sur les forces de travail, 2011.

Facchini 2005 — Diventare adulti. Vincoli economici e strategie familiari / dis. C. Facchini. Milan: Guerini, 2005.

Ferrera 1997 — Ferrera M. The uncertain future of Italian welfare state // West European Politics, 1997. Vol. 20. Iss. 1. P. 231–249.

Ferreras 2012 — Ferreras I. Gouverner le capitalisme? Pour le bicamérisme économique. Paris: Puf, 2012.

Ferry 1986 — Ferry L. Interpréter Mai 1968 // Pouvoirs. 1986. № 39. P. 5–14.

Flamant 2005 — Flamant N. Conflit de génération ou conflit d'organisation? Un train peut en cacher un autre... // Sociologie du travail. 2005. № 47. P. 223–244.

Freire 2006 — Freire E. Mileuristas. Retrato de la generacion de los mil euros. Barcelone: Editorial Ariel, 2006.

Freyssenet 1995 — Freyssenet M. Historicité et centralité du travail // La crise du travail / dir. J. Bidet, J. Texier. Paris: Puf, 1995. P. 227–244.

Friedmann 1956 — Friedmann G. Le Travail en miettes. Paris: Gallimard, 1956.

Friedmann 1963 — Friedmann G. Où va le travail humain ? Paris: Gallimard, 1963.

Friedmann, Naville 1962 — Friedmann G., Naville P. Traité de sociologie du travail. Paris: Armand Colin, 1962–1963.

Gaillard, Desmette 2010 — Gaillard M., Desmette D. Invalidating stereotypes about older workers influences their intentions to retire early and to learn and develop // Basic and Applied Social Psychology. 2010. № 32. P. 86–98.

Galbraith 2004 — Galbraith J. K. Les Mensonges de l'économie. Vérité pour notre temps. Paris: Grasset & Fasquelle, 2004.

Galand, Roudet 2012 — Galand O., Roudet B. Une jeunesse différente. Paris: Injep — La Documentation française, 2012.

Gallie 2007a — Gallie D. Employment Regimes and the Quality of Work. Oxford: Oxford Press University, 2007.

Gallie 2007b — Gallie D. Welfare regimes, employment systems and job preference orientations // European Sociological Review. 2007. Vol. 23. Iss. 3. P. 279–293.

Garner et al. 2006 — Garner H., Méda D. et Senik C. La place du travail dans les identités // Économie et statistique. 2006. № 393/394. P. 21–39.

Gaulejac 1999 — Gaulejac V. de. L'Histoire en héritage. Roman familial et trajectoire sociale. Paris: Desclée de Brouwer, 1999.

Gaulejac 2005 — Gaulejac V. de. La Société malade de la gestion. Paris: Seuil, 2005.

Gaulejac 2011 — Gaulejac V. de. Les Raisons de la colère. Paris: Seuil, 2011.

Gauthier, Roulleau-Berger 2001 — Gauthier M., Roulleau-Berger L. Les Jeunes et l'Emploi dans les villes d'Europe et d'Amérique du Nord. Paris: Éditions de l'Aube, 2001.

Gautie, Guillemard 2004 — Gautie J., Guillemard A.-M. Gestion des âges et rapports intergénérationnels dans les grandes entreprises. Études de cas, rapport de l'ACI Travail, 2004.

Gazier 1999 — Employability. Concepts and Policies / dir. B. Gazier. Berlin: CEE DGV, Institute for Applied Socio-Economics, 1999.

Gazier 2003 — Gazier B. L'employabilité // Encyclopédie des ressources humaines / dir. J. Allouche. Paris: Vuibert, 2003. P. 418–427.

Ghai 2003 — Ghai D. Decent work: concept and indicators // International Labour Review. 2003. Vol. 142. Iss. 2. P. 121–158.

Goffman 1975 — Goffman E. Stigmate. Les usages sociaux des handicaps. Paris: Les Éditions de Minuit, «Le sens commun», 1975.

Goldthorpe et al. 1972 — Goldthorpe H., Lockhood D., Bechhofer F. et Platt J. L'Ouvrier de l'abondance. Paris: Le Seuil, 1972.

Gollac 2011 — Gollac M. Quelques raisons de se plaindre // Sociologie du travail. 2011. № 53. P. 3–36.

Gollac, Volkoff 2000 — Gollac M., Volkoff S. Les Conditions de travail. Paris: La Découverte, 2000.

Gorz 1980 — Gorz A. Adieux au prolétariat. Paris: Galilée, 1980.

Gosetti 2005 — Gosetti G. Giovani, Lavoro e significati. Milan: Franco Angeli, 2005.

Green 2006 — Green F. Demanding Work. The Paradox of Job Quality in the Affluent Economy. Pinceton: Princeton University Press, 2006.

Greenan et al. 2010 — Greenan N., Kalugina E., Walkowiak E. Trends in quality of work in EU-15: Evidence from European working condition survey (1995–2005). Document de travail du CEE, 2010. № 133. P. 41–49.

Grillot 2013 — Grillot T. Le travail: valeurs, attentes et frustrations // La Vie des idées, 26 février 2013. URL: http://www.laviedesidees.fr/Le-Travail-valeurs-attentes-et.html (дата обращения 06.06.2022).

Guillaume et al. 2005 — Guillaume J.-F., Lalive d'Épinay C., Thomsin L. Parcours de vie. Regards croisés sur la construction des biographies contemporaines. Liège: Éditions de l'Université de Liège, 2005.

Guillemard 2003 — Guillemard A.-M. L'Âge de l'emploi, Les sociétés à l'épreuve du vieillissement. Paris: Armand Colin, 2003.

Habermas 1981 — Habermas J. Theorie des kommunikativen Handelns. Frankfurt: Suhrkamp, 1981.

Haller 2002 — Haller M. Theory and method in the comparative study of values. Critique and alternative to Inglehart // European Sociological Review. 2002. Vol. 18. Iss. 2. P. 139–158.

Hamel 2003 — Hamel J. Pour une vue longitudinale sur les jeunes et le travail // Cahiers internationaux de sociologie. 2003. Vol. 2. Iss. 115. P. 255–268.

Hamel et al. 2010 — La jeunesse n'est plus ce qu'elle était / dir. J. Hamel, C. Pugeault-Cicchelli, O. Galland et al. Paris: Puf, 2010.

Handler 2004 — Handler J. F. Social Citizenship and Workfare in the United States and Western Europe: The Paradox of Inclusion. Cambridge: Cambridge University Press, 2004.

Heath et al. 2005 — Heath A., Fisher S., Smith S. The globalization of public opinion research // Annual Review of Political Science. 2005. Vol. 8. Iss. 6. P. 297–333.

Hewlett et al. 2009 — Hewlett S. A., Sherbin L., Sumberg K. How gen Y & boomers will reshape your agenda // Harvard Business Review. 2009. URL: https://hbr.org/2009/07/how-gen-y-boomers-will-reshape-your-agenda (дата обращения 06.06.2022).

Hofstede 2001 — Hofstede G. Culture Consequences. London: Sage, 2001.

Holman, McClelland 2011 — Holman D., McClelland C. Job Quality in Growing and Declining Economic Sectors of the EU // Walqing Working Paper 2011.3, Deliverable 4 of the Walqing Project, SSH-CT-2009-244597. Manchester, 2011.

Honneth 2006 — Honneth A. La Société du mépris. Paris: La Découverte, 2006.

Houseaux 2003 — Houseaux F. La famille: pilier des identités // Insee Première. 2003. Vol. 12. Iss. 937. P. 1–27.

Huang, Vliert 2003 — Huang X., Vliert E. V. D. Where intrinsic job satisfaction fail to work: National moderators of intrinsic motivation // Journal of Organizational Behavior. 2003. Vol. 24. P. 159–179.

Iazykoff 2000 — Iazykoff V. Jeunes salariés dans les grandes entreprises: Trajectoires sociales et représentations du travail. Travaux et Recherches de l'Uuniversité de Marne-la-Vallée. 2000. URL: http://bernard.bianca.pivot.free.fr/Articles/JD/pj00239.pdf (дата обращения 06.06.2022).

Inglehart 1977 — Inglehart R. The Silent Revolution. Princeton: Princeton University Press, 1977.

Inglehart 1990 — Inglehart R. Culture Shift in Advanced Industrial Society. Princeton: Princeton University Press, 1990.

Inglehart, Baker 2000 — Inglehart R., Baker W. Modernization, cultural change, and the persistence of traditional value // American Sociological Review. 2000. Vol. 65. Iss. 1. P. 19–51.

Jackson 2010 — Jackson T. Prospérité sans croissance. Bruxelles: De Boeck-Étopia, 2010.

Johnson et al. 1989 — Workers Versus Pensioners. Intergenerational Justice in an Aging World / eds. D. Johnson, C. Conrad, D. Thomson. Manchester: Manchester University Press, 1989.

Johnson et al. 2005 — Johnson T., Kulesa P., Cho Y. I., Shavitt S. The relation between culture and response styles // Journal of Cross-Cultural Psychology. 2005. Vol. 36. Iss. 2. P. 264–277.

Jowell 1998 — Jowell R. How comparative is comparative research? // American Behavioural Scientist. 1998. Vol. 42. Iss. 2. P. 168–177.

Jurkiewicz, Brown 1998 — Jurkiewicz C. E., Brown R. G. GenXers vs. boomers vs matures: Generational comparisons of public employee motivation // Review of Public Personnel Administration. 1998. № 18. P. 18–37.

Kalleberg 2009 — Kalleberg A. L. Precarious work, insecure workers: Employment relations in transition // American Sociological Review. 2009. Vol. 74. Iss. 1. P. 1–22.

Karasek 1979 — Karasek R. A. Job demands, job decision latitude, and mental strain: Implications for job redesign // Administrative Science Quaterly. 1979. № 24. P. 285–308.

Karasek, Theorell 1990 — Karasek R. A., Theorell T. Healthy Work. Stress, Productivity, and the Reconstruction of Working Life. New York: Basic Books, 1990.

Keeley 2008 — Keleey G. After the boomers, met the children dubbed «baby losers» // The Observer. 2008. May 11.

Keune, Jepsen 2007 — Keune M., Jepsen M. Not balanced and hardly new: The European Commission's quest for flexicurity. WP 2007.01, Etui, 2007.

Kohli 1986 — Kohli M. The world we forgot: A historical review of the life course // Later Life: the Social Psychology of Aging / ed. V. W. Marshall. London: Sage, 1986.

Laborde 1818 — de Laborde A. De l'esprit d'association dans tous les intérêts de la communauté. Paris: Gide fils, 1818.

Lagacé 2003 — Lagacé C. Pratiques de gestion et représentations du vieillissement. Recherche exploratoire menée dans le secteur de la fabrication métallique industrielle (rapport de recherche présenté au Comité sectoriel de la main-d'oeuvre dans la fabrication métallique industrielle). Montréal: INRS Urbanisation, 2003.

Lalive d'Épinay 1994 (a) — Lalive d'Épinay C. Significations et valeurs du travail, de la société industrielle à nos jours // Traité de sociologie du travail / dir. M. De Coster, F. Pichault. Bruxelles: De Boeck, 1994.

Lalive d'Épinay 1994 (b) — Lalive d'Épinay C. La construction des parcours de vie et de la vieillesse en Suisse au cours du XXe siècle // Le Poids des ans. Une histoire de la vieillesse en Suisse romande / ed. G. Heller. Lausanne: SHSR et Éditions d'en bas, 1994.

Lallement 2007 — Lallement M. Le Travail, une sociologie contemporaine. Paris: Gallimard, «Essai», 2007.

Lazarsfeld et al. 1933 — Lazarsfeld P., Jahoda M., Ziesel H. Die Arbeitslosen von Marienthal. Leipzig, 1933.

Lebano et al. 2010 — Lebano A., Franco M. T., Greco S. So far so close. Generations and work in Italy // Generations at Work and Social Cohesion in Europe / ed. P. Vendramin. Bruxelles: Peter Lang, 2010. P. 129–159.

Lefresne 2003 — Lefresne F. Les Jeunes et l'Emploi. Paris, La Découverte, 2003.

Lehndorff 2011 — Lehndorff S. A Triumph of Failed Ideas: European Models of Capitalism in the Crisis. Bruxelles: ETUI, 2011.

Lichtenberger 1997 — Lichtenberger Y. L'emploi des jeunes // Le Travail, quel avenir? Paris: Gallimard, 1997.

Linhart 2003 — Linhart D. Perte d'emploi, perte de soi. Paris: Érès, «Sociologie clinique», 2003.

Linhart 2008 — Pourquoi travaillonsnous? / dir. D. Linhart. Paris: Érès, «Clinique du travail», 2008.

Linhart 2009 — Linhart D. Travailler sans les autres. Paris: Seuil, «Non conforme », 2009.

Lohmann 2008 — Lohmann H. Welfare states, labour market institutions and the working poor: A comparative analysis of 20 European countries. Discussion Paper DIW Berlin, 2008. № 776.

Lorenz, Valeyre 2005 — Lorenz E., Valeyre A. Organisational innovation, human resource management and labour market structure: A comparison of the EU-15 // The Journal of Industrial Relations. 2005. Vol. 47. Iss. 4. P. 424–442.

Loriol 2011 — Loriol M. Pourquoi tout ce stress? // Sociologie du travail. 2011. № 53. P. 3–36.

Loriol 2012 — Loriol M. Risques psychosociaux // Dictionnaire du travail / dir. A. Bevort, A. Jobert, M. Lallement, et al. Paris: Puf, 2012. P. 695–701.

Maggi 2006 — Maggi B. Critique de la notion de flexibilité // Revue française de gestion. 2006. № 162. P. 35–49.

Mannheim 1964 — Mannheim K. Das Problem der Generationen // Wissenssoziologie. Auswahl aus dem Werk. München: Luchterhand, 1964.

Marquié 1995 — Marquié J.-C. Contraintes cognitives, contraintes de travail et expérience: les marges de manoeuvre du travailleur vieillissant // Le Travail au fil de l'âge / dir. J.-C. Marquié, D. Paumès, S. Volkoff. Toulouse: Octarès Éditions, 1995. P. 211–244.

Lallement et al. 2011 — Lallement M., Marry C., Loriol M., et al. Maux du travail: dégradation, recomposition ou illusion? (dossier-débat) // Sociologie du travail. 2011. № 53. P. 3–36.

Méda 1995 — Méda D. Le Travail, une valeur en voie de disparition. Paris: Aubier, 1995.

Méda 1998 — Méda D. Qu'est-ce que la richesse? Paris: Aubier, 1998.

Méda 2009 — Méda D. Flexicurité: quel équilibre entre flexibilité et sécurité? // Droit social. 2009. P. 763–775.

Méda 2010a — Méda D. Le Travail. Paris: Puf, 2010.

Méda 2010b — Méda D. Comment mesurer la valeur accordée au travail? // Sociologie. 2010. Vol. 1. Iss. 1. P. 121–140.

Méda 2011 — Méda D. Post-Face: La flexicurité peut-elle encore constituer une ambition pour l'Europe? // Formation emploi. 2011. № 113. P. 97–109.

Méda 2012 — Méda D. La flexicurité à la française: un échec avéré // Les Politiques sociales. 2012. Vol. 2. № 3–4. P. 86–97.

Méda 2013 — Méda D. La Mystique de la croissance. Paris: Flammarion, 2013.

Menger 2003 — Menger P.-M. Portrait de l'artiste en travailleur. Paris: La République des Idées, 2003.

Mercure 2001 — Mercure D. Nouvelles dynamiques d'entreprise et transformation des formes d'emploi. Du fordisme à l'impartition flexible // L'Incessante Évolution des formes d'emploi et la stagnation des lois du travail / dir. J. Bernier, et al. Québec: Presses de l'Université Laval, 2001. P. 5–20.

Mercure, Vultur 2010 — Mercure D., Vultur M. La Signification du travail. Québec: Presses de l'Université Laval, 2010.

Mertens et al. 2007 — Mertens L., et al. Digitaal over de drempel. Leuven: Linc, 2007.

Meyers 2007 — Meyers A. R. Millennial workers: Communication issues between the generations. Paper presented for the GfA Conference in Kassel. September 2007.

Meyerson 1955 — Meyerson I. Le travail, fonction psychologique // Journal of Psychology. 1955. № 1. P. 3–17.

Michaels et al. 2001 — Michaels E., Handfield-Jones H., Axelrod B. The War for Talent. Boston: Harvard Business School Press, 2001.

Molinier 2009 — Molinier P. Nouvelles approches des maux du travail // La Vie des idées. 2009. Septembre.

Molinier 2011 — Molinier P. Les approches cliniques du travail, un débat en souffrance // Sociologie du travail. 2011. № 53. P. 3–36.

Monaco 2005 — Monaco M. How do European policy practices address the intergenerational challenge regarding work? // Generations at Work and Social Cohesion in Europe / ed. P. Vendramin. Bruxelles: Peter Lang, 2010. P. 255–279.

Morse, Weiss 1955 — Morse N. C., Weiss R. S. The function and meaning of work and the job // American Sociological Review. 1955. Vol. 20. Iss. 2. P. 191–198.

Moulier-Boutang 2007 — Moulier-Boutang Y. Le Capitalisme cognitif. La nouvelle grande transformation. Paris: Éditions Amsterdam, 2007.

Muñoz de Bustillo et al. 2009 — Muñoz de Bustillo R., Fernandez-Macias E., Anton J. Indicators of Job Quality in the European Union, Directorate-General for Internal Policies, Policy Department A, Economic and Scientific Policy, IP/A/EMPL/ST/2008–2009. Bruxelles: Parlement européen, 2009.

Nanteuil-Miribel, Akremi 2005 — La Société flexible / dir. M. Nanteuil-Miribel, A. El. Akremi. Paris: Érès, 2005.

Natali 2008 — Natali D. Pensions in Europe, European Pensions. The Evolution of Pension Policy at National and Supranational Level. Bruxelles: PIE Peter Lang, 2008.

Nicole-Drancourt, Roulleau-Berger 2001 — Nicole-Drancourt C., Roulleau-Berger L. Les Jeunes et le Travail (1950–2000). Paris: Puf, 2001.

Ollivier, Tanguy 2008 — Ollivier D., Tanguy C. Génération Y, mode d'emploi. Intégrez les jeunes dans l'entreprise! Bruxelles: Éditions De Boeck, 2008.

Osty et al. 2007 — Osty F., Sainsaulieu R., Uhalde M. Les Mondes sociaux de l'entreprise. Paris: La Découverte, 2007.

Palier 2003 — Palier B. La Réforme des retraites. Paris: Puf, 2003.

Panoff 1977 — Panoff M. Ethnologie: le deuxième souffle. Paris: Payot, 1977.

Paradeise, Lichtenberger 2001 — Paradeise C., Lichtenberger Y. Compétences, compétences, compétences // Sociologie du travail. 2001. № 1. P. 33–48.

Paré 2002 — Paré G. La génération Internet: un nouveau profil d'employés // Gestion. 2002. Vol. 27. Iss. 2. P. 47–53.

Passos et al. 2010 — Passos A. M., Castro P., Carvalho S., Soares C. Self, work and career in a changing environment // Generation at Work and Social Cohesion in Europe / dir. P. Vendramin. Bruxelles: Peter Lang, 2010. P. 221–250.

Parent-Thirion et al. 2007 — Parent-Thirion A., Macías E. F., Hurley J., Vermeylen G., Fourth European Working Conditions Survey. Dublin: European Foundation for the Improvement of Living and Working Conditions, 2007.

Patton, McMahon 2006 — Patton W., McMahon M. Career Development and Systems Theory: Connecting Theory and Practice. Rotterdam: Sense Publishers, 2006.

Paugam 2000 — Paugam S. Le Salarié de la précarité. Paris: Puf, 2000.

Pekala 2001 — Pekala N. Conquering the generational divide // Journal of Property Management. 2001. Vol. 6. Iss. 6. P. 30–38.

Périlleux 2005 — Périlleux T. Se rendre désirable. L'employabilité dans l'État social actif et l'idéologie managériale. Louvain: UCL, Chaire Hoover d'éthique économique et sociale, Document de travail № 147. 2005.

Périlleux, Cultiaux 2009 — Périlleux T., Cultiaux J. Destins politiques de la souffrance. Paris: Érès, 2009.

Philippon 2007 — Philippon T. Le Capitalisme d'héritiers. La crise française du travail. Paris: La République des Idées, 2007.

Pichault, Pleyers 2010 — Pichault F., Pleyers M. Pour en finir avec la génération Y... Enquête sur une représentation managériale, actes de l'AGRH. 2010. URL: www.reims-ms.fr/agrh/docs/actes-agrh/pdf-des-actes/2010 pichault-pleyers.pdf (дата обращения 06.06.2022).

Piore, Doeringer 1971 — Piore M. J., Doeringer P. B. Internal Labor Market and Manpower Analysis. Lexington: Heath, 1971.

Piotet 2007 — Piotet F. Emploi et travail, le grand écart. Paris: Armand Colin, 2007.

Pirie, Worcester 1998 — Pirie M., Worcester R. The Millennial Generation. London: Adam Smith Institute, 1998.

Pollak, Gazier 2008 — Pollak C., Gazier B. L'apport des analyses longitudinales dans la connaissance des phénomènes de pauvreté et d'exclusion sociale: un survey de la littérature étrangère // Les Travaux de l'Observatoire national de la pauvreté et de l'exclusion sociale 2007-2008. Paris: La Documentation française, 2008. P. 447-490.

Ponthieux 2010 — Ponthieux S. In-Work Poverty in the EU. Eurostat, 2010 (données EU-Silc).

Ponzellini 2010 — Ponzellini A. Perspectives for good management of the generations at work and pathways for greater social cohesion // Generations at Work and Social Cohesion in Europe / ed. P. Vendramin. Bruxelles: Peter Lang, 2010. P. 293-319.

Pralong 2010 — Pralong J. L'image du travail selon la génération Y // Revue internationale de psychosociologie. 2010. Vol 16. Iss. 39. P. 109-134.

Prieto, Serrano 2010 — Prieto C., Serrano A. Qualité de l'emploi et travail décent: définitions contrastées et rapport // Pour sortir de ce vieux monde. Les chemins de la transition / dir. T. Coutrot, D. Flacher, D. Méda. Ivry-sur-Seine: Les Éditions Utopia, 2010.

Putnam 1993 — Putnam R. Making Democracy Work: Civic Traditions in Modern Italy. Princeton: Princeton University Press, 1993.

Reynaud 2001 — Reynaud J.-D. Le management par les compétences: un essai d'analyse // Sociologie du travail. 2001. № 43. P. 7-31.

Richter 2010 — Richter G. Generational perspective on workplace relationships: A German perspective // Generations at Work and Social Cohesion in Europe / ed. P. Vendramin. Bruxelles: Peter Lang, 2010. P. 99-128.

Riffault, Tchernia 2003 — Riffault H., Tchernia J.-F. Sens du travail et valeurs économiques // Les Valeurs des Français / dir. P. Bréchon. Paris: Armand Colin, 2003. P. 108-129.

Rifkin 1996 — Rifkin J. La Fin du travail. Paris: La Découverte, 1996.

Rose 2004 — Rose J. Travail sans qualité ou travail réputé non qualifié ? // Le Travail non qualifié / dir. D. Méda, F. Vennat. Paris: La Découverte, «Recherches», 2004. P. 227-241.

Rose 2012 — Rose J. Qu'est-ce que le travail non qualifié? Paris: La Dispute, 2012.

Rousselet et al. 1975 — Rousselet J., Balazs G., Mathey C. Les jeunes et l'emploi. L'idée de travail, de réussite et d'échec chez des jeunes de milieux scolaires et sociaux différents // Cahiers du Centre d'études de l'emploi. 1975. Vol. 7.

Saba 2009 — Saba T. Les differences intergénérationnelles au travail: faire la part des choses // Gestion. 2009. Vol. 34. Iss. 3. P. 25–37.

Sahlins 1974 — Sahlins M. L'économie tribale // Un domaine contesté, l'anthropologie économique / dir. M. Godelier. Paris: Mouton, 1974.

Sainsaulieu 1977 — Sainsaulieu R. L'Identité au travail. Paris: Presses de Sciences-Po, 1977.

Saint-Simon 1965 — de Saint-Simon C.-H. La Physiologie sociale. Œuvres choisies. Paris: Puf 1965.

Schmid, Gazier 2002 — The Dynamics of Full Employment. Social Integration by Transitional Labour Markets / eds. G. Schmid, B. Gazier. Cheltenham: Edward Elgar, 2002.

Schnapper 1981 — Schnapper D. L'Épreuve du chômage. Paris: Gallimard, 1981.

Schnapper 1999 — Schnapper D. La Compréhension sociologique. Démarche de l'analyse typologique. Paris: Puf, 1999.

Selwyn et al. 2005 — Selwyn N., Gorard S., Furlong J. Adult Learning in the Digital Age. Information, Technologies and the Learning Society. London: Routledge, 2005.

Selwyn, Facer 2007 — Selwyn N., Facer K. Beyond the Digital Divide. Rethinking Digital Inclusion for the 21thCentury. London: FutureLab, 2007.

Senik 2002 — Senik C. Que nous apprennent les données subjectives? Une application au lien entre revenu et bien-être. Delta, Working Paper, 2002.

Serrano Pascual 2008 — Serrano Pascual A. Batailles d'idées dans l'espace européen: la lutte contre le chômage et le combat pour le nommer // Revue de l'Ires. 2008. № 60. P. 47–64.

Serrano Pascual 2012 — Serrano Pascual A., et al. La flexicurité. Mutation symbolique de la notion de sécurité // Les Politiques sociales. 2012. Vol. 2. Iss. 3–4. P. 4–10.

Siegel 1983 — Siegel I. H. Work ethic and productivity // The Work Ethic. A Critical Analysis / eds. J. Barbash, et al. Industrial Relations Research Association, 1983.

Simon, Klandermans 2001 — Simon B., Klandermans B. Politicized collective identity: A social psychological analysis // American Psychologist. 2001. № 56. P. 319–331.

Smola, Sutton 2002 — Smola K. W., Sutton C. D. Generational differences: Revisiting generational work values for the New Millennium // Journal of Organizational Behavior. 2002. № 23. P. 363–382.

Solom 2006 — Solom A. Salariés et entreprises: vers une relation "transactionnelle"? IPSOS Ideas, 2006.

Sousa-Poza, Sousa-Poza 2000 — Sousa-Poza A., Sousa-Poza A. Well-being at work: A cross-national analysis of the levels and determinants of job satisfaction // Journal of Socio-Economics. 2000. Vol. 29. Iss. 6. P. 517–538.

Steyaert, De Haan 2001 — Steyaert J., De Haan J. Geleidelijk digital: een nuchtere kijk op de sociale gevolgen van ICT. Den Haag: Sociaal en Cultureel Planbureau, 2001.

Stier, Lewin-Epstein 2003 — Stier H. Lewin-Epstein N. Time to work: A comparative analysis of preferences for working hours // Work and Occupations. 2003. Vol. 30. Iss. 3. P. 302–326.

Tajfel 1982 — Tajfel H. Social psychology of intergroup relations // Annual Review of Psychology / eds. M. Rosenzweig, L. Porter L. Palo Alto: Annual Reviews Inc., 1982. Vol. 3. P. 1–39.

Tallard 2004 — Tallard M. Conventions collectives et qualifications // Le Travail non qualifié / dir. D. Méda, F. Vennat. Paris: La Découverte, 2004. P. 41–54.

TNS Sofres 2007 — TNS Sofres, Observatoire international des salariés. Étude sur les problématiques du travail dans les principaux pays occidentaux et en Chine, 2007.

Tanghe 1991 — Tanghe F. Le droit au travail en 1848 // Le Droit au travail. Dossier no 13 de l'Institut des sciences du travail de l'Université catholique de Louvain, novembre 1991.

Taskin, Vendramin 2004 — Taskin L., Vendramin P. Le Télétravail, une vague silencieuse. Louvain-la-Neuve: PUL, 2004.

Tchernia 2005 — Tchernia J.-F. Les jeunes Européens, leur rapport au travail // Les Jeunes Européens et leurs valeurs: Europe occidentale, Europe centrale et orientale / dir. O. Galland, B. Roudet. Paris: Injep-La Découverte, 2005.

Terssac 1992 — Terssac G. de. Autonomie dans le travail. Paris: Puf, 1992.

Terssac 2002 — Terssac G. de. Le Travail. Une aventure collective. Toulouse: Octarès, 2002.

Terssac 2012 — Terssac G. de. Autonomie // Dictionnaire du travail / dir. A. Bevort, A. Jobert, M. Lallement, et al. Paris: Puf, 2012. P. 47–53.

Thébaud-Mony 2001 — Thébaud-Mony A. L'impact de la précarité et de la flexibilité sur la santé des travailleurs // Bulletin d'information du Bureau technique syndical européen pour la santé et la sécurité. Numéro spécial «Le travail sans limites? Réorganiser le travail et repenser la santé des travailleurs». 15–16 février 2001.

Tulgan 2009 — Tulgan B. Not Everyone Gets the Trophy. How to Manage Generation Y. San Fransisco: Jossey-Bass, 2009.

Valenduc 2005 — Valenduc G. La Technologie, un jeu de société. Louvain-la-Neuve: Academia-Bruylant, 2005.

Van de Velde 2008 — Van de Velde C. Devenir adulte. Sociologie comparée de la jeunesse en Europe. Paris: Puf, 2008.

Veltz 2001 — Veltz P. La nouvelle révolution industrielle // Revue du Mauss. 2001. № 18. P. 67–71.

Vendramin 2004 — Vendramin P. Le Travail au singulier. Le lien social à l'épreuve de l'individualisation. Paris: Academia-Bruylant; Le Harmattan, 2004.

Vendramin 2005 — Vendramin P. Nouvelles formes de coopération au travail // Humanisme et entreprise. 2005. № 273. P. 89–107.

Vendramin 2006 — Vendramin P. Les TIC, complices de l'intensification du travail // Organisation et intensité du travail / dir. P. Askenazy, D. Cartron, F. Coninck de, et al. Paris: Octares, 2006. P. 129–136.

Vendramin 2007 — Vendramin P. Les Jeunes, le Travail et l'Emploi. Enquête auprès des salariés de moins de 30 ans en Belgique francophone, coédition FTU-Jeunes CSC, 2007. URL: www.ftu-namur.org/fichiers/Jeunes-travail-emploi.pdf (дата обращения 06.06.2022).

Vendramin 2008a — Changing Social Patterns of Relation to Work. Qualitative Approach through Biographies and Group Interviews / ed. P. Vendramin. Rapport du SPReW, FP6, EC, DG Research, 2008.

Vendramin 2008b — Vendramin P. Overview and appraisal of quantitative surveys. Report 4 of the SPReW project, EU PF6, 2008.

Vendramin et al. 2012 — Vendramin P., Valenduc G., Volkoff S., Molinié A.-F., Léonard É., Ajzen M. Sustainable Work and the Ageing Workforce. Dublin: Eurofound, Report EF1266, 2012.

Vendramin, Valenduc 2000 — Vendramin P., Valenduc G. L'Avenir du travail dans la société de l'information. Enjeux individuels et collectifs. Paris: Le Harmattan, décembre 2000.

Vendremin, Valenduc 2002 — Vendramin P., Valenduc G. Technologies et flexibilité. Les défis du travail à l'ère numérique. Paris: Liaisons, 2002.

Vendramin, Valenduc 2006 — Vendramin P., Valenduc G. Les impacts de l'informatique sur les métiers et les compétences // Encyclopédie de l'informatique et des systèmes d'information / dir. J. Akoka, I. Comyn-Wattiau. Paris: Vuibert, 2006. P. 1612–1616.

Vernant 1965 — Vernant J.-P., Mythe et pensée chez les Grecs. Paris: Maspero, 1965.

Visser 2006 — Visser J. Union membership statistics in 24 countries // Monthly Labor Review. 2006. Vol. 129. Iss. 1. P. 38–49.

Vogel 2011 — Vogel L. Restructurations: la santé des travailleurs en crise. Bruxelles: Etui, HesaMag, 2011. № 4.

Warschauer 2003 — Warschauer M. Technology and Social Inclusion. Rethinking the Digital Divide, Boston: MIT Press, 2003.

Weber 1992 — Weber M. Essais sur la théorie de la science. Paris: Presses Pocket, 1992.

Widmer, Lüscher 2011 — Widmer E., Lüscher K. Les relations intergénérationnelles au prisme de l'ambivalence et des configurations familiales // Recherches familiales. 2011. Vol. 1. Iss. 8. P. 49–60.

Witte et al. 2004 — Witte H. de, Halman L., Gelissen J. European work orientations at the end of the twentieth century // European Values at the Turn of the Millennium / dir. W. Arts, L. Halman. Leiden: Brill, 2004. Vol. 7.

Zarifian 1999 — Zarifian P. Objectif compétence: pour une nouvelle logique. Paris: Liaisons, 1999.

Zarifian 2005 — Zarifian P. Compétences et stratégies d'entreprises. Paris: Liaisons, 2005.

Zoll 1992 — Zoll R. Nouvel individualisme et solidarité quotidienne. Paris: Kimé, 1992.

Zoll 1999 — Zoll R. Mutation des orientations des jeunes par rapport au travail // Travail, activité, emploi. Une comparaison France-Allemagne. Paris: La Documentation française, 1999. P. 9–14.

Источники

Dossier-Débat «New public management et professions dans l'État: au-delà des oppositions, quelles recompositions?» // Sociologie du travail. 2011. Juillet-septembre. Vol. 53. Iss. 3. P. 293–348.

Commission européenne. Adequate and Sustainable Pensions, Joint Report by the Commission and the Council. Luxembourg: Publications Office, 2003.

Commission européenne. Vers des principes communs de flexicurité. COM (2007) 359 final. 27 juin 2007.

Commission européenne. Employment in Europe 2008. Luxembourg: Publications Office, 2008.

Conseil d'orientation des retraites. Retraites: renouveler le contrat social entre les générations. Orientations et débats. Premier rapport 2001. Paris: La Documentation française, 2002.

Consorzio Interuniversitario AlmaLaurea (a cura del), VIII Rapporto sulla condizione occupazionale dei laureati. I laureati di primo livello alla prova del lavoro. Il Mulino, 2006.

Isfol Plus, Participation, Labour, Unemployment Survey. National Samples Survey on the Features and Waiting of the Individuals Work. Rome: Isfol, 2006.

Iard, Sesto rapporto sulla condizione giovanile in Italia. Milan: Iard, 2006.

OCDE. La Crise de l'État protecteur. Paris, 1981.

OCDE. Job's Study. Paris, 1994.

Оглавление

Научное издание

Доминик Меда, Патрисия Вендрамин
ПЕРЕОСМЫСЛЯЯ ТРУД

Директор издательства *И. В. Немировский*
Ответственный редактор *И. Белецкий*
Куратор серии *В. Кучерявенко*
Заведующая редакцией *О. Петрова*

Дизайн *И. Граве*
Редактор *А. Пахомова*
Корректор *А. Филимонова*
Верстка *Е. Падалки*

Подписано в печать 26.08.2022.
Формат издания 60 × 90 $^1/_{16}$. Усл. печ. л. 16,5.
Тираж 300 экз.

Academic Studies Press
1577 Beacon Street, Brookline, MA 02446 USA
https://www.academicstudiespress.com

ООО «Библиороссика».
190005, Санкт-Петербург, 7-я Красноармейская ул., д. 25а

Эксклюзивные дистрибьюторы:
ООО «Караван»
ООО «КНИЖНЫЙ КЛУБ 36.6»
http://www.club366.ru
Тел./факс: 8(495)9264544
e-mail: club366@club366.ru

Книги издательства можно купить
в интернет-магазине: www.bibliorossicapress.com
e-mail: sales@bibliorossicapress.ru

12+

Знак информационной продукции согласно
Федеральному закону от 29.12.2010 № 436-ФЗ